Parlin Memorial Library
410 Broadway
Everett, MA 02149

LA GUÍA COMPLETA
DEL AYUNO

MADRID – MÉXICO – BUENOS AIRES – SANTIAGO
2018

La guía completa del ayuno

AYUNO

Cuida tu cuerpo mediante el ayuno **intermitente**, **prolongado** y en **días alternos**

Dr. Jason Fung y Jimmy Moore

Título original: The Complete Guide to Fasting
© 2016, Dr. Jason Fung y Jimmy Moore. Todos los derechos reservados.
© 2017, De la traducción, Jorge Rus Sánchez
© 2018. De esta edición, Editorial EDAF, S.L.U, por acuerdo con Victor y Belt Publishing Inc, c/o Simon and Shuster, Inc., 1230 Avenue of the Americas, New York, New York 10020, U.S.A., representados por International Editors Co., Agencia Literaria, Provenza, 276, 1º, 08008, Barcelona, España.

Diseño y composición: Diseño y Control Gráfico, S.L.

Diseño de cubierta: Sobre el original, Marta Elzaurdía López.

Ilustraciones de interior: Justin-Aaron Velasco y de la edición española, elaborados por Irene Ramírez Ruiz, de Diseño y Control Gráfico, S.L.

Fotografías de recetas: Tom Estrera.

Preparación de recetas y estilismo: Luz Viminda Estrera.

Editorial Edaf, S.L.U.
Jorge Juan, 68,
28009 Madrid, España
Teléf.: (34) 91 435 82 60
www.edaf.net
edaf@edaf.net

Ediciones Algaba, S.A. de C.V.
Calle 21, Poniente 3323 - Entre la 33 sur y la 35 sur
Colonia Belisario Domínguez
Puebla 72180 México
Telf.: 52 22 22 11 13 87
jaime.breton@edaf.com.mx

Edaf del Plata, S.A.
Chile, 2222
1227 Buenos Aires (Argentina)
edaf4@speedy.com.ar

Edaf Chile, S.A.
Coyancura, 2270, oficina 914, Providencia
Santiago - Chile
comercialedafchile@edafchile.cl

Queda prohibida, salvo excepción prevista en la ley, cualquier forma de reproducción, distribución, comunicación pública y transformación de esta obra sin contar con la autorización de los titulares de la propiedad intelectual. La infracción de los derechos mencionados puede ser constitutiva de delito contra la propiedad intelectual (art. 270 y siguientes del Código Penal). El Centro Español de Derechos Reprográficos (CEDRO) vela por el respeto de los citados derechos.

3.ª edición, diciembre de 2018

ISBN: 978-84-414-3826-2
Depósito legal: M-2344-2018

PRINTED IN SPAIN   IMPRESO EN ESPAÑA
                              COFÁS

ÍNDICE

9	Introducción, por el doctor Jason Fung
13	Mis experimentos con el ayuno, por Jimmy Moore
29	Conoce a las estrellas del ayuno

37 — PRIMERA PARTE: QUÉ ES EL AYUNO Y POR QUÉ ES BUENO PARA TI

39	Capítulo 1: ¿Qué es el ayuno?
58	*Historia de éxito con el ayuno: Samantha*
61	Capítulo 2: Breve historia del ayuno
67	Capítulo 3: Acabando con los mitos sobre el ayuno
77	Capítulo 4: Ventajas de ayunar
86	*Historia de éxito con el ayuno: Elizabeth*
89	Capítulo 5: Ayunar para perder peso
119	Capítulo 6: Ayunar para la diabetes tipo 2
132	*Historia de éxito del ayuno: Megan*
137	Capítulo 7: Ayunar para mantenernos más jóvenes e inteligentes
145	Capítulo 8: Ayunar para mejorar la salud cardiovascular
153	Capítulo 9: Lo que necesitas saber sobre el hambre
160	*Historia de éxito con el ayuno: Darryl*
163	Capítulo 10: Quiénes no deberían ayunar

173 — SEGUNDA PARTE: CÓMO AYUNAR

175	Capítulo 11: Tipos de ayuno y mejores prácticas
181	Capítulo 12: Ayuno intermitente
191	Capítulo 13: Periodos de ayuno más largos
199	*Historia de éxito con el ayuno: Sunny y Cherrie*
203	Capítulo 14: Ayuno prolongado
211	Capítulo 15: Consejos para ayunar y FAQS

227 — TERCERA PARTE: RECURSOS

228	Bebidas para el ayuno
231	Protocolo de ayuno de 24 horas
232	Protocolo de ayuno de 36 horas
233	Protocolo de ayuno de 42 horas
234	Protocolo de ayuno de 7 a 14 días

235 — RECETAS

236	*Parfait* de frutos rojos
238	Café a prueba de balas
240	Caldo de huesos básico
242	Tortitas sin harina
244	Mini *frittatas*
246	Beicon casero
248	Pizza de coliflor sin harina
250	Pollo «empanado» en corteza de cerdo
252	Muslos de pollo envueltos en beicon
254	Pimientos morrones rellenos de pollo
256	Alitas de pollo caseras
258	Fingers de pollo caseros
260	Fajitas de ternera
262	Ensalada de arugula y jamón
264	Ensalada de arugula con pera y piñones
266	Ensalada de berza con fresas
268	Ensalada de tomate, pepino y aguacate
270	Patatas fritas de aguacate
272	Judías verdes a la mostaza
274	Arroz de coliflor asada

277	Índice temático

INTRODUCCIÓN
por el doctor Jason Fung

Crecí en Toronto, Canadá, y estudié bioquímica en la Universidad de Toronto, donde también cursé Medicina y realicé mi residencia en Medicina Interna.

Tras finalizar mi residencia decidí estudiar Nefrología (enfermedades renales) en la Universidad de California, Los Ángeles; la mayor parte en el Hospital Cedars-Sinai y en el hospital para veteranos West Los Angeles VA Medical Center (en por el entonces conocido como el VA Wadsworth). Cada uno de los campos de medicina interna posee sus propios rasgos y la nefrología tiene fama de ser una especialidad para «pensadores». Las enfermedades renales implican complejos fluidos y problemas de electrolitos, y a mí me encantan estos rompecabezas. En 2001 regresé a Toronto para comenzar mi carrera como nefrólogo.

La diabetes tipo 2 es, de lejos, la primera causa de enfermedad renal; yo trato a cientos de pacientes con esta enfermedad. La mayoría de los diabéticos de tipo 2 sufren también obesidad. A comienzos de la década de 2010 mi interés en los rompecabezas, combinado con mi enfoque profesional de la obesidad y la diabetes tipo 2, me llevó a centrarme en la dieta y la nutrición.

¿Cómo pasé de recomendar la medicina convencional a prescribir estrategias dietéticas intensivas, entre ellas el ayuno? A pesar de lo que puedas pensar, la nutrición no es una materia que se estudie ampliamente en la facultad de Medicina. La mayoría de las universidades, entre ellas la Universidad de Toronto, tan solo dedican un mínimo de tiempo a hablar sobre nutrición. Puede que hubiera unas cuantas charlas sobre nutrición durante mi primer año de medicina y, prácticamente, nada de formación sobre nutrición a lo largo del resto de la carrera, las prácticas, la residencia y la beca. De los nueve años que pasé formándome en medicina, calculo que tuve unas cuatro horas de charla sobre nutrición.

El resultado fue que no mostré más que un mero interés pasajero en nutrición hasta mediados de la primera década del 2000. En esa época la dieta Atkins, que promovía la comida baja en carbohidratos, se encontraba en todo su apogeo. Estaba en todas partes. Algunos familiares míos la probaron y se mostraron eufóricos con los resultados. Sin embargo, al igual que la mayoría de los médicos formados tradicionalmente, yo pensaba que sus arterias, al final, acabarían por pagar el precio. A mí, al igual que a miles de otros médicos, me habían enseñado y creía que las dietas bajas en carbohidratos no eran más que una moda y que, al final, acabaría por demostrarse que lo mejor era una dieta baja en grasas.

Entonces empezaron a aparecer estudios sobre las dietas bajas en carbohidratos en la revista médica más prestigiosa del mundo, la *New England Journal of Medicine.* Se comparó la dieta Atkins en ensayos aleatorios controlados con la dieta baja en grasas estándar que venían recomendando la mayoría de los profesionales de la salud. Todos estos estudios llegaron a la asombrosa misma conclusión: las dietas bajas en carbohidratos eran significativamente mejores a la hora de perder peso que las dietas bajas en grasas. Más asombroso era, incluso, que todos los factores de riesgo importantes para las enfermedades cardiovasculares, como el colesterol, el nivel de azúcar en sangre y la presión arterial, también mejoraban considerablemente con las dietas bajas en carbohidratos. Esto sí que era un auténtico rompecabezas. Ahí es donde comenzó mi viaje.

Averiguar qué causa la obesidad

Los nuevos estudios demostraban que el planteamiento de las dietas bajas en carbohidratos era viable, pero para mí no tenía ningún sentido porque yo seguía anclado en el enfoque tradicional de «calorías dentro, calorías fuera» (CICO, según sus siglas en inglés). La idea de que la única forma de perder peso es consumir menos calorías de las que quemas. Las dietas basadas en la metodología de Atkins, por ejemplo, no restringían necesariamente el consumo de calorías y, aún así, la gente perdía peso. Algo no encajaba.

Una posibilidad era que lo nuevos estudios fueran erróneos. No obstante, dada la cantidad de estudios que mostraban el mismo resultado era algo poco probable. Además, no hacían sino confirmar la experiencia clínica de miles de pacientes que afirmaban que estaban perdiendo peso con la dieta Atkins.

Obviamente, aceptar que los estudios eran correctos suponía que el enfoque CICO era erróneo. Por mucho que traté de negarlo, no había salvación para la hipótesis CICO; era del todo errónea. Si la hipótesis CICO era errónea, entonces, ¿qué era lo correcto? ¿Qué provocaba el aumento de peso? ¿Cuál era la etiología, la causa subyacente, de la obesidad?

Los médicos apenas pasan tiempo pensando en esta cuestión. ¿Por qué? Porque pensamos que ya sabemos la respuesta. Creemos que el causante de la obesidad es el consumo excesivo de calorías. Y si comer demasiadas calorías es el problema, entonces la solución es comer menos calorías y quemar más mediante un aumento de la actividad. Este es el enfoque «comer menos, moverse más», pero existe un problema evidente. La idea «comer menos, moverse más» se ha llevado a cabo hasta la saciedad a lo largo de los últimos cincuenta años y no funciona. En un sentido práctico, realmente no importa *por qué* no funciona (aunque entraremos en ello en el capítulo 5); lo relevante es que todos nosotros lo hemos probado y no funciona.

La causa subyacente de la obesidad resulta ser un desequilibrio hormonal, no *calórico*. La insulina es una hormona responsable de almacenar grasa. Cuando comemos aumenta la cantidad de insulina y esta le indica a nuestro cuerpo que almacene parte de esta energía en forma de grasa para usarla más adelante. Se trata de un proceso natural y esencial que ha ayudado a los seres humanos a superar los periodos de hambruna durante miles de años. Sin embargo, un nivel excesivamente elevado de insulina de forma prolongada conduce inexorablemente hacia la obesidad. Comprender esto nos lleva, lógicamente, hacia una solución: si una cantidad excesiva de insulina causa obesidad, entonces, la solución consiste, obviamente, en reducir la cantidad de insulina. Tanto la dieta cetogénica (una dieta baja en carbohidratos, moderada en proteínas y rica en grasas) como el ayuno intermitente son métodos excelentes para reducir los niveles elevados de insulina.

Insulina y diabetes tipo 2

No obstante, al tratar a los enfermos de diabetes tipo 2 me di cuenta de que existía una inconsistencia entre el tratamiento de la obesidad y el tratamiento de la diabetes tipo 2, dos problemas que están estrechamente relacionados. Reducir el nivel de insulina puede resultar efectivo para combatir la obesidad, pero los médicos como yo lo estábamos prescribiendo como tratamiento ideal para la diabetes, tanto la de tipo 1 como la de tipo 2. Es cierto que la insulina reduce el nivel de azúcar en sangre, pero igual de cierto es que hace que ganemos peso. Por fin me di cuenta de que la respuesta era, en realidad, muy simple. Estábamos tratando el asunto equivocado.

La diabetes tipo 1 es un problema completamente distinto a la de tipo 2. En la diabetes tipo 1 el sistema inmunológico del propio organismo destruye las células que producen insulina en el páncreas. Los bajos niveles de insulina resultantes provocan un aumento del nivel de azúcar en sangre. Por tanto, dado que los niveles de insulina ya son bajos de por sí, parece lógico tratar el problema con insulina adicional. Y, efectivamente, funciona.

En el caso de la diabetes tipo 2, sin embargo, los niveles de insulina no son bajos, sino *elevados*. El nivel de azúcar en sangre es alto no porque el organismo no sea capaz de producir insulina, sino porque se ha vuelto resistente a ella (no deja que la insulina realice su trabajo). Al prescribir más insulina para tratar la diabetes tipo 2 no estamos tratando la causa subyacente de que exista un nivel elevado de azúcar en sangre: la resistencia a la insulina. Ese es el motivo por el que los pacientes de tipo 2 ven cómo, con el tiempo, su diabetes va a peor y necesitan cada vez mayores dosis de medicación.

Pero, ¿qué es lo que causó la resistencia a la insulina en un principio? Esa era la verdadera pregunta. Después de todo, no teníamos ninguna posibilidad de tratar la causa subyacente de la enfermedad si no sabíamos qué es lo que la había causado. Al final, resulta que *es la propia insulina la que provoca la resistencia a la insulina*. El organismo responde a los niveles excesivos de cualquier sustancia desarrollando resistencia a ella. De algún modo la mayoría de los pacientes sabía de forma instintiva que lo que estábamos haciendo estaba mal. Me decían: «Doctor, usted siempre me ha dicho que para el tratamiento de la diabetes tipo 2 es fundamental perder peso y, aun así, me ha recetado insulina, lo cual ha hecho que gane mucho peso. ¿Cómo puede ser eso bueno para mí?» Nunca tuve una buena respuesta para eso. Ahora sé por qué. Tenían toda la razón; *no era* bueno para ellos. Cuando los pacientes tomaban insulina ganaban peso y, cuando lo hacían, su diabetes tipo 2 empeoraba y les exigía más insulina. El ciclo se repetía: tomaban más insulina, ganaban más peso y, conforme ganaban más peso, necesitaban más insulina. Era el típico círculo vicioso.

Nosotros, los médicos, hemos estado tratando la diabetes tipo 2 *exactamente* al contrario de cómo debería hacerse. Con el tratamiento adecuado, la diabetes es una enfermedad curable. La diabetes tipo 2, al igual que la obesidad, es una enfermedad en la que hay demasiada insulina. El tratamiento debe consistir en *reducir el nivel de insulina,* no elevarlo. Estábamos haciendo las cosas mal. Estábamos tratando de apagar el fuego con gasolina.

Tenía que ayudar a mis pacientes con obesidad y diabetes tipo 2 a reducir sus niveles de insulina, pero ¿cuál era la mejor manera de hacerlo? Ciertamente, no existen medicamentos que hagan esto. Existen opciones quirúrgicas que ayudan, tales como la cirugía bariátrica (comúnmente llamada «grapado de estómago»), pero son muy invasivas y tienen muchos efectos secundarios irreversibles. El único tratamiento viable que quedaba era dietético: reducir los niveles de insulina cambiando los hábitos alimentarios.

En 2012 creé el *Intensive Dietary Management Program* (programa de control dietético intensivo), que se centra únicamente en la dieta como tratamiento para el doble problema de la obesidad y la diabetes tipo 2. Al principio, prescribía dietas bajas y muy bajas en carbohidratos. Dado que los carbohidratos refinados estimulan muchísimo la insulina reducir estos carbohidratos debería ser un método efectivo para bajar el nivel de insulina.

Mantuve con mis pacientes largas sesiones sobre consejos dietéticos. Revisé sus diarios de comidas. Les rogué. Les supliqué. Les engatusé... pero las dietas, simplemente, no funcionaban. Los consejos resultaban difíciles de seguir. Mis pacientes llevaban vidas muy ajetreadas y cambiar sus hábitos alimentarios era complicado, sobre todo dado que gran parte de ellos iban en contra de la clásica línea enfocada a comer pocas grasas y pocas calorías.

Aun así, no podía rendirme con ellos. Su salud, su vida, dependía de que redujeran su nivel de insulina. Si les resultaba difícil evitar ciertos alimentos, ¿por qué no hacerlo de la forma más sencilla posible? *Podían, simplemente, no comer nada en absoluto.* La solución era, en una palabra, *ayuno*.

MIS EXPERIMENTOS CON EL AYUNO
por Jimmy Moore

A lo largo de las siguientes páginas podrás leerlo todo sobre los usos terapéuticos del ayuno y cómo aplicarlo en tu propia vida para experimentar sus asombrosos beneficios para la salud. Puede que te estés preguntando cómo es en realidad la experiencia de ayunar, sobre todo para alguien que era extremadamente escéptico acerca del ayuno hasta que lo probó por sí mismo. Eso es precisamente lo que voy a compartir contigo en este capítulo. Mi nombre es Jimmy Moore, y soy autor de los *best sellers* internacionales *The Ketogenic Cookbook, Keto Clarity* y *Cholesterol Clarity*, así como creador del podcast *online* sobre salud más longevo *The Livin' La Vida Low-Carb Show with Jimmy Moore*. Cuando descubrí el increíble trabajo del Doctor Jason Fung sobre el ayuno, supe que teníamos que colaborar para poner información que fuera comprensible acerca del ayuno al alcance de tantas personas como fuera posible. No obstante, yo no fui siempre un fan tan entusiasta del ayuno.

«Tiene que ser una broma, ¿no?»

Cuando oí hablar por primera vez del ayuno hace más de una década como forma de mejorar la salud en general podría haber sido descrito, perfectamente, como una pu... ¿Por qué iba nadie pasar hambre a propósito? ¿Cómo podía nadie pensar que pasar hambre deliberadamen*te podía ser algo bueno? Tiene que tratarse de una broma, ¿no?»*. Créame, sé que muchos de los que están leyendo este libro han debido pensar lo mismo. En 2006 yo no acababa de entender del todo los beneficios positivos que el ayuno me depararía en el futuro, entre ellos sus increíbles efectos sobre mi nivel de colesterol y de azúcar en sangre.

La primera persona a la que oí hablar sobre el ayuno intermitente fue al Doctor Michael Eades, autor del *best seller Protein Power*. En 2006, el Doctor Eades comenzó a escribir acerca del gran éxito a la hora de perder peso y otros beneficios para la salud que había observado con algo llamado ayuno intermitente, o *IF* (según sus siglas en inglés). En aquella época pasar periodos de tiempo sin comer nada en absoluto de forma habitual era una idea nueva, y la manera en la que él lo describía parecía relativamente factible: dejar de comer a las 18:00 y no volver a comer hasta las 18:00 del día siguiente. De modo que seguías teniendo que comer todos los días, pero esta estrategia obligaba a tu cuerpo a pasar 24 horas seguidas sin nada de comida.

Tengo que admitir que yo nunca había pasado tanto tiempo seguido sin comer en toda mi vida y era muy escéptico respecto a la idea del ayuno, incluso de una manera intermitente. ¿Por qué? Porque me gusta comer, como demuestra el hecho de que una vez llegué a pesar la friolera de 185 kilos. Por supuesto, cuando tenía ese peso consumía una gran cantidad de comida basura y bebidas azucaradas como si no hubiera un mañana. Durante mi infancia, cuando me casé a los veintitantos y ya entrado en la treintena tenía unos hábitos alimentarios horribles que contribuyeron a ciertos daños metabólicos importantes. Afortunadamente, en 2004 me llegó información acerca de la dieta baja en carbohidratos, lo que me permitió perder 81 kilos en tan solo un año y dejar de tomar tres medicamentos para reducir el colesterol, la presión arterial y tratar problemas respiratorios. Tenía que compartir con los demás el increíble beneficio para la salud que había encontrado en esa dieta, así que monté una enorme plataforma online llamada *Livin' La Vida Low-Carb,* y que uso para enseñar, animar e inspirar a otros en su propio viaje hacia la salud. Escribo libros, doy conferencias por todo el mundo y hablo con algunas de las personas más influyentes y que más saben sobre nutrición, salud y *fitness*. Es uno de los trabajos más gratificantes que jamás he tenido y me siento un privilegiado por poder ganarme la vida con lo que hago ahora.

A pesar del cambio de dieta, ¡comer no había dejado de gustarme! De ahí mi escepticismo acerca del ayuno intermitente. Aun así, me intrigaba lo que el Doctor Eades decía al respecto e hice mis deberes. Hubo una cosa en concreto que aprendí que me hizo sentarme y tomar nota. En 2009 entrevisté al profesor de biología Thomas L. Seyfried, de la Universidad de Boston, quien llevaba tiempo investigando tratamientos alternativos para la prevención y el tratamiento del cáncer, entre ellos el uso de una dieta cetogénica muy estricta en calorías para tratar el cáncer cerebral así como otros cánceres. Una de las cosas más interesantes y memorables de aquella entrevista de media hora llegó casi al final de nuestra conversación, cuando el Doctor Seyfried hizo la valiente afirmación de que el ayuno de agua durante 7-10 días al año podía ser una herramienta útil para prevenir el cáncer. ¡Guau! Escéptico como era acerca del ayuno intermitente, ayunar durante una semana me descolocó todavía más. ¿Quién podía hacer eso?

Sin embargo, llegados a ese punto ya había escuchado suficiente como para darle al ayuno una oportunidad. Ni que decir tiene que primero tenía que hacerme a la idea del ayuno intermitente antes siquiera de atreverme a ayunar durante varios días. Siendo como yo era la clase de aventurero al que nada le parece demasiado difícil, me decidí a probarlo. ¡Ay, madre! ¿Dónde me estaba metiendo...?

Mi primer intento de ayunar

Muy bien, antes de que entremos en las cosas buenas del ayuno, debo ser sincero con relación a las malas. Todo lo que tengo que decir sobre mi primer intento de llevar a cabo un ayuno intermitente a lo largo de días alternos (ayunar durante 24 horas cada dos días) es ¡uf, uf, y UF! Duró exactamente cuatro días, diecinueve horas y quince minutos, ¡pero me pareció una eternidad! Hice algunas cosas mal que hicieron que este primer intento resultase mucho más doloroso de lo que debería haber sido. Sin embargo, antes de explicar qué fue lo que hice mal para que puedas aprender de mis errores, he aquí lo que aprendí de mí mismo durante mi primer y doloroso intento de hacer ayuno intermitente en 2006:

1. Seguí siendo muy adicto a la cafeína. El primer día de ayuno fue doloroso porque tuve un dolor de cabeza terrible durante la mayor parte del día. Al segundo día, no obstante, el dolor de cabeza había remitido.

2. No había sentido hambre de verdad en mucho tiempo. Después de perder más de 80 kilos mi filosofía había sido la de no volver a permitirme tener hambre para no caer de nuevo en los viejos hábitos alimentarios (resulta irónico que cuando hacía dietas bajas en grasa lo único que hacía era pasar un hambre terrible). Ahora, es bueno escuchar a mi cuerpo porque ya no tengo las mismas tentaciones con relación a la comida.

3. Tener un hambre desmedida me hacía comer de más. Al final de mi segundo día de ayuno, mi esposa Christina y yo fuimos a *Steak & Ale* a uno de sus «Come todo lo que puedas», donde ponían costillas de primera calidad. Estaba hasta arriba, de modo que tardaban más de lo habitual en servir las mesas. Yo tenía tanta hambre que me comí un plato entero de ensalada en cuestión de minutos, devoré el primer costillar, esperé veinte minutos a que llegara el segundo y me lo comí también. Entonces, el camarero trajo otro más unos treinta minutos más tarde (una vez que la comida se había asentado un poco en mi estómago) y empecé a comérmelo, pero cuando iba por la mitad... ¡Madre mía! estaba lleno, pero no simplemente lleno, sino llenísimo de verdad. Me dolía tanto el estómago que cuando llegué a casa tuve que tomarme algunos antiácidos y echarme un rato. ¡Me había convertido en una bestia hambrienta!

4. Era muy importante comer lo suficiente para llevar a cabo mis ejercicios diarios. El primer día de ayuno traté de mantener la misma resistencia y velocidad en mi entrenamiento con la elíptica, pero no pudo ser. Normalmente pongo 13 de resistencia a unos 13 km/h, pero tuve que bajar a 7 de resistencia y 11 km/h para poder mantener la duración habitual del ejercicio. Lo peor es que incluso aquellos días en los que *sí* comía la falta de energía persistía, y no la recuperé hasta el final de mi experimento con el ayuno intermitente. Tardé varias semanas en recuperar por completo mi fuerza y resistencia.

5. En aquella época, para mí pasar veinticuatro horas sin comer no era realista. El primer día me dolía tanto la cabeza debido a la falta de cafeína que apenas me di cuenta de lo hambriento y aturdido que estaba. Pero el segundo día de ayuno sentía como si estuviera flotando por la oficina a punto de caer en cualquier momento. Tenía el cuerpo aletargado y me sentía disociado

de todo, como si no estuviera en este mundo. Mis compañeros no paraban de preguntarme si me encontraba bien porque no era el yo animado de siempre.

Podéis llamarme flojo por no haber aguantado siquiera una semana entera en mi experimento con el ayuno intermitente, pero no estaba hecho para mí. He aquí algunas razones de por qué.

En primer lugar, durante el ayuno seguí bebiendo refrescos sin azúcar; eso avivó un hambre y unas ansias por comer que de otro modo no habría tenido. En segundo lugar, no estaba tomando la suficiente sal, lo cual provocó la fatiga y la falta de energía. Mejor que esos refrescos dietéticos habría sido un caldo de huesos y sal marina, que proporciona los electrolitos que tanto necesitamos y, además, sacia. Por último, no estaba debidamente mentalizado. No supe ver lo duro que iba a resultar al principio y no estaba preparado para lidiar con el hambre, tanto el real como el imaginario.

Después de fracasar estrepitosamente en este intento de ayuno intermitente no pensé que lo intentaría de nuevo pero entonces, en 2011, después alguna amable incitación de gente como Robb Wolf y otros partidarios del ayuno intermitente, decidí darle otra oportunidad.

Éxito con el ayuno intermitente y una ambición creciente

Durante este segundo intento me di entre dieciocho y veinte horas entre comidas, y fue mucho mejor para mí que veinticuatro horas. De hecho, resultó bastante fácil hacer una comida por la mañana alrededor de las 9 y luego otra alrededor de las 2 de la tarde para completar la ingesta total de comida para el día. De manera que ayunaba entre las 2 de la tarde y las 9 de la mañana del día siguiente, alrededor de diecinueve horas. Algunas veces retrasaba mi primera comida hasta las 12 del mediodía y la segunda a las 17:30 para que la ventana fuese más corta. Me sentía muy cómodo haciendo esto y se convirtió en algo muy natural para mí.

No obstante, no había olvidado la idea de un amplio periodo de ayuno como forma de mejorar mi salud. Cuando entrevisté al Doctor Thomas Seyfried en mi podcast en 2009 él estaba convencido de que una semana de ayuno sería beneficioso como parte de una estrategia anual para prevenir el cáncer. Naturalmente, la mayoría de la gente no puede (o, siendo más realistas, no quiere) hacer algo así pero, ¿y si lo hiciera yo? Una vez que empecé a acostumbrarme al ayuno intermitente, en 2011, decidí que tal vez era el momento de prolongar el periodo de ayuno hasta una semana entera. ¿Sería capaz de aguantar un ayuno más prolongado? Entonces no lo sabía, pero hoy me alegro de haber dejado a un lado mis miedos y haberle dado una oportunidad.

Además de mi creciente facilidad para soportar el ayuno intermitente, hubo dos cosas que me dieron la confianza para probar un ayuno más amplio. Primero, uno de los lectores de mi blog, quien a sugerencia de su médico había hecho ayuno durante una semana, tres veces a lo largo de un año para ayudarle con ciertos problemas de próstata, compartió algo conmigo que puso las cosas en perspectiva. Esto es lo que dijo:

> La forma en la que te sientes físicamente cuando estás ayunando es prácticamente idéntica a cuando estás comiendo. La razón por la que esto tiene tanta importancia es que la sensación de tener hambre que tienes cuando no haces ayuno también está presente cuando estás ayunando. En otras palabras, la sensación de hambre al ayunar es la misma que cuando comes normalmente. Lo que tienes que preguntarte, entonces, es: ¿por qué tienes la misma sensación de hambre cuando hace tan solo tres horas que cuando llevas toda una semana sin comer nada? Lo que creemos que es hambre no es realmente hambre. Ese impulso de comer no debe tomarse en serio.

¡Guau! De manera que si aprendemos a ver el hambre correctamente podemos resistir mejor las tentaciones en las que inevitablemente caemos muchos de nosotros cuando ayunamos. Tal y como mi lector expresó sucintamente, «el ayuno te permite reivindicar tu hambre, por lo que es (de modo que) ya no te dicta lo que debes llevarte a la boca». Creo que este es un mensaje del que todos podemos aprender algo. Por cierto, los periodos de ayuno que este lector completó resultaron «todo un éxito» en el tratamiento de sus problemas de próstata. Esto ayudó a convencerme de que el ayuno es realmente una terapia poderosa.

Lo segundo que me impulsó a ayunar durante una semana fue el hecho de que yo había aprendido mucho acerca de los beneficios de mantener el estado de cetosis nutricional (el ayuno y la cetosis encajan perfectamente, como el beicon y los huevos). Cuando llevas una dieta baja en carbohidratos, moderada en proteínas y rica en grasas (una dieta cetogénica), resulta mucho más sencillo ayunar. La restricción de carbohidratos y el consumo moderado de proteínas ayuda a mantener controlados los niveles de azúcar y de insulina en sangre, además, el consumo en cantidades adecuadas de grasas saturadas e insaturadas saludables mantiene el hambre a raya. Esa es la clave de por qué la dieta ceto es tan buena para el ayuno: la cetosis ayuda al organismo a quemar grasa en lugar de azúcar como combustible, y como eso es precisamente lo que el cuerpo tiene que hacer durante el ayuno, si el organismo está en cetosis ya está utilizando el combustible tal y como tiene que utilizarlo.

Piénsalo de esta manera: tienes ahora mismo 40.000 calorías en forma de grasa en tu cuerpo, pero solo 2.000 en forma de azúcar. Si ya estás acostumbrado a quemar grasa, cuando empieces a ayunar tu cuerpo simplemente continuará usando la grasa como combustible principal. Sin embargo, si tu organismo está acostumbrado a quemar azúcar, tu cuerpo quema esas 2.000 calorías de azúcar hasta que se agotan y entonces provoca el hambre hasta que te acostumbres a quemar grasa. Como persona que está acostumbrada a quemar azúcar, sientes los efectos del hambre durante el ayuno mucho antes y con más intensidad. Ese es el motivo por el que pasarse a la dieta cetogénica (descrito en detalle en mi libro *Keto Clarity*) es un primer paso ideal para ayunar, tanto de forma intermitente como de forma más prolongada.

Yo todavía no había entrado del todo en cetosis cuando probé a ayunar durante una semana, pero hacía tiempo que comía pocos carbohidratos y estaba convencido de que mi cuerpo aguantaría un ayuno prolongado.

Ayuno prolongado toma 1: Una semana sin comida

La noche del 10 de abril de 2011 tomé conscientemente la decisión de hacer una de las cosas más insólitas a lo largo de mis cuarenta años de vida: comencé un ayuno de una semana (a propósito) solo para ver cómo me iba.

Muchísimas personas me preguntaron entonces si lo estaba haciendo para perder peso y la respuesta fue: *en absoluto*. Cualquier pérdida de peso debido a un ayuno prolongado (a diferencia de un ayuno intermitente) se recuperará casi con toda seguridad una vez se reintroduzca la comida. Eso no quiere decir que algunos kilos molestos de grasa no encontraran la forma de abandonar mi cuerpo, lo cual nunca es algo malo, pero el principal objetivo era el de monitorizar cómo me iba sintiendo sin comer nada a lo largo de una semana.

Aprendí muchísimo más de lo que jamás habría esperado.

La experiencia física del ayuno

Los primeros tres días fueron los más difíciles porque mi cuerpo me pedía a gritos que comiese algo. Me sentía como en una nube gran parte del tiempo, como si todo lo que me rodeaba pasase a cámara lenta, pero al mismo tiempo mis pensamientos eran claros y yo funcionaba al cien por cien, a pesar de no haber comido nada. Sinceramente, me sentí bien durante la mayor parte del tiempo que duró el ayuno. Los días 4 y 5 fueron los mejores de la semana, ya que experimenté el gran flujo de energía renovada del que había oído hablar a tanta gente. El día 6, sin embargo, tuve que combatir desde primera hora un gran deseo de volver a comer, y el día 7, cuando estaba en la iglesia y tomé la comunión, me sentí realmente fatal, como si el nivel de azúcar en sangre hubiera caído hasta tal punto que ya no quedara una sola gota de energía. Cuando comprobé mi nivel de azúcar y vi que estaba en torno a 50 y que apenas era capaz de ponerme de pie, a eso de las 2 de la tarde de mi último día de ayuno, supe que era el momento de ponerle fin.

Efectos en el nivel de azúcar en sangre y en el peso

No me medí el nivel de azúcar todos los días, pero las pocas ocasiones en las que lo hice estaba en torno a 60. Desde luego, era inferior a los 80 que generalmente mostraba con mi estilo de vida bajo en carbohidratos, pero eso es lo que sucede cuando no comes nada de comida. Controlar el nivel de azúcar y darle al páncreas una semana de descanso sin que produzca insulina es una excelente razón para intentar un ayuno como este.

Durante los primeros días perdí alrededor de medio kilo cada día, y luego entre el día 4 y el día 7 perdí varios kilos. A pesar de que no estaba haciendo esto para perder peso, ciertamente tuvo un efecto importante en la báscula: perdí casi seis kilos en una semana. Más tarde aprendí que el peso que se pierde en un ayuno de una semana es en su mayor parte agua porque el proceso de ayuno merma las reservas de glucógeno.

Ejercicio

Lo creas o no, decidí continuar con mi rutina de entrenamiento durante mi semana de ayuno; y se me dio mucho mejor de lo que pensaba. Sabía que no debía excederme y le dije a mi esposa que si empezaba a sentirme mareado o cualquier cosa lo dejaría. Aun así, jugué un par de partidos de voleibol y di un par de clases de yoga/pilates sin problema. Aunque me sentía como en una nube en la cancha de voleibol, era capaz de jugar bastante bien, saltaba, corría ¡y bloqueaba los remates en primera línea!

El baño

Ya sé que es grosero hablar de ello, pero forma parte de la experiencia de ayunar. Esperaba visitar al dios de porcelana con frecuencia durante los dos primeros días o así, pero cuando vi que seguía saliendo una gran cantidad de «sustancia» a finales de la semana me resultó bastante extraño; al fin y al cabo, no había consumido nada en muchos días, de modo que, ¿qué era lo que salía? Me hizo recordar que hay muchos más desperdicios en el cuerpo de lo que nos damos cuenta, y hacer este ayuno puede que ayudara a limpiar gran cantidad de ellos.

Suplementos nutricionales

No dejé de tomar mis suplementos a lo largo del ayuno. Seguí con mi multivitamínico, vitamina D3, magnesio, probióticos y otras vitaminas que forman parte de mi estilo de vida bajo en carbohidratos desde hace años. Tal vez podría haber dejado también esta rutina durante una semana, pero no lo hice.

Cómo lo superé

Este era mi primer intento de ayunar durante más de un día, así que no tenía ni idea de qué esperar más allá de lo que había oído de boca de otras personas. Uno de los retos a los que me enfrenté fue el de cómo mantener a raya los síntomas de no comer nada, el aturdimiento y aletargamiento que había experimentado la primera vez que ayuné. Bebía una gran cantidad de agua, pero decidí que quería más. De modo que añadí algunos refrescos dietéticos para ayudarme a salir adelante. A pesar de que ya no bebo refrescos, de algún modo me ayudaron a superarlo. (Sí, ya sé que el Doctor Fung los desaconseja [véase pág. 156] y, probablemente, sea una de las principales razones por las que mi primer intento de ayunar resultó tan duro. Es un viaje que todos nosotros debemos hacer). También incluí pastillas de caldo para ayudarme a equilibrar los electrolitos. Después aprendí que una manera mejor y más saludable para conseguir esto es beber kombucha y caldo de huesos con sal marina.

Las reacciones de otras personas

Cuando comencé a compartir mi experiencia con el ayuno en las redes sociales la reacción que obtuve fue, probablemente, lo más sorprendente de todo el ayuno. Cubrió todo el abanico, desde palabras de aliento de personas que pensaban que era un buena idea y me animaron durante toda la experiencia, hasta gente que me decía que me estaba matando a mí mismo y echaban por tierra los principios del estilo de vida bajo en carbohidratos que yo promovía. ¡Algunas de las respuestas llegaban hasta el insulto!

¿Qué habría hecho diferente?

Lamento mucho decir que no cambiaría nada de mi primera experiencia de ayuno durante una semana. La experiencia fue lo que fue, y fue reveladora. En ese momento tenía pensado tomar algo de aceite de coco si se hacía demasiado duro soportar el hambre, pero no lo hice; ahora no puedo evitar preguntarme si de haber tomado aceite de coco o haber seguido alguna otra estrategia podría haber hecho que me sintiera de forma distinta. Añadir estas cosas podría haber avivado el hambre, o tal vez no. Me hizo pensar en cómo retocar y mejorar mis intentos de ayuno en el futuro.

Después de que el ayuno acabase decidí escribirle al hombre que me había inspirado para realizar esta semana de ayuno, el Doctor Seyfried, al que había conocido en persona el año anterior durante una conferencia sobre obesidad en Baltimore, Maryland. Cuando le conté lo que había hecho me dijo que se alegraba de saber que hubiera «sobrevivido» a la experiencia del ayuno. Me dijo que era posible que las vitaminas que había tomado y otras cosas que había añadido a mi ayuno hubiesen enviado «señales confusas a mi cuerpo» y hacer, así, el ayuno más difícil. El Doctor Seyfried señaló que un ayuno como forma de prevenir el cáncer debía hacerse, probablemente, usando tan solo agua destilada y nada más. También se lamentó de que no hubiera medido los niveles en sangre de cetonas, subproductos del organismo al quemar grasas. (Aprendería más sobre el tema y comenzaría a medir mis niveles un año más tarde). Él sospechaba que el nivel de cetonas de mi organismo era elevado y que esto me había ayudado a resistir el ayuno durante la semana.

El Doctor Seyfried estaba tan impresionado por mi experimento que lo incluyó en su libro sobre el cáncer *Cancer as a Metabolic Disease: On the Origin, Management, and Prevention of Cancer*. Esto es lo que escribió:

> El Sr. Jimmy Moore también describió su experiencia durante siete días seguidos de ayuno, mayormente solo con agua, en un video en internet. El Sr. Moore es conocido por su blog sobre los beneficios sobre la salud de las dietas bajas en carbohidratos. Él fue capaz de documentar los cambios fisiológicos que experimentó a lo largo del ayuno en un lenguaje no técnico. A pesar de que el Sr. Moore siguió la mayoría de las recomendaciones que Herbert Shelton consideraría como prácticas habituales, el Sr. Moore añadió pastillas de caldo al ayuno. Las pastillas de pollo y ternera contienen algunas calorías y sales que podrían evitar que la glucosa bajara hasta alcanzar los niveles necesarios para establecer la máxima presión metabólica sobre las células

tumorales. No obstante, durante su ayuno los niveles de glucosa en sangre del Sr. Moore sí que descendieron hasta los rangos terapéuticos requeridos para el control tumoral. Hace falta investigar más para poder documentar la influencia de las pastillas de caldo y otros alimentos bajos en calorías y carbohidratos sobre los niveles de glucosa y cetona durante el ayuno. Sin embargo, es importante que los pacientes de cáncer sepan a partir del testimonio del Sr. Moore que el ayuno no es perjudicial.

Combinar el ayuno y la cetosis nutricional

Vayamos hasta 2012, cuando comencé mi experimento a lo largo de un año con la cetosis nutricional. Al llevar una dieta baja en carbohidratos, moderada en proteínas y rica en grasas pude hacer que mi cuerpo pasara de quemar glucosa a quemar grasa como fuente primaria de combustible. Como parte del experimento, empecé a llevar un seguimiento de mis niveles de cetona en sangre, tal y como el Doctor Seyfried había sugerido.

No tenía ninguna intención de ayunar como parte del experimento con la cetosis, pero enseguida descubrí que empezaba a suceder de forma espontanea y natural, sobre todo cuando mis niveles de cetona superaban 1,0 milimolar. Recuerdo que un día, durante las primeras semanas del experimento, mi esposa me preguntó cuándo había sido la última vez que había comido. Después de mirar el reloj y hacer recuento de mis comidas, me di cuenta de que habían pasado alrededor de veintiocho horas. Me había olvidado por completo de comer. A la luz de mi historial con la comida, era algo absolutamente impresionante.

Una vez que mi cuerpo pasó de quemar glucosa a quemar grasa la idea de tomar desayuno, aperitivo, almuerzo, aperitivo, merienda, cena, aperitivo, aperitivo de medianoche parecía una estupidez. ¿Por qué iba a querer comer con tanta frecuencia si no tenía hambre? Mi cuerpo me estaba diciendo claramente que estaba bien que ya no pensase de manera tan obsesiva en la comida. Sencillamente, no estamos hechos para comer tanto o con tanta frecuencia como estamos acostumbrados en la cultura moderna. Llegar a la cetosis mediante una dieta baja en carbohidratos, moderada en proteínas y rica en grasas, con las calorías adecuadas, te permitirá ayunar de forma espontánea entre veinte y veinticuatro horas. (Lea mi libro *Keto Clarity* para aprender más sobre lo fácil que resulta hacer ayuno intermitente con la dieta cetogénica).

ESTRELLAS DEL AYUNO   AMY BERGER

Yo prefiero que mis clientes se ciñan a una buena dieta baja en carbohidratos y cargada de nutrientes y que se vayan adaptando durante un tiempo a la grasa antes de experimentar con el ayuno. Creo que es más fácil y más agradable ayunar cuando tu cuerpo ya no está pidiendo a gritos carbohidratos.

Lo que quiero decir con esto es que cuando alcancé un estado de cetosis nutricional, cuando empecé a quemar principalmente grasa en lugar de azúcar, ayunar se convirtió en algo natural para mí. Naturalmente, muchos de los que estén leyendo esto no llevan una dieta cetogénica ni persiguen la cetosis nutricional, y no pasa nada (¡aunque deberían!). El Doctor Fung ha tenido mucho éxito empleando el ayuno como terapia con muchos de sus pacientes que no están en cetosis, pero según mi propia experiencia, ayunar fue difícil antes de alcanzar la cetosis y perfectamente natural después de hacerlo.

Esa semana de ayuno me enseñó el poder de las cetonas a la hora de conservar mi energía al completo y hacer más llevadero el ayuno. Incluso a pesar de que no estaba en cetosis cuando comencé el ayuno, *durante* el ayuno mi cuerpo quemaba grasa y producía cetona, y me sentía genial. Eso es lo que hay que recordar, una vez que uno se acostumbra a ayunar, el ayuno sucede de forma muy natural y no se pasa mucha hambre ni malestar después de las primeras veces. Los consejos de este libro te ayudarán a superar esas primeras veces que, he de admitir, pueden ser difíciles. Sin embargo, difícil no significa imposible. Mi primer intento de ayunar fue horrible, pero ahora puedo hacerlo por capricho y es genial. Lo único que puedo decirte es que lo pruebes por ti mismo y veas lo que sucede. Resulta increíblemente liberador no pensar en comida durante veinticuatro horas al día, siete días a la semana, 365 días al año.

¿Qué pasa si te entra el hambre o no te encuentras bien mientras realizas ayuno intermitente? Mmm... ¿Hola? ¿McFly? ¡Pues *comes* algo! No hace falta ser un genio. Aunque sea normal pasar algo de hambre y malestar durante los primeros dos días, hay una diferencia entre un pequeño malestar y sentir que te vas a comer a alguien con patatas literalmente si no comes algo. Si te has quedado sin energía y no la recuperas, o si no te sientes tú mismo, o tienes un hambre exagerada, no sigas forzando. El ayuno no debería ser físicamente doloroso. Pon fin, come algo y vuelve a intentarlo dentro de una semana o así.

Naturalmente, tal y como relató el lector de mi blog, el hambre de verdad es muy distinta a lo que nos hemos acostumbrado a esperar. Lo triste es que la mayoría de la gente no escucha a su cuerpo. En lugar de eso, comen más por costumbre, comodidad y aburrimiento que por otra cosa. Es fundamental que entiendas esto si vas a intentar comprometerte con el ayuno.

Si no has hecho nunca antes ayuno intermitente, entonces, puede que un periodo continuado de veinticuatro horas sin comida te parezca una absoluta tortura. Tu cuerpo está acostumbrado a obtener comida a ciertas horas del día y te enviará claras señales de que es hora de comer. Yo solía creer que eso era hambre de verdad, pero en realidad no lo es. Se trata simplemente del reloj interno de tu cuerpo tratando de mantener la rutina habitual de comidas. ¿Significa esto que debemos sucumbir al deseo de comer cuando nos golpea esa sensación? Eso solía pensar yo, pero la sabiduría de la experiencia me ha enseñado que la respuesta es un *no* categórico. El hecho es que nuestro estómago puede permanecer bastante satisfecho incluso cuando todo el mundo a nuestro alrededor está saboreando comida porque es «hora de comer».

Cuando yo pesaba más de 180 kilos, antes de 2004, sentía que tenía hambre, prácticamente, todo el rato; daba igual la cantidad de comida que me llevara a la boca. Controlar mi hambre y aprender a reconocer lo que es hambre de verdad fue una parte muy importante de mi éxito final y es algo que me sigue sirviendo de apoyo después de tantos años.

Hay muchas personas como yo que pueden hacer perfectamente una o dos comidas al día sin problema gracias a la cetosis nutricional, de manera que podemos pasar periodos de ayuno con bastante naturalidad. Ahora te contaré que hay ciertos retos sociales asociados con el ayuno. Si tus amigos o tu familia se quieren reunir para una comida y tú, o bien no tienes hambre o bien estás realizando un ayuno prolongado, entonces, hay personas que no sabrán cómo manejarlo. Tú no quieres quedar como un maleducado y el anfitrión tampoco quiere sentirse como si hubiera hecho algo malo. Recuerda, estas reuniones no tienen tanto que ver con la comida como con el hecho de conectar con los demás. Céntrate en esas conexiones y deja que se llenen la boca con lo que sea que les apetezca. La mayoría de la gente apenas se dará cuenta de que no estás comiendo y, si lo hacen, es problema de ella, no tuyo. Por supuesto, lo mejor es planear el ayuno teniendo en cuenta las celebraciones y eventos en los que la comida es importante. No comiences un ayuno de siete días tres días antes de una fiesta de cumpleaños o una boda. Pero en aquellas reuniones que se den sobre la marcha trata de comportarte con normalidad y disfruta de la compañía de los demás sin estar pendiente de la comida.

Ayuno prolongado toma 2: Ayuno de tres semanas

Después de mi éxito probando la dieta cetogénica en 2012 y en 2013, lo que me llevó a un mayor entendimiento de la cetosis nutricional, pensé que sería útil probar de nuevo el ayuno. Naturalmente, no hacía falta que probara el ayuno intermitente, ya que, prácticamente, venía haciéndolo diariamente gracias a la cetosis, así que decidí probar de nuevo un ayuno más prolongado para ver si podía llegar más allá de una semana. Conocí al Doctor Fung en septiembre de 2015 y después de conocer el trabajo que estaba realizando con más de mil pacientes empleando distintos protocolos de ayuno para mejorar su salud me intrigaba la idea de ayunar durante más de una semana. ¿Podría aguantar esta vez veintiún días seguidos?

En septiembre de 2015, comencé un ayuno de veintiún días tomando tan solo agua, kombucha, y caldo de huesos con sal marina, que suman en total menos de 200 calorías diarias. A pesar de que técnicamente esto no era ayuno puro, dado que se ingería una cierta cantidad mínima calorías, el Doctor Fung me advirtió de que haciéndolo de esta manera obtendría la mayoría de los beneficios de un ayuno solo con agua. Tal y como era de esperar bajé de peso rápidamente, al igual que mis niveles de azúcar en sangre (bajaron hasta los 70 y 60 altos sin signos de hipoglucemia). También comprobé mis niveles de cetonas y, pese a que comenzaron en un nivel muy bajo, enseguida se catapultaron por encima de 2,5 milimolares al cuarto día de ayuno. Me sentía eufórico y sorprendentemente energético, a diferencia de la última vez que había hecho un ayuno prolongado.

Mi primer día de ayuno fue extremadamente fácil porque ya estaba acostumbrado a ayunar durante veinticuatro horas gracias a mi dieta cetogénica. El día 2 fue el más difícil para mí; el deseo de comer era mucho más intenso de lo que esperaba pero, entonces, sucedió algo increíble una vez superé el segundo día: ¡ayunar se convirtió en algo sorprendentemente simple! Era casi *demasiado* fácil no comer. La idea de que si no comes experimentarás una creciente sensación de hambre cuando más tiempo pase es, sencillamente, falsa. De hecho, me atrevería a decir que después de algunos días de ayuno te sientes más *normal* que nunca. Cuando no piensas tanto en lo que vas a comer, cuándo lo harás, dónde lo harás y el resto de costumbres sociales que giran en torno a la comida, te sientes liberado para hacer otras cosas. Te das cuenta de que la necesidad y el deseo de comer son algo más mental que físico.

Así que, ¿qué tal me fue mi intento de ayunar durante veintiún días? Llegué a un total de diecisiete días y medio, solo para ser saboteado por algo con lo que realmente no contaba: el estrés por viajar. Al empezar mi día 15 de ayuno mi esposa y yo nos fuimos de vacaciones con unos amigos a Myrtle Beach, en Carolina del Sur, y la noche del día 17 mi estómago se puso a gruñir durante 45 minutos seguidos. Dado que era casi la hora de acostarse decidí esperar a la mañana siguiente para ver si el hambre desaparecía. No fue así, de modo que interrumpí mi ayuno algunos días antes del objetivo. Pero escuché a mi cuerpo, algo muy importante cuando se ayuna.

Poner fin al ayuno cuando se hace evidente que ha llegado el momento de dejar de ayunar no supone ningún problema. Había ayunado durante casi tres veces más tiempo que jamás antes en mi vida, así que estaba bastante emocionado. Sin embargo, el hecho de tener que parar me demostró el gran impacto que puede tener el estrés sobre nuestro cuerpo. Ahora he empezado a tomar medidas activas para reducir el nivel de estrés en mi vida, como meditación, menos tiempo online, clases de yoga, y masajes frecuentes. Dado que tengo una importante resistencia a la insulina debido a años de mala nutrición, creo que el estrés me afecta más que a la mayoría de las personas. Si consigo encajar esta pieza del puzle que conforma la salud, puede que en el futuro escriba un libro que se llame *Stress Clarity*. ¡Estad atentos!

Como era de esperar, durante este ayuno perdí peso: unos ocho kilos y medio. Aunque ese no era mi principal objetivo, fue un agradable efecto secundario. Lo más fascinante para mí fue el hecho de que solo hubiera recuperado uno de ellos cuando comprobé mi peso un mes después de haber acabado el ayuno. Eso estuvo genial. Dado que soy muy friki cuando se trata de marcadores de salud, obviamente, me

ROBB WOLF — ESTRELLAS DEL AYUNO

> Ayunar *causa* estrés. Que un estrés sea hormético (beneficioso) o potencialmente perjudicial viene determinado en gran parte por otros factores estresantes.

realicé varios análisis de sangre antes y después de mis diecisiete días de ayuno para ver el impacto que este había tenido. Algunos de los resultados eran esperables, pero otros me cogieron totalmente por sorpresa. Aquí puedes ver los resultados de varios marcadores sanguíneos antes e inmediatamente después del ayuno:

	PRE-AYUNO	POS-AYUNO
Colesterol total	295	195
LDL-C	216	131
HDL-C	61	50
Triglicéridos	90	68
LDL-P	2889	1664
LDL-P pequeñas	1446	587
Lp(a)	441	143
Insulina en ayuno	13,9	10
hsCRP	1,6	0,94

La mayoría de estos valores están relacionados con la salud cardiovascular, incluidos los análisis de colesterol avanzados. (Puedes aprender más sobre los valores relacionados con el colesterol en mi libro *Cholesterol Clarity*, de 2013). Déjame que interprete lo que tenemos aquí. ¿Hay algo que sobresalga por encima del resto? Efectivamente, el colesterol. El colesterol total cayó 100 puntos en menos de tres semanas de ayuno sin necesidad de ninguna otra medicación para bajar el colesterol, como los medicamentos con estatinas. Como pacientes, estamos acostumbrados a que nos digan que los medicamentos son la única forma de bajar el colesterol para que no nos dé un ataque al corazón y, aun así, he aquí un método completamente natural de bajar el colesterol.

El nivel de HDL-C, conocido como el colesterol «bueno» bajó, como era de esperar, de 61 a 50 durante el ayuno. Uno de los materiales fundamentales que se necesitan para el colesterol HDL es la grasa, sobre todo las grasas saturadas. De modo que, cuando no se consume nada de comida, lo esperable es que el nivel de HDL caiga. Sin embargo, la mayor parte de la reducción del nivel total de colesterol estaba en el LDL-C, que se desplomó de 216 a 131. Aun así, esto no representa todo el beneficio que el ayuno reportó a mi salud cardiovascular. El ayuno hizo algo que no había visto antes hacer a ningún otro medicamento.

El análisis avanzado de lipoproteínas, conocido como lipoperfil NMR, muestra el número actual de partículas LDL y el tamaño de estas partículas. Cuando comencé el ayuno el total de partículas LDL (LDL-P) era 2.889 y el LDL pequeñas (el verdadero LDL malo) 1.446. Después del ayuno, estas cifras bajaron hasta 1.664 y 587 respectivamente, lo cual represente una mejora considerable. Pero, tal vez, el resultado más asombroso de todos sea el de Lp(a) (Lipoproteína a), un factor de riesgo en el desarrollo de enfermedades cardiovasculares. Mi Lp(a) inicial de 441 era extremadamente alto (siempre lo ha sido) y se desplomó hasta 143. Esto es una poderosa señal de los efectos terapéuticos del ayuno.

Los últimos dos análisis de sangre fueron para la insulina en ayuno y la hsCRP (CRP del alta sensibilidad), un marcador de inflamación fundamental. La buena noticia es que estos valores no estaban mal antes de comenzar y lo único que hicieron fue mejorar. La insulina en ayuno bajó casi cuatro puntos y la hsCRP cayó casi a la mitad.

En conjunto, los números mostraron que las tres semanas de ayuno fueron un gran éxito. Pero aún no había acabado.

Ayuno prolongado tomas 3, 4 y 5: Otra semana, ciclos de ayuno y un mes sin comida

A mediados de octubre de 2015 ayuné durante otra semana para ver si veía cambios similares en los principales marcadores. Resulta interesante que mi nivel de azúcar en sangre volviera a caer a 70 y 80; también perdí seis kilos. Sin embargo, esta vez sí los recuperé. Tal vez yo sea una de esas personas que necesitan hacer un ayuno prolongado para que los resultados se asienten.

Mi siguiente experimento con el ayuno tuvo lugar en diciembre de 2015, cuando probé a realizar ciclos de ayuno con algunos días sin ayunar para ver qué efecto tenía sobre mí. Ayuné durante seis días, luego comí el día 7, ayuné durante otros cinco días, volví a comer el día 13, luego ayuné durante otros cuatro días y puse fin al ayuno. Fue divertido cambiar las cosas un poco, pero al hacer esto no observé los mismos resultados como cuando ayuné durante tres semanas seguidas. Mis niveles de azúcar y de cetonas nunca cayeron hasta los niveles que podía esperar de un ayuno prolongado. He de decir que perdí más de ocho kilos y solo había recuperado tres cuando me pesé un mes después. Sin embargo, todavía me quedaba la que sería mi idea más controvertida sobre el ayuno.

En enero de 2016 tuve la idea de ayunar durante un mes completo, sí, has leído correctamente. Quería ayunar durante 31 días seguidos. Resultaba abrumador, pero me sentía animado por los resultados de mis dos ayunos prolongados anteriores así que decidí intentarlo. Esta vez pensé que sería divertido hacer un escáner de densidad ósea (DEXA) para ver lo que le sucedía a la grasa y a los músculos de mi cuerpo durante el ayuno. A varios de mis seguidores en las redes sociales les preocupaba que pudiera perder una gran cantidad de masa muscular en estos experimentos. Así que me sometí a un escáner antes y después de ayunar en enero de 2016. Enseguida les daré más detalles sobre los resultados.

Me iba como una seda con el ayuno; veía mejoras fabulosas en mis niveles de azúcar en sangre, que volvieron a desplomarse hasta 70 y 60 y en mi nivel de cetonas, que estaban de nuevo por encima de 2,5 milimolares. Me sentía fantásticamente. De hecho, el día 11 decidí analizar mi nivel de azúcar y de cetonas en sangre a cada hora a la hora en punto para ver lo que estaba sucediendo. Los resultados están en la tabla de la página 27.

Son cifras espectaculares y me sentí increíblemente bien a lo largo de todo el día, a pesar de llevar once días seguidos sin haber comido nada.

El día 13 tuve que interrumpir el ayuno para comer, porque íbamos de viaje a Virginia para estar con la familia de mi esposa. Una vez más, el estrés hizo mella en mí y en mi habilidad para ayunar. Afortunadamente volví enseguida a él después de tomarme un día de descanso y fue bastante bien hasta tres días después, cuando hubo que regresar a casa. De nuevo, el estrés hizo que interrumpiera el ayuno por segunda vez. Durante el viaje el hambre, la debilidad y una sensación generalizada de desgana me invadieron por completo, y no sé cómo ignorar esa sensación. Así que volví a comer el día 16 y retomé el ayuno al día siguiente. Ayuné durante seis días más y, después de eso, volví a hacer una última pausa el día 22, y finalicé los últimos nueve días del mes. En total ayuné veintiocho de los treinta y un días de enero de 2016.

A pesar de que mis niveles de azúcar y cetonas subieron y bajaron debido a que tuve que interrumpir el ayuno ocasionalmente, perdí más de 10 kilos y solo recuperé algo más de 3,5 kilos de ellos el siguiente mes.

Hora	Glucosa en sangre	Cetonas en sangre	Comida consumida
7:30	66	3,1	-
8:30	67	3,1	-
8:45	-	-	Kombucha
9:30	72	3,9	-
10:30	70	2,9	-
10:30	-	-	Caldo de huesos de pollo con sal marina
11:30	73	2,9	-
12:30	71	2,6	-
13:30	70	3,8	-
14:30	68	4,3	-
15:30	79	3,8	-
16:30	71	3,7	-
17:30	72	4,2	-
18:30	68	3,9	-
19:30	60	4,7	-
20:30	62	4,5	-
21:30	74	3,7	-

¿Qué pasó con la DEXA? Eso sí que fue fascinante. El escáner mostró que perdí cuatro kilos y medio de grasa corporal y otros cuatro kilos y medio de lo que identificó como «tejido magro», generalmente interpretado como músculo. Toda esta supuesta «pérdida muscular» se produjo en el área del tronco; de hecho, gané músculo en brazos y piernas. Cuando hablé de mis resultados con el Doctor Fung, él señaló que la DEXA puede confundir la pérdida de grasa en tejidos de los órganos con pérdida muscular. En otras palabras, lo más probable es que no perdiera músculo, sino grasa alrededor de mis órganos internos; ¡algo muy bueno!

Así que retomé mi dieta cetogénica baja en carbohidratos durante un par de semanas y volví a realizarme una DEXA. ¿Qué le sucedió a ese tejido magro que había perdido durante el ayuno? Hasta el último gramo de esa supuesta pérdida muscular había desaparecido por completo y me encontraba de nuevo en el mismo nivel que antes del ayuno. Esto sirve para demostrar que estas mediciones son meras herramientas que nunca deberían conducir a conclusiones falsas. El hecho es que no perdí nada de masa muscular durante mis veintiocho días de ayuno. ¡Eso es muy significativo! Va en contra de todo lo que se suele creer acerca de los efectos secundarios de ayunar. (El Doctor Fung rebatirá el mito de que ayunar provoca pérdida de masa muscular con más detalle en la página 70).

Conclusión: ¡Un plan de ayuno!

Todavía sigo trabajando en mi propio protocolo de ayuno, teniendo en cuenta que probablemente necesitaré periodos mayores de ayuno para obtener la mayoría de sus beneficios y que, tal y como he aprendido, para mí es importantísimo no tratar de ayunar durante épocas de estrés, incluso cuando se trata de un estrés alegre. Viajar hace imposible para mí el ayuno a largo plazo (aunque no tenga problema en hacer un ayuno intermitente si el vuelo dura menos de cuatro horas), así como cualquiera del resto de actividades fuera de lo normal para mí, como escribir libros o asistir a conferencias. Esta es una lección importante que he aprendido gracias a mis experiencias con el ayuno.

Si te sientes ahora inspirado como para darle una oportunidad al ayuno, déjame que te anime a hacerlo. Incluso si empiezas tan solo por saltarte una comida, puedes ir progresando con el ayuno durante algunos días seguidos y los beneficios serán tremendos. El Doctor Fung te hablará con más detalle sobre esos beneficios a lo largo de los próximos capítulos, pero baste señalar que si estás luchando contra la obesidad y/o la diabetes tipo 2, ayunar puede tener un efecto increíble sobre el peso y el nivel de azúcar en sangre. Lo he visto con mis propios ojos, incluso cuando todavía era escéptico acerca del ayuno.

Entiendo que no comer durante un periodo de tiempo puede resultar un verdadero reto. Es duro, sobre todo, porque en nuestro mundo moderno la comida está disponible al instante en cualquier parte pero, ¿y si decidieras ir contracorriente y abstenerte de comer, aunque fuera durante un breve periodo de tiempo y ver qué tal te va? Olvídate de lo que crees que *podría* pasar y, en lugar de eso, acepta la experiencia para ver qué es lo que *sí* sucede. No voy a decirte que resolverá todos tus problemas de peso y de salud. Ciertamente, no es la panacea, pero el ayuno puede convertirse en una de las herramientas más útiles para ayudarte a retomar el control de tu propia salud. ¡Ese es un objetivo que todos deberíamos perseguir!

Conoce a las
ESTRELLAS DEL AYUNO

ABEL JAMES

Abel James es un autor de *best sellers* que escribe para el *New York Times* y un hombre del renacimiento moderno. Entrena a famosos en un programa de la cadena de televisión ABC y ha aparecido en la revista *People*, *WIRED*, en el programa de televisión *Entertainment Tonight* y en la emisora de radio *NPR*. Como presentador del podcast *Fat-Burning Man*, número 1 en más de ocho países, Abel ha ayudado a millones de personas a recuperar su salud y a dar lo mejor de sí mismos gracias a una ciencia de vanguardia, entrenamientos al aire libre y una comida escandalosamente buena.

Abel ha dado conferencias para el Gobierno federal y en las universidades de la Ivy League, así como asesorando a empresas de la lista Fortune 500, como Microsoft, Danaher o Lockheed Martin. En 2015 y 2016 fue nombrado una de las personas más influyentes sobre salud y bienestar por la web Greatist.

Nombrado profesor emérito con honores por la Universidad de Dartmouth, Abel se labró su propio currículo y se especializó en ciencia cerebral, música y tecnología. Más tarde publicó su investigación en *The Musical Brain*, que se convirtió en un *best seller*.

Abel es también compositor y multiinstrumentista y ha ganado varios premios en literatura y artes escénicas, entre ellos el premio *Outstanding Achievement in Songwriting*.

Actualmente vive con su esposa en Austin, Tejas. Le gusta el café fuerte y la tarta de queso, a ser posible juntos.

AMY BERGER

Amy Berger, nutricionista clínica, especialista en nutrición, y terapeuta nutricional, es autora del libro *The Alzheimer´s Antidote*. Posee un máster en nutrición humana y, como veterana de las Fuerzas Aéreas de EE.UU, tiene un gran interés en el uso de las dietas cetogénicas bajas en carbohidratos para la salud neurológica (incluido el tratamiento de las lesiones cerebrales traumáticas), así como para las enfermedades metabólicas como la diabetes tipo 2 y la obesidad.

Después de años haciendo lo que los expertos en nutrición y salud consideraban que era «todo lo correcto» para perder peso y conservar una buena salud sin obtener los resultados esperados, Amy descubrió que la clásica recomendación acerca de las dietas bajas en calorías y grasas no conducía a los resultados prometidos. Se formó en nutrición y fisiología, y aprendió que gran parte de lo que pensamos acerca de las «dietas saludables» es erróneo y, en muchos casos, extremadamente incorrecto.

Amy tuvo que aprender estas lecciones a la fuerza y ha dedicado su vida a enseñar a otros que para tener una buena salud no es necesario pasar hambre, penurias, ni vivir todo el día metido en el gimnasio. Las personas no pueden vivir únicamente a base de lechuga. ¡La gente real necesita comida real! Puedes leer su blog y aprender más sobre su trabajo en www.tuitnutrition.com.

DOCTOR MICHAEL RUSCIO

El Doctor Michael Ruscio ayuda a las personas a identificar por qué están enfermas y les ayuda a ponerse bien de forma natural. Trabaja con pacientes por todo Estados Unidos y emplea tratamientos con medicinas naturales de laboratorio para ayudar a una gran diversidad de pacientes, desde atletas a enfermos crónicos, a superar sus problemas de salud y alcanzar una buena salud y bienestar.

Visita su web, DrRuscio.com, para más información.

BERT HERRING

El Doctor en Medicina Bert Herring, «Dr. Bert», fue pionero en el ayuno intermitente diario; primero experimentó consigo mismo en 1995, luego lo estudió más en profundidad y lo compartió con el mundo en 2005 con la primera guía para empezar y cosechar los beneficios de un ciclo diario de ayuno/comida, *The Fast-5 Diet and the Fast-5 Lifestyle*.

El Dr. Bert se centra en soluciones del mundo real: cosas que funcionan para la gente real con vidas reales y compromisos reales, como hijos y trabajo. Se fija en lo que funciona para la gente que no puede hacer ejercicio ocho horas al día y se mantiene escéptico en lo que respecta a resultados que solo afectan a ratas de laboratorio, estudios a corto plazo de tan solo unas semanas de duración y estudios en los que se observa a las personas (ya que, como dijo Heisenberg, la observación cambia las cosas).

Al Dr. Bert también le interesan muy poco las soluciones temporales. Puede que las soluciones temporales funcionen, pero si no puedes mantenerlas no pueden formar parte de tu estilo de vida. Él quiere dotar a la gente las herramientas necesarias para combatir el impulso social de comer demasiado y ayudarles a construir un estilo de vida propio y sencillo que consiga un equilibrio saludable que funcione a largo plazo.

La salud va más allá de la dieta, así que el Dr. Bert también. Si deseas saber más echa un vistazo a su charla en TEDx *Did I Enrich Today?*, que tiene más de 235.000 visualizaciones, o a su web bertherring.com.

MEGAN RAMOS

Megan Ramos trabajó con el Doctor Fung durante más de dieciséis años como investigadora médica antes de cofundar el *Intesive Dietary Management Program* (programa de control dietético intensivo). Ha ayudado a cientos de pacientes a incorporar el ayuno a sus vidas y, probablemente, no haya nadie en el mundo con su conocimiento clínico.

THOMAS N. SEYFRIED

Thomas N. Seyfried es profesor de Biología en la Universidad de Boston y es doctorado en Genética y Bioquímica por la Universidad de Illinois, Urbana, en 1976. Realizó sus estudios universitarios en la Universidad de Nueva Inglaterra, donde recientemente fue distinguido con el premio *Alumni Achievement Award*. También tiene un máster en Genética por la Universidad Estatal de Illinois. Cursó una beca posdoctoral en Neurología en la Facultad de Medicina de la Universidad de Yale y más tarde trabajó en la facultad como profesor adjunto de neurología. Thomas Seyfried prestó servicios distinguidos en La Primera División de Caballería del Ejército de EEUU durante la guerra de Vietnam y recibió numerosas medallas y condecoraciones.

También ha recibido otros premios y distinciones de organizaciones de tan diversa índole como la Sociedad Americana de Químicos del Aceite, el Instituto Nacional de Salud, la Sociedad Estadounidense de Neuroquímica y el grupo de interés especial en la dieta cetogénica (Ketogenic Diet Special Interest Group) de la Sociedad Estadounidense de Epilepsia. EL Doctor Seyfried fue anteriormente presidente del Comité de Asesoramiento Científico para la asociación NTSAD y en la actualidad es miembro de distintos consejos editoriales, entre ellos los de *Nutrition & Metabolism*, *Neurochemical Research*, *Journal of Lipid Research* y *ASN Neuro*, donde es editor jefe. El Doctor Seyfried es autor de más de 170 artículos en publicaciones arbitradas y autor del libro *Cancer as a Metabolic Disease: On the Origen, Management, and Prevention of Cancer*. Su lista completa de artículos en publicaciones arbitradas puede encontrarse en PubMed (http://www.ncbi.nlm.nih.gov/pubmed).

MARK SISSON

Mark Sisson es autor del *best seller The Primal Blueprint*, así como *The Primal Blueprint Cookbook* y de uno de los mejores blogs sobre salud y bienestar *MarksDailyAppple.com*. También es fundador de Primal Kitchen, una empresa dedicada al diseño, la fabricación y la distribución de productos alimenticios saludables y deliciosos hechos con proteínas limpias, grasas saludables y sin azúcares.

ROBB WOLF

Robb Wolf, exinvestigador en bioquímica, es autor del *best seller* del *New York Times La solución paleolítica: la dieta humana originaria*. Fue alumno del profesor Loren Cordain, autor de *La dieta paleolítica*, Robb ha transformado la vida de miles de personas de todo el mundo mediante sus aclamados podcast en itunes, su libro y sus seminarios.

Robb ha sido editor de la revista *Journal of Nutrition and Metabolism*, es cofundador de la revista sobre nutrición y entrenamiento deportivo *The Performance Menu*, es copropietario de NorCal Strength & Conditioning, uno de los mejores gimnasios de *Men´s Health* de los Estados Unidos, y es asesor del programa *Naval Special Warfare Resiliency* (programa de resiliencia de tácticas especiales de guerra naval). Es miembro del consejo de dirección/asesoramiento de Specialty Health Inc., Paleo FX, y de la revista *Paleo Magazine*.

Robb es excampeón de halterofilia de California (256 kg. sentadilla, 156 kg. banco, 256 kg. peso muerto) y amateur 6-0 de kickboxing. Entrena a atletas de máximo nivel y asesora a deportistas olímpicos y campeones del mundo de artes marciales mixtas, motocross, remo y triatlón. Robb ha impartido seminarios sobre nutrición, fuerza y acondicionamiento físico en gran número de instituciones, entre ellas la NASA, el Centro de Guerra Naval, la Infantería Ligera Canadiense, y el Cuerpo de Marines de los EEUU.

Robb vive en Reno, Nevada, con su esposa, Nicki, y sus hijas, Zoe y Sagan.

MIEDOS
— Olvídate de ellos

VENTAJAS
— Muchísimas

HORARIO
— Siempre que lo necesites

TERAPÉUTICO
— Para muchos problemas de salud, como la obesidad, la diabetes, el cáncer y el Alzheimer

Primera Parte

¿QUÉ ES EL AYUNO Y POR QUÉ ES BUENO PARA TI?

Capítulo 1
¿QUÉ ES EL AYUNO

Siempre que menciono el ayuno como tratamiento para la obesidad y la diabetes tipo 2 me encuentro con la misma cara de asombro. *¿Morirse de hambre? ¿Esa es la solución? ¿Va a matar a la gente de hambre?* No. No se trata en absoluto de eso. No voy a matar a nadie de hambre; solo os estoy pidiendo que ayunéis.

Ayunar es algo completamente distinto a morirse de hambre en un sentido fundamental: morirse por inanición es la abstención *involuntaria* de comer. No es ni deliberada ni controlada. La gente que se muere por inanición no tiene ni idea de cuándo ni dónde será la próxima vez que coman. Eso sucede en épocas de guerra y hambruna. Ayunar, por otro lado, es la abstención *voluntaria* de comer por razones espirituales, de salud u otras. Hay comida disponible, pero *se elige* no comer. Da igual el motivo por el que uno se abstenga, la cuestión es que el ayuno es voluntario y eso supone una diferencia fundamental.

Nunca debería confundirse *ayuno* con *inanición* y ambos términos nunca deberían usarse indistintamente. El ayuno y la inanición están en las antípodas el uno de otro. Es igual que la diferencia entre correr por afición y correr porque te persigue un león. La inanición se impone sobre uno debido a fuerzas externas. El ayuno, por el contrario, puede realizarse durante cualquier periodo de tiempo, desde unas horas a meses. Se puede empezar a ayunar en el momento en el que uno elija, y también se le puede poner fin cuando uno quiera. Se puede empezar o interrumpir un ayuno por cualquier motivo, o sin motivo en absoluto.

El ayuno no tiene una duración estándar, dado que es la mera abstención de comer, todo el tiempo que no se está comiendo, técnicamente, se está ayunando. Por ejemplo, se puede ayunar entre la cena y el desayuno del día siguiente, durante un periodo de alrededor de doce horas. En este sentido, el ayuno podría considerarse como una parte del día a día. Tomemos el término *desayuno*. Esta palabra (*breakfast*, en inglés) se refiere a la comida que «rompe el ayuno« (*break*=romper y *fast*=ayuno). La misma palabra ya implica el reconocimiento de que el ayuno, lejos de ser una especie de castigo cruel y extraordinario, es algo que se practica a diario, aun cuando sea por un breve periodo de tiempo. No es algo extraño, sino parte del día a día.

Alguna vez me he referido al ayuno como el «antiguo secreto» para perder peso. ¿Por qué? Ciertamente, se trata de una técnica antigua que se remonta miles de años, tal y como comentaremos en el capítulo 2. El ayuno es tan antiguo como la humanidad, mucho más antiguo que cualquier otra técnica dietética. Pero, ¿cómo es posible que el ayuno sea un «secreto»?

A pesar de que el ayuno lleva practicándose desde hace miles de años, durante mucho tiempo ha sido olvidado como técnica dietética. No hay prácticamente libros sobre él; existen unas pocas páginas webs dedicadas al ayuno; apenas se menciona en los periódicos y revistas. Incluso su mera mención levanta miradas de incredulidad. Es un secreto escondido a plena vista. ¿Cómo sucedió esto?

Mediante el poder de la publicidad, las grandes empresas de alimentación han cambiado poco a poco la forma en la que vemos el ayuno. En lugar de ser una tradición saludable y purificante, ahora se considera como algo que hay que temer y evitar a toda costa. El ayuno era malísimo para el negocio, al fin y al cabo, resulta difícil vender comida si la gente no quiere comer. Poco a poco, pero irremediablemente, el ayuno se ha convertido en algo prohibido. Las autoridades nutricionales alegan ahora que incluso saltarse una sola comida al día tiene graves consecuencias para la salud.

Hay que desayunar siempre.

Hay que picotear constantemente, durante todo el día.

Se debería comer algo antes de acostarse.

Nunca jamás hay que saltarse una comida.

Estos mensajes están en todas partes, en la televisión, en los periódicos, en libros. Escucharlos una y otra vez genera la ilusión de que son verdades absolutas científicamente probadas más allá de cualquier duda. La verdad es justamente lo contrario. No existe correlación alguna entre el hecho de comer constantemente y una buena salud.

MARK SISSON — ESTRELLAS DEL AYUNO

Había leído muchísimo acerca de los beneficios antienvejecimiento del ayuno, pero dudaba si probarlo en mí mismo, porque tenía miedo de que pudiera perder valiosa masa muscular. Entonces, durante un vuelo de larga distancia al extranjero sin comida disponible y sin haber comido nada desde la noche anterior, me vi forzado a ayunar durante 36 horas. Me sentí lleno de energía y con la cabeza despejada. Basándome en esa experiencia, comencé a experimentar con la cantidad de tiempo que podría pasar sin comer (en realidad, sin sentir que *tenía* que comer). Descubrí que podía pasar largos periodos de tiempo. También me di cuenta de que no perdía masa muscular ni fuerza, algo fundamental para mí.

A veces las autoridades tratarán de convencerte de que no puedes ayunar porque el hambre acabará contigo. Es demasiado difícil. Es, simplemente, imposible. Aquí la verdad es de nuevo, exactamente, lo contrario.

¿Tú puedes ayunar? Sí; es algo que se ha hecho literalmente durante miles de personas por millones de personas en todo el mundo.

¿Es perjudicial para la salud? No. De hecho, tiene *enormes* beneficios para la salud.

¿Perderás peso? Si no comes nada durante un día, ¿crees que perderás peso? *Por supuesto*.

Ayunar es eficaz, sencillo, flexible, beneficioso y, prácticamente, funciona de forma garantizada. Pregúntale a un niño cómo perder peso y, probablemente, te diga que saltándose algunas comidas. Así que, ¿cuál es el problema? Que nadie gana dinero cuando tú ayunas. Ni las grandes empresas de alimentación ni las farmacéuticas. Nadie quiere que descubras el antiguo secreto para perder peso.

La desaparición del ayuno diario

En los años 70 del siglo pasado, un estadounidense medio hacía tres comidas al día, desayuno, comida y cena, sin tentempiés. Los datos recogidos por la Encuesta Nacional de Examen de la Salud y Nutrición (NHANES, según sus siglas en inglés) mostraban que, de media, había tres ocasiones para comer al día. Yo crecí en los 70 y lo recuerdo bien. ¿Qué pasaba si intentábamos comer algo por la tarde después del colegio? Normalmente nos daban un manotazo en la mano y nos decían: «Si comes ahora, luego no vas a cenar».

En un día normal se desayunaba a las 8 de la mañana, se almorzaba a mediodía y se cenaba a las 6 de la tarde. Eso significa que comíamos en un abanico de diez horas, lo cual se compensaba muy bien con catorce horas de ayuno. ¿Y sabe qué? La obesidad y la diabetes tipo 2 no suponían, ni de lejos, el problema en el que se han convertido hoy en día.

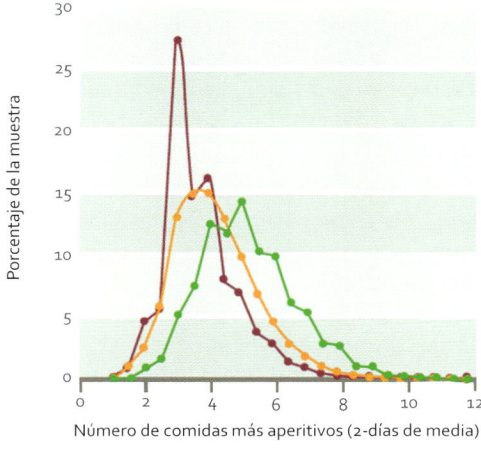

Figura 1.1. La media de comidas y aperitivos consumidos diariamente por los adultos pasó de 3 al día en 1977-78 a casi 6 al día en 2003-06.

Fuente: Popkin y Duffey, Does Hunger and Satiety Drive Eating Anymore?

En la actualidad, en lugar de tratar de evitar comer entre horas, animamos *activamente* a hacerlo tanto a niños como a adultos. Algunas personas, incluso, piensan que tomar más tentempiés les ayudará a perder peso, por ridículo que suene. Tomemos como ejemplo el horario de mi hijo. Él desayuna nada más levantarse. Toma un tentempié a media mañana en el colegio, luego almuerza, al salir del colegio merienda, cena y luego otro tentempié en el descanso de su partido de fútbol, y tal vez se tome otro antes de acostarse. ¡Está comiendo seis o siete veces al día! Esto no es en absoluto raro. Los datos de la NHANES muestran que los estadounidenses comen, de media, cinco o seis veces al día.

De modo que en lugar de tener periodos equilibrados de comida y ayuno, ahora estamos comiendo durante dieciséis o dieciocho horas y solo ayunamos entre seis y ocho horas al día. ¿A alguien le sorprende que la obesidad se haya vuelto una epidemia?

Para examinar los motivos por los que el ayuno es más beneficioso de lo que la mayoría de la gente cree empecemos por echar un vistazo a lo que realmente sucede en el organismo cuando comemos y cuando ayunamos.

Creo que lo más difícil de ayunar es decidirse a hacerlo. Convencerme de que soy capaz de empezar y llegar hasta el final es muy difícil, pero, una vez que empiezo, el bloqueo desaparece y se hace más fácil.

— Scott J.,
Minneapolis, MN

¿Qué sucede cuando comemos?

Cuando comemos ingerimos más energía en forma de comida de la que podemos usar inmediatamente. Parte de esta energía es necesario almacenarla para más tarde. La hormona clave que está implicada tanto en el almacenaje como en el uso de esa energía es la insulina, cuyo nivel sube cuando comemos. Tanto los carbohidratos como las proteínas estimulan la insulina. La grasa tiene un efecto mucho menor sobre la insulina, pero casi nunca se come sola.

La insulina tiene dos importantes funciones. En primer lugar, permite que el organismo use inmediatamente la energía alimentaria. Los carbohidratos son absorbidos y rápidamente transformados en glucosa, lo cual eleva los niveles de azúcar en sangre. La insulina permite que la glucosa entre directamente en la mayoría de las células del organismo, que la usan como energía. Las proteínas son descompuestas en aminoácidos y absorbidas, y el exceso de aminoácidos también puede ser transformado en glucosa. Las proteínas no incrementan el nivel de azúcar en sangre, pero pueden elevar los niveles de insulina. El efecto es variable, y a mucha gente le sorprende descubrir que algunas proteínas pueden estimular la insulina tanto como algunos alimentos que contienen carbohidratos. Las grasas son absorbidas directamente como grasa y su efecto sobre la insulina es mínimo.

En segundo lugar, la insulina ayuda a almacenar el exceso de energía. Existen dos formas de almacenar la energía. Las moléculas de glucosa pueden unirse a largas cadenas llamadas glucógeno y luego se almacenan en el hígado. Sin embargo, hay un límite para la cantidad de glucógeno que puede almacenarse. Una vez se alcanza ese límite, el organismo empieza a convertir esa glucosa en grasa. Este proceso se llama *novo lipogenesis* (literalmente, «hacer grasa de nuevo»).

Esta grasa que acaba de crearse puede almacenarse en el hígado o en depósitos de grasa del organismo. Aunque convertir la glucosa en grasa es un proceso mucho más complicado que almacenarla como glucógeno, no existe límite para la cantidad de grasa que puede generarse.

COMER COMIDA › AUMENTO DE LA INSULINA › SE ALMACENA AZÚCAR EN EL HÍGADO / SE PRODUCE GRASA EN EL HÍGADO

NADA DE COMIDA AYUNO › DESCENSO DE LA INSULINA › SE QUEMA EL AZÚCAR ALMACENADO / SE QUEMA LA GRASA CORPORAL

¿Qué sucede cuando ayunamos?

El proceso de usar y almacenar la energía alimentaria que se genera cuando comemos se produce a la inversa cuando ayunamos. El nivel de insulina desciende y le indica al organismo que debe empezar a quemar la energía almacenada. El glucógeno (la glucosa que está almacenada en el hígado) es la fuente de energía de más fácil acceso, y el hígado tiene almacenada suficiente como para proporcionar energía durante alrededor de veinticuatro horas. Despues de eso, el organismo empieza a descomponer la grasa almacenada en el cuerpo para obtener energía.

Así que, como puedes ver, el organismo realmente solo tiene en dos estados, alimentado (insulina alta) y en ayuno (insulina baja). O bien estamos almacenando energía alimentaria, o bien estamos quemando esa energía. Si la comida y el ayuno están equilibrados, entonces no hay ganancia de peso neto.

Si, por el contrario, nos pasamos la mayor parte del día almacenando energía alimentaria (porque estamos en estado alimentado), entonces, con el tiempo, ganaremos peso. Lo que hace falta, entonces, es aumentar la cantidad de tiempo que quemamos energía alimentaria (entrando en estado de ayuno) para restablecer el equilibrio.

La transición del estado alimentado al estado de ayuno se produce a lo largo de varias etapas, tal y como ha descrito George Cahill, uno de los mayores expertos en la fisiología del ayuno:

1. *Absorción:* el nivel de azúcar en sangre aumenta según absorbemos la comida que estamos tomando, y el nivel de insulina aumenta para llevar glucosa a las células, que la usan como energía.

2. *Fase postabsortiva* (entre seis y veinticuatro horas después de comenzar el ayuno): en este punto los niveles de azúcar y de insulina comienzan a descender. Para suministrar energía, el hígado comienza a descomponer el glucógeno y libera glucosa. Las reservas de glucógeno duran, aproximadamente, entre veinticuatro y treinta y seis horas.

3. *Gluconeogénesis* (entre veinticuatro y cuarenta y ocho horas después comenzar el ayuno): llegados a este punto, las reservas de glucógeno se han agotado. El hígado fabrica nueva glucosa a partir de aminoácidos mediante un proceso que se llama *gluconeogénesis* (literalmente, «creación de nueva glucosa»). En personas que no son diabéticas los niveles de glucosas caen, pero se mantienen en rangos normales.

4. *Cetosis* (entre dos y tres días después de comenzar el ayuno): el bajo nivel de insulina estimula la lipolisis, la descomposición de grasa para obtener energía. Los triglicéridos, la forma en la que se almacena la grasa, son descompuestos en un núcleo de glicerol y tres cadenas de ácidos grasos. El glicerol se usa para la gluconeogénesis, y los aminoácidos antes usados pueden reservarse para la síntesis de proteínas. Los ácidos grasos se usan directamente como energía por la mayor parte de los órganos del cuerpo, aunque no por el cerebro. El cuerpo usa los ácidos grasos para producir cuerpo cetónicos, los cuales son capaces de atravesar la barrera hematoencefálica y son usados por el cerebro como energía. Después de cuatro días de ayuno, aproximadamente el 75 por ciento de la energía que usa el cerebro es proporcionada por los cuerpo cetónicos. Los dos tipos principales de cuerpos cetónicos que se producen son el ácido betahidroxibutírato y el ácido acetoacético, que pueden incrementarse más de 70 veces durante el ayuno.

5. *La fase de conservación de proteínas* (cinco días después de comenzar el ayuno): los altos niveles de la hormona del crecimiento mantienen la masa muscular y los tejidos magros. La energía necesaria para el metabolismo básico es proporcionada casi en su totalidad por los ácidos grasos y los cuerpos cetónicos. La glucosa en sangre se mantiene por gluconeogénesis usando glicerol. Los niveles incrementados de norepinefrina (adrenalina) previenen cualquier descenso de la tasa metabólica. Hay una renovación normal de proteínas, pero no se usan para obtener energía.

En esencia, lo que estamos describiendo aquí es el proceso mediante el cual el organismo pasa de quemar glucosa a quemar grasa. La grasa no es más que la energía alimentaria almacenada por el cuerpo. En épocas en las que hay poca comida disponible es normal sacar la comida almacenada para llenar el vacío. Hasta que todas las reservas de grasa se han agotado el cuerpo no «quema músculo» en un esfuerzo por alimentarse a sí mismo. (Más sobre este mito en el capítulo 3).

Un aspecto importante a subrayar es el hecho de que estos mecanismos son completamente naturales y del todo normales. Las épocas de escasez de alimentos disponibles siempre han sido parte natural de la historia humana; nuestro cuerpo desarrolló mecanismos para adaptarse a este hecho de la vida en el paleolítico. Si no, no habríamos sobrevivido como especie. No existen consecuencias perjudiciales para la salud por activar estos protocolos, salvo en el caso de desnutrición (no se debería hacer ayuno en caso de desnutrición, por supuesto, y un ayuno extremo también puede provocar desnutrición). El organismo no se está «apagando», simplemente está cambiando su fuente de combustible, de comida a nuestra propia grasa. Y hace esto con ayuda de varias adaptaciones hormonales al ayuno.

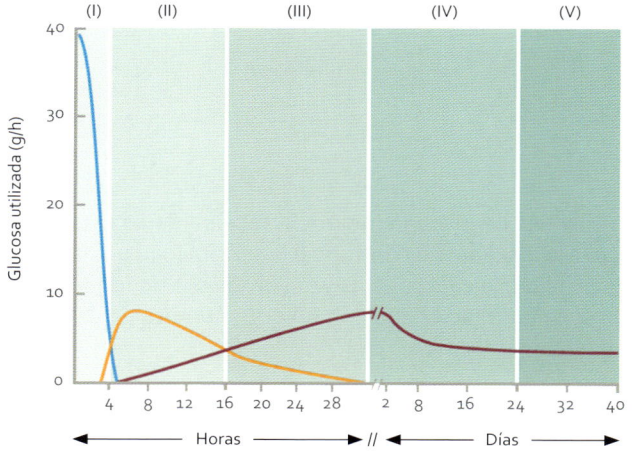

Figura 1.2 Las cinco etapas del metabolismo. Durante el ayuno los niveles de glucosa en sangre se mantienen a base de descomponer el glucógeno almacenado y producir nueva glucosa mediante la gluconeogénesis.

La insulina desciende

Un nivel bajo de insulina es uno de los efectos hormonales más consistentes del ayuno. Todos los alimentos hacen subir la insulina en cierta medida. Los carbohidratos refinados son los que más tienden a subir la insulina, las comidas grasas las que menos; aunque en ambos casos la insulina sube. Por tanto, el método más efectivo para reducir la insulina es evitar la comida por completo.

Durante las primeras etapas del ayuno, los niveles de insulina y de glucosa en sangre descienden, pero permanecen en rangos normales gracias a la descomposición del glucógeno, así como a la gluconeogénesis. Una vez que el glucógeno se ha agotado, el cuerpo empieza a quemar grasa para obtener energía. Los periodos de ayuno prolongados reducen el nivel de insulina mucho más.

	Absorción (I)	Fase Postabsortiva (II)	Gluconeogénesis (III)	Cetosis (IV)	Conservación de proteínas (V)
Origen de la glucosa en sangre	Comida	Glucógeno Gluconeogénesis	Gluconeogénesis Glucógeno	Gluconeogénesis	Gluconeogénesis
Órganos que usan glucosa	Todos	Todos menos el hígado. El tejido muscular y adiposo en menor medida	Todos menos el hígado. El tejido muscular y adiposo de forma moderada entre II y III	El cerebro, los glóbulos rojos, la médula renal. Pequeña cantidad por el músculo.	El cerebro en pequeña medida, los glóbulos rojos, la médula renal.
Principal fuente de energía del cerebro	Glucosa	Glucosa	Glucosa	Glucosa, cuerpos cetónicos	Cuerpos cetónicos, glucosa

Fuente: Cahill, Fuel Metabolism in Starvation.

Reducir regularmente los niveles de insulina mejora la sensibilidad a esta; el cuerpo se vuelve más reactivo a la insulina. Lo contrario a la sensibilidad a la insulina es la alta resistencia a la insulina, la cual constituye el problema de fondo de la diabetes tipo 2 y también se la ha relacionado con un gran número de enfermedades, entre ellas:

- Enfermedad cardiaca
- Apoplejía
- Alzheimer
- Diabetes tipo 2
- Colesterol alto
- Presión arterial alta
- Obesidad abdominal
- Esteatohepatitis no alcohólica (enfermedad por hígado graso)
- Síndrome del ovario poliquístico
- Gota
- Arteriosclerosis
- Enfermedad por reflujo gastroesofágico
- Apnea obstructiva del sueño
- Cáncer

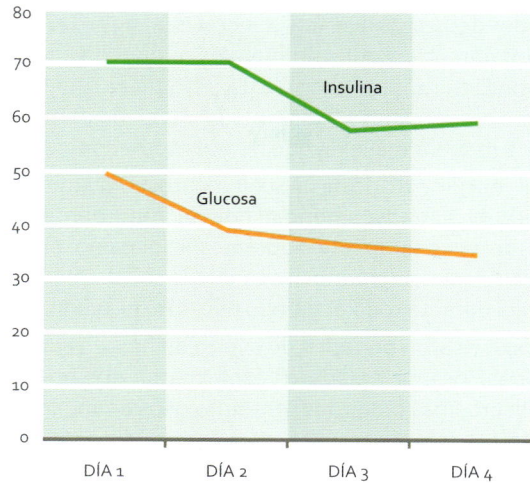

Figura 1.3. Prolongar el ayuno durante más de 4 días conduce a un descenso de los niveles de insulina y de glucosa en sangre.

Fuente: Zuener et al., *Resting Energy Expenditure in Short-Term Starvation Is Increased as a Result of an Increase in Serum Norepinephrine*.

Reducir la insulina también elimina el exceso de sal y agua del cuerpo ya que la insulina es famosa por retener la sal y el agua de los riñones. Este es el motivo por el que las dietas bajas en carbohidratos, a menudo, provoca diuresis, la pérdida del exceso de agua; de hecho, gran parte de la pérdida de peso inicial con una dieta baja en carbohidratos es agua. La diuresis es beneficiosa para reducir la hinchazón y nos ayuda a sentirnos más ligeros. En algunas personas también ayuda a bajar la presión arterial.

Los electrolitos se mantienen estables

Los electrolitos son ciertos minerales que hay en la sangre. Entre ellos se encuentran el sodio, el cloruro, el potasio, el calcio, el magnesio y el fósforo. Para conservar la salud, el organismo mantiene estos niveles en sangre bajo un férreo control. Diversos estudios sobre el ayuno no han evidenciado ningún desequilibrio en los electrolitos; el organismo posee mecanismos con los que mantener los electrolitos estables durante el ayuno.

Sodio y cloruro: estos minerales se encuentran fundamentalmente en la sal. Las necesidades diarias de sal son bastante bajas, y muchos de nosotros excedemos esta cantidad en muchos órdenes de magnitud. Durante los ayunos breves, la reducción de sal no supone un problema. Durante el ayuno prolongado (más de una semana), los riñones son capaces de reabsorber y retener la mayor parte de la sal que el cuerpo necesita. No obstante, en algunas ocasiones, puede ser necesario un suplemento de sal.

Potasio, calcio, magnesio y fósforo: los niveles de potasio pueden descender ligeramente durante el ayuno, pero permanecerán dentro de rangos normales. Los niveles de magnesio, calcio y fósforo también se mantienen estables durante el ayuno. Los huesos poseen grandes depósitos de estos minerales (el 99% de lo que hay en el cuerpo humano). Normalmente, algunos minerales se pierden a través de las deposiciones y la orina, pero durante el ayuno esta pérdida se minimiza. No obstante, en niños y mujeres embarazadas y lactantes existe una demanda constante de estos minerales, de manera que el ayuno no es recomendable.

Otros minerales y vitaminas: el consumo diario de un suplemento multivitamínico general le proporcionará la cantidad diaria recomendada de micronutrientes. Un hombre fue capaz de mantener un ayuno terapéutico durante 382 días con tan solo un multivitamínico sin que se produjeran efectos nocivos sobre la salud. De hecho, esta persona se sintió de maravilla durante todo el tiempo que duró el ayuno.

En un estudio en el que se supervisaron periodos de ayuno de hasta 117 días a base tan solo de agua y vitaminas, los investigadores confirmaron que no hubo cambios en los electrolitos del suero, los lípidos, las proteínas o los aminoácidos. Es más, descubrieron que el hambre, prácticamente, desaparecía durante estos ayunos prolongados.

La adrenalina aumenta y el metabolismo se acelera

La mayoría de la gente espera que un periodo de ayuno los deje cansados y sin energía. Sin embargo, la inmensa mayoría de las personas experimentan justo lo contrario. Se sienten llenos de energía y revitalizados durante el ayuno.

Esto es, en parte, porque el cuerpo sigue obteniendo energía, simplemente la obtiene a partir de quemar grasa en lugar de comida. Pero también sucede porque se utiliza adrenalina para liberar el glucógeno acumulado y para facilitar la quema de grasa, incluso si el nivel de azúcar es alto. Los niveles elevados de adrenalina nos revitalizan y estimulan el metabolismo. De hecho, los estudios demuestran que después de un ayuno de cuatro días el gasto energético en reposo aumenta un 12 por ciento. En lugar de ralentizar el metabolismo, el ayuno lo acelera.

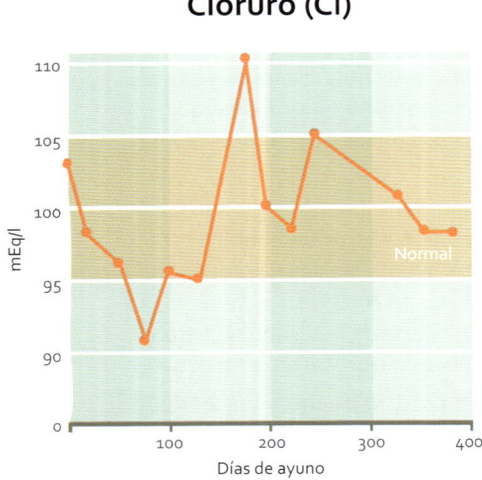

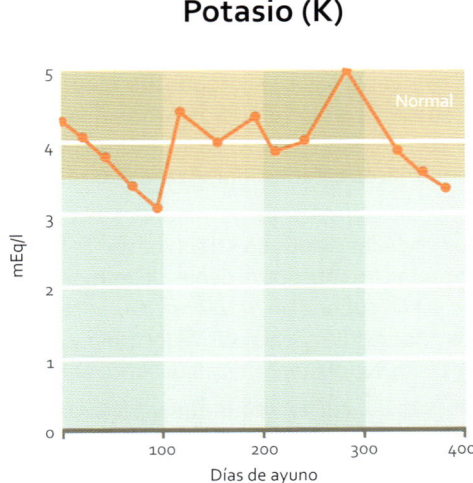

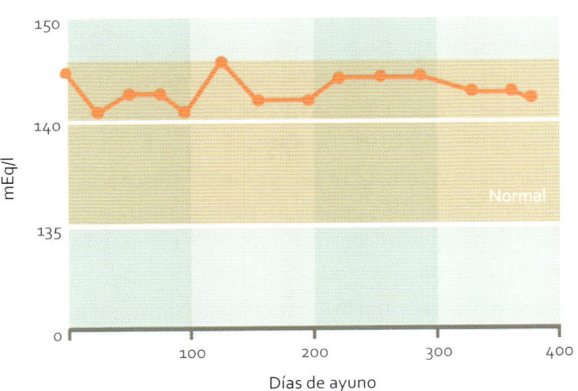

Figura 1.4. Los electrolitos se mantienen estables durante el ayuno prolongado.

Fuente: Datos de Stewart y Fleming, *Features of a Successful Therapeutic Fast of 382 Days' Duration*.

La hormona del crecimiento sube

La hormona del crecimiento humana (HGH, según sus siglas en inglés) se fabrica en la glándula pituitaria. Tal y como el nombre indica, juega un papel enorme en el desarrollo normal de los niños y los adolescentes. Los niveles llegan a su punto máximo durante la pubertad y van descendiendo gradualmente con la edad. Un nivel excesivo de la hormona del crecimiento en los adultos provoca que haya más grasa corporal, menos músculo, y menor densidad ósea (osteopenia).

La hormona del crecimiento, junto con el cortisol y la adrenalina, es una hormona contrarreguladora. Estas hormonas le indican al organismo cuándo incrementar la disponibilidad de glucosa y contrarrestan así el efecto de la insulina y provocando que el nivel de azúcar en sangre suba. Los niveles de las hormonas contrarreguladoras alcanzan su máximo nivel antes de despertarnos, aproximadamente a las 4:00 de la mañana; de este modo el nivel de azúcar sube hasta descender de nuevo durante la noche. Este ascenso prepara al organismo para el día poniendo más glucosa a su disposición para que obtenga energía.

La hormona del crecimiento también aumenta la cantidad de grasa disponible para obtener energía, aumentando de este modo los niveles de las enzimas claves, tales como la lipoproteína lipasa y la lipasa hepática. Dado que cuando se quema grasa se reduce la necesidad de glucosa, esto ayuda a mantener estable el nivel de azúcar.

Muchos de los efectos del envejecimiento pueden ser consecuencia de unos niveles bajos de la hormona del crecimiento. Reponer la hormona del crecimiento en personas mayores con niveles bajos tiene efectos antienvejecimiento significativos. Un estudio aleatorio controlado halló que en los hombres la reposición durante seis meses de la hormona del crecimiento incrementaba la masa magra (músculo y hueso) en unos asombrosos 3,7 kilogramos, hasta la masa adiposa *descendió* 2,4 kilogramos. En las mujeres también se hallaron resultados similares.

No obstante, la hormona del crecimiento exógena, es decir, la hormona del crecimiento que no se fabrica en nuestro cuerpo, conlleva el riesgo de efectos secundarios no deseados. Los niveles de azúcar pueden aumentar hasta niveles prediabéticos. La presión arterial también sube y existe, en teoría, un mayor riesgo de sufrir cáncer de próstata y problemas cardiacos. Por estos motivos, rara vez se utilizan inyecciones de hormona del crecimiento artificial, pero ¿y si pudiéramos incrementar la hormona del crecimiento de forma natural?

Las comidas suprimen de forma muy eficaz la secreción de hormona del crecimiento, así que si hacer tres comidas al día supone un método muy efectivo de no conseguir hormona del crecimiento durante el día, comer en exceso reduce los niveles de la hormona del crecimiento hasta un 80 por ciento.

El mejor y más potente estímulo natural para la secreción de hormona del crecimiento es el ayuno. En un estudio sobre un ayuno superior a cinco días la secreción de la hormona del crecimiento aumentó más del doble. Durante el ayuno, además de la subida normal de la hormona del crecimiento (pulsátil) por la mañana temprano, existe una secreción continua a lo largo de todo el día (no pulsátil). Tanto la secreción pulsátil como la no pulsátil se incrementan durante el ayuno. Resulta curioso que las dietas bajas en carbohidratos no sean capaces de provocar la misma respuesta en la hormona del crecimiento.

Un estudio realizado sobre un estricto ayuno de cuarenta días halló que los niveles de la hormona del crecimiento pasaron de 0,73 ng/mL de partida a un máximo de 9,86 ng/mL. Se trata de un aumento del 1250 por ciento, todo ello sin medicamentos. En 1992 un estudio halló un aumento de la hormona del crecimiento de cinco veces tras dos días de ayuno.

Figura 1.5. El ayuno aumenta significativamente la secreción de la hormona del crecimiento.

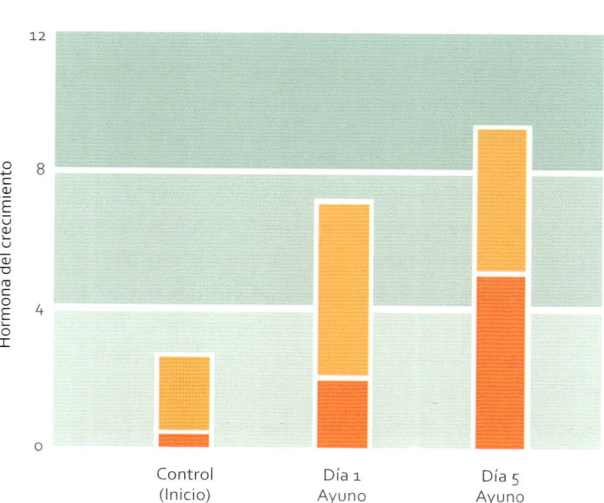

Fuente: Cahill, *Fuel Metabolism in Starvation*.

BENEFICIOS PARA LOS ATLETAS

Todos estos cambios hormonales pueden ser especialmente beneficiosos para los atletas. En primer lugar, su efecto fisiológico es el de mantener la masa magra (músculo y hueso) durante el periodo de ayuno, lo cual conlleva enormes implicaciones para los atletas. En segundo lugar, aunque todavía hay pocos estudios, el mayor nivel de la hormona del crecimiento puede mejorar el tiempo de recuperación después de un gran esfuerzo. El aumento de la adrenalina también permite realizar un ejercicio más intenso. Los atletas pueden entrenar más duro y recuperarse antes. Cada vez más deportistas de élite se interesan por las ventajas del «entrenamiento en estado de ayuno».

No es casualidad que muchos de los que empezaron a proponer el entrenamiento en estado de ayuno sean culturistas. Se trata de un deporte que requiere un entrenamiento de alta intensidad, así como un nivel extremadamente bajo de grasa corporal. Tanto Brad Pilon, autor del libro *Eat, Stop, Eat*, como Martin Berkhan, que popularizó el método de ayuno Lean-Gains, son culturistas.

La importancia de comer de forma saludable

Es evidente que el ayuno no es la panacea; comer de forma saludable sigue siendo importante. El mayor desafío de la medicina moderna son las enfermedades metabólicas: la obesidad, la diabetes tipo 2, la presión arterial alta, el colesterol alto y el hígado graso, conocidas comúnmente como síndrome metabólico. La presencia de cualquiera de estas enfermedades eleva enormemente el riesgo de sufrir una enfermedad cardiovascular, un derrame, cáncer o muerte prematura. La causa del síndrome metabólico se halla en la dieta occidental, con su abundancia de azúcar, almíbar de maíz de alta fructosa, sabores artificiales, edulcorantes artificiales y dependencia en exceso de cereales refinados.

Las sociedades que han mantenido sus patrones tradicionales de alimentación no se ven afectadas por estos trastornos metabólicos. Este libro se centra en una faceta en particular de los patrones tradicionales de alimentación que, prácticamente, ha quedado relegados al olvido en la sociedad de hoy en día: el ayuno intermitente. No obstante, esta es tan solo parte de la solución. Para una buena salud, no basta simplemente con incluir el ayuno en tu vida. Debes centrarte también en seguir patrones de alimentación saludables.

Lo que no es «comer sano»

Existe una tendencia a definir los patrones de alimentación saludables como una mera combinación de macronutrientes. Solo existen tres macronutrientes: carbohidratos, proteínas y grasas. Muchas dietas «saludables» recomendadas por expertos especifican un determinado porcentaje de estos; por ejemplo, las antiguas *Dietary Guidelines for Americans* (recomendaciones nutricionales para los estadounidenses) recomendaban que las grasas no superaran el 30 % del total de calorías. Desgraciadamente, el uso extendido del etiquetado nutricional y calórico en la comida empaquetada ha contribuido a este punto de vista.

Aunque pueda parecer científico, no existe una base real para estas recomendaciones. La hipótesis subyacente de estas recomendaciones basadas en los macronutrientes es que todas las grasas son iguales, todos los carbohidratos son iguales y todas las proteínas son iguales. Sin embargo, esto es claramente falso. El aceite de oliva virgen extra no es igual que la margarina hecha con grasas trans, aun cuando ambas sean pura grasa. Nuestro organismo responde de forma completamente distinta a cada una de ellas. La proteína del salmón salvaje no es igual que el gluten altamente refinado (que es una proteína, aunque se halle en los cereales). Los carbohidratos del azúcar no son iguales que los carbohidratos del brócoli o la col. El pan blanco no es lo mismo que las alubias blancas. Existen diferencias que pueden medirse fácilmente en la forma en la que nuestro organismo metaboliza estos distintos alimentos.

Lo mismo sucede con las calorías. Las recomendaciones nutricionales que establecen límites de calorías asumen inconscientemente que todas las calorías son iguales, pero cien calorías de ensalada verde no engordan igual que cien calorías de galletas de chocolate.

Depender de las recomendaciones nutricionales que se basan en la cantidad de macronutrientes o que establecen límites de calorías hace que comer sea mucho más complicado de lo que debería. No comemos una cantidad específica de grasas, proteínas y carbohidratos. Comemos alimentos; y ciertos alimentos engordan más que otros. Por tanto, el mejor consejo debe centrarse en comer o no comer ciertos *alimentos*, no ciertos nutrientes.

Debido a que los altos niveles de insulina se muestran una y otra vez como la causa de todas las enfermedades del síndrome metabólico, es muy importante que aquellas personas que lo padecen tengan en cuenta de qué forma estimulan la liberación de insulina ciertos alimentos. El ayuno, por supuesto, es el arma definitiva cuando se trata de reducir el nivel de insulina, ya que todos los alimentos estimulan la liberación de insulina en cierta medida. La mejor forma de reducir el nivel de insulina es no comer nada en absoluto. Sin embargo, no podemos ayunar indefinidamente, de modo que hay algunas sencillas reglas para conseguir bajar el nivel de insulina.

Comer alimentos de granos enteros no procesados

Los humanos evolucionaron para comer una gran variedad de alimentos sin sufrir consecuencias perjudiciales para su salud. La dieta de la población Inuit incluía tradicionalmente una alta cantidad de productos animales, lo que supone altos porcentajes de grasa y proteína. Otros, como los Okinawas, llevaban una dieta basada en raíces vegetales, lo que significa que es rica en carbohidratos. Sin embargo, ninguna de las dos sufría enfermedades metabólicas. Esto solo surgió con la creciente occidentalización de sus dietas.

Para lo que los humanos *no* han evolucionado es para comer alimentos altamente procesados. Durante este procesamiento, el equilibrio natural de macronutrientes, fibras y micronutrientes se altera por completo. Por ejemplo, cuando se procesa el grano de trigo para quitarle toda la grasa y proteína el resultado, la harina blanca, es casi todo carbohidratos. Los granos de trigo son naturales, la harina blanca no. También se muele hasta obtener una consistencia extremadamente fina que acelera enormemente la absorción de carbohidratos en el torrente sanguíneo. La mayoría de los cereales procesados presentan los mismos problemas. Nuestro organismo ha evolucionado para tratar alimentos naturales, pero cuando le alimentamos con alimentos que no lo son, aparece la enfermedad.

Imagínate un hermoso Ferrari rojo aparcado frente a tu puerta. Ahora, imagínate que lo «procesamos» y le quitamos las puertas y ruedas y las sustituimos por las ruedas de una bicicleta y las puertas azules oxidadas de un camión. ¿Sería el mismo coche? En absoluto.

No hay nada propiamente perjudicial en los alimentos que contienen carbohidratos. El problema surge cuando empezamos a alterar el estado natural de estos alimentos y luego los consumimos en grandes cantidades. Lo mismo es aplicable a las grasas procesadas. El procesamiento transforma aceites vegetales relativamente inocuos en grasas que contienen grasas trans, toxinas cuyos peligros ahora conocemos bien.

Los alimentos deberían ser reconocibles en su estado natural como algo que estaba vivo o que ha salido de la tierra. Las bolsas de gusanitos no crecen de la tierra. Si viene preempaquetado en una bolsa o en una caja debería evitarse. Si tiene etiqueta nutricional, debería evitarse. Los alimentos de verdad, ya sea el brócoli o la ternera, no tienen etiquetas.

El verdadero secreto para comer sano es este: comer solo comida de verdad.

Reducir el azúcar y los cereales refinados

Evitar todo tipo de alimentos procesados es preferible, pero no siempre posible al cien por cien; por muchas razones. Por eso es importante saber reconocer cuáles son aquellos alimentos que más daño nos pueden hacer para poder, así, evitarlos.

Para todo el mundo, pero especialmente para aquellas personas con síndrome metabólico, lo más importante es evitar el azúcar y los cereales refinados, como la harina y los productos a base de maíz. Estos engordan más que cualquier otro alimento, incluso cuando contienen el mismo número de calorías, motivo por el cual las dietas bajas en carbohidratos son eficaces para perder peso.

Comer más grasas naturales

Durante muchas décadas, la grasa alimenticia fue considerada el enemigo público número uno. (Hablaremos más sobre el concepto erróneo detrás de las dietas bajas en grasa para perder peso en el Capítulo 5 y para la salud cardiovascular en el Capítulo 8). Poco a poco, las autoridades sanitarias van reconociendo que ha sido injustamente señalada. De hecho, aunque el término *grasas sanas* fue considerado una vez un oxímoron, hoy en día son un hecho muy aceptado. Los alimentos ricos en grasas monoinsaturadas, como el aceite de oliva, las nueces y los aguacates, que antes se evitaban, están considerados hoy en día «superalimentos» debido a lo sanos que son. Se ha demostrado que el consumo de pescado graso, como el salmón salvaje, reduce el riesgo de enfermedades cardiovasculares. Cada vez hay más evidencias de que las grasas saturadas que se encuentran en los alimentos de forma natural, como las que se encuentran en la carne y los productos lácteos, no son perjudiciales para nuestra salud.

Comer menos grasas artificiales

No todas las grasas son inocentes. Los aceites vegetales parcialmente hidrogenados, que se encuentran en alimentos como la manteca, la margarina, las frituras y en productos de pastelería,, como los pasteles y las galletas, contienen grasas trans, que nuestro organismo no tolera bien. Las grasas trans elevan el nivel de colesterol LDL («malo») y reducen el de colesterol HDL («bueno»), aumentando, así, el riesgo de sufrir derrames y enfermedades cardiovasculares

Los aceites vegetales altamente procesados, como el de maíz, girasol, y canola, antes eran considerados «sanos para el corazón». Es fácil pensar que el aceite de maíz, es un aceite natural pero, en realidad, no lo es. Para llenar esa botella de aceite de maíz que podemos comprar tan barata en el supermercado es necesario procesar literalmente toneladas de maíz. Y resulta, a la luz de recientes datos obtenidos, que estos aceites son muy ricos en grasas omega-6, que son inflamatorias. A pesar de que las grasas omega-6 son necesarias, estamos consumiendo cerca de veinte veces más que en el pasado, y cuando el consumo de grasas omega-6 y omega-3 (que se halla en el pescado graso de agua fría, las nueces y las semillas) no es equilibrado el resultado es una inflamación general de todo el cuerpo, lo cual es un factor de riesgo relacionado con cardiopatía, la diabetes tipo 2, la enfermedad intestinal inflamatoria y otras enfermedades crónicas.

Comer más grasas sanas y evitar las grasas artificiales, como las grasas parcialmente hidrogenadas y los aceites vegetales altamente procesados, es la clave para una buena salud.

Los principios de una buena nutrición pueden resumirse en estas sencillas reglas:
- **Comer alimentos de granos enteros no procesados.**
- **Evitar el azúcar.**
- **Evitar los cereales refinados.**
- **Llevar una dieta rica en grasas naturales.**
- **Compensar la comida con el ayuno.**

Distintos tipos de ayuno

Existen muchas formas distintas de ayunar y ninguna es la «correcta». Un ayuno absoluto evita tanto la comida como los líquidos. Esto puede hacerse por motivos religiosos, como durante el mes del Ramadán en la tradición musulmana. Durante ese periodo de tiempo no se consume ni comida ni bebida entre la salida y la puesta del sol.

Desde un punto de vista médico, esto combina la restricción de la comida del ayuno con la deshidratación debido a la restricción de fluidos. Esto hace que el ayuno absoluto sea físicamente mucho más difícil y limita la duración a periodos de tiempo bastante cortos. Los ayunos absolutos, generalmente, no se recomiendan por motivos de salud. La deshidratación que conlleva no proporciona beneficios adicionales para la salud que compensen su mayor dificultad. El riesgo de sufrir complicaciones médicas también es mucho mayor en el caso de los ayunos absolutos.

Más adelante hablaremos sobre distintos horarios de ayuno posibles. El ayuno intermitente puede llevarse a cabo con éxito bien en periodos de ayuno cortos (menos de veinticuatro horas) o bien en periodos más largos (más de veinticuatro horas). El ayuno prolongado (más de tres días) también puede emplearse de forma segura para perder peso y obtener otros beneficios para la salud.

En el capítulo 10 explicaremos en detalle los «mejores métodos» para ayunar pero, en general, recomendamos consumir muchos líquidos no calóricos (agua, té, café) y caldo casero de huesos, que contiene muchos nutrientes.

Efectos generales del ayuno

¿Cuáles son los posibles efectos secundarios de ayunar? ¿Aumento de la glucosa? No. ¿Aumento de la presión arterial? No. ¿Mayor riesgo de cáncer? No. De hecho, el ayuno tiene los efectos opuestos, menor nivel de glucosa, menor presión arterial y menor riesgo de cáncer. Además, obtenemos todos los beneficios del aumento de la hormona del crecimiento.

Ayunar no hace que estés más cansado. Ayunar no quema músculo. No existe un modo de ayuno en el que caigamos muertos de hambre sobre el sofá en posición fetal.

En lugar de eso, el ayuno tiene la capacidad de liberar las propiedades antienvejecimiento de la hormona del crecimiento sin ninguno de los problemas de la hormona del crecimiento artificial. Más adelante veremos en profundidad de qué forma el ayuno puede ayudarnos a perder peso (capítulo 5), a tratar la diabetes tipo 2 (capítulo 6), a ralentizar el envejecimiento y estimular el poder mental (capítulo 7) y a mejorar la salud cardiovascular (capítulo 8). Todos estos beneficios se obtienen sin medicamentos, suplementos, ni coste alguno.

Bibliografía

A. S. Cornford, A. L. Barkan, y J. F. Horowitz, «Rapid Suppression of Growth Hormone Concentration by Overeating: Potential Mediation by Hyperinsulinemia», *Journal of Clinical Endocrinology and Metabolism* 96, n. 3 (2011): 824–30.

Barry M. Popkin y Kiyah J. Duffey, «Does Hunger y Satiety Drive Eating Anymore?: Increasing Eating Occasions and Decreasing Time Between Eating Occasions in the United States», *American Journal of Clinical Nutrition* 91, n. 5 (2010): 1342–7.

Christian Zauner, Bruno Schneeweiss, Alexander Kranz, Christian Madl, Klaus Ratheiser, Ludwig Kramer, Erich Roth, Barbara Schneider, y Kurt Lenz, «Resting Energy Expenditure in Short-Term Starvation Is Increased as a Result of an Increase in Serum Norepinephrine», *American Journal of Clinical Nutrition* 71, n. 6 (2000): 1511–5.

Daniel Rudman, Axel G. Feller, Hoskote S. Nagraj, Gregory A. Gergans, Pardee Y. Lalitha, Allen F. Goldberg, Robert A. Schlenker, Lester Cohn, Inge W. Rudman, y Dale E. Mattson, «Effects of Human Growth Hormone in Men over 60 Years Old», *New England Journal of Medicine* 323 (1990): 1–6.

Ernst J. Drenick, Marion E. Swendseid, William H. Blahd, y Stewart G. Tuttle, «Prolonged Starvation as Treatment for Severe Obesity», *JAMA* 187, n. 2 (1964): 100–05.

George F. Cahill Jr., «Fuel Metabolism in Starvation», *Annual Review of Nutrition* 26 (2006): 1–22.

Helene Nørrelund, Anne Lene Riis, y Niels Møller, «Effects of GH on Protein Metabolism During Dietary Restriction in Man», *Growth Hormone & IGF Research* 12, n. 4 (2002): 198–207.

Helene Nørrelund, K. Sreekumaran Nair, Jens Otto Lunde Jørgensen, Jens Sandahl Christiansen, y Niels Møller, «The Protein-Retaining Effects of Growth Hormone During Fasting Involve Inhibition of Muscle-Protein Breakdown», *Diabetes* 50, n. 1 (2001): 96–104.

J. Oscarsson, M. Ottosson, y S. Eden, «Effects of Growth Hormone on Lipoprotein Lipase and Hepatic Lipase», *Journal of Endocrinological Investigation* 22 (1999): 2–9.

K. Y. Ho, J. D. Veldhuis, M. L. Johnson, R. Furlanetto, W. S. Evans, K. G. Alberti, y M. O. Thorner, «Fasting Enhances Growth Hormone Secretion and Amplifies the Complex Rhythms of Growth Hormone Secretion in Man», *Journal of Clinical Investigation* 81, n. 4 (1988): 968–75.

Mary Lee Vance, «Can Growth Hormone Prevent Aging?», *New England Journal of Medicine* 348 (2003): 779–80.

M. L. Hartman, J. D. Veldhuis, M. L. Johnson, M. M. Lee, K. G. Alberti, E. Samojlik, y M. O. Thorner, «Augmented Growth Hormone (GH) Secretory Burst Frequency and Amplitude Mediate Enhanced GH Secretion During a Two-Day Fast in Normal Men», *Journal of Clinical Endocrinology and Metabolism* 74, n. 4 (1992): 757–65.

M. R. Blackman, J. D. Sorkin, T. Münzer, M. F. Bellantoni, J. Busby-Whitehead, T. E. Stevens, J. Jayme, et al., «Growth Hormone and Sex Steroid Administration in Healthy Aged Women and Men: A Randomized Controlled Trial», *JAMA* 288, n. 18 (2002): 2282–92

Peter R. Kerndt, James L. Naughton, Charles E. Driscoll, y David A. Loxtercamp, «Fasting: The History, Pathophysiology and Complications», *Western Journal of Medicine* 137 (1982): 379–99.

S. Klein, O. B. Holland, and R. R. Wolfe, «Importance of Blood Glucose Concentration in Regulating Lipolysis During Fasting in Humans», *American Journal of Physiology—Endocrinology and Metabolism* 258, n. 1 (1990): E32–E39.

W. K. Stewart and Laura W. Fleming, «Features of a Successful Therapeutic Fast of 382 Days' Duration», *Postgraduate Medical Journal* 49 (1973): 203–9.

SAMANTHA

HISTORIA DE ÉXITO CON EL AYUNO

En 1999 me diagnosticaron síndrome de ovario poliquístico (SOP), una afección que también implica otros síntomas horribles, como el aumento de peso, hirsutismo, una afección de piel llamada acantosis nítricas y el desarrollo temprano de diabetes. Probé muchas cosas para solucionar mi SOP, hierbas naturales, terapia con progesterona y demás. Nada funcionó.

En mayo de 2015, cuando tenía treinta y siete años, me diagnosticaron diabetes tipo 2. Había tratado de evitar esto y, sin embargo, aquí estaba. Mi abuela la había sufrido durante años y padeció enormes coágulos de sangre y la pérdida del uso de sus manos y de su vista hasta que finalmente falleció debido a las complicaciones. Mi suegra falleció debido a un infarto relacionado con la diabetes a los sesenta y dos años. Dos ancianos vecinos míos habían perdido las piernas debido a ella. Yo ya sabía que la diabetes es malvada e inmisericorde. Te roba un poco de ti cada día, convierte tu vida en un infierno y luego te mata. Me imaginé que estaría muerta antes de los sesenta, tal vez llegara a los setenta si tenía suerte.

Mi doctora tampoco me dio ninguna esperanza. Dijo: «La diabetes es una enfermedad progresiva. La medicación que voy a prescribirte te ayudará a retrasar las consecuencias de padecer diabetes unos diez años, pero después desarrollarás todos o algunos de los siguientes síntomas: pérdida de visión, pérdida del uso de las piernas y/o los pies, o la posibilidad de perder por completo ambas extremidades, pérdida de sensibilidad en las manos, presión arterial alta que podría derivar en un infarto o un derrame cerebral, dolor en distintas zonas del cuerpo...». Le pregunté si podía solucionarlo con dieta y ejercicio. Su respuesta fue de nuevo: «la diabetes es una enfermedad progresiva».

Buscaba cualquier tipo de esperanza por pequeña que fuera de que podía derrotarla. En lugar de eso, me dio cuatro recetas para tratar la diabetes, la presión arterial alta y el colesterol alto. No obstante, yo no tenía intención alguna de tomar ningún tipo de medicación. Una cosa tenía clara: todas aquellas personas que había conocido que habían tomado medicación para tratar su diabetes habían vivido miserablemente y muerto finalmente debido a la enfermedad.

Aquella noche pasé varias horas buscando en internet y di con el Doctor Jason Fung. Él era la única persona, no digamos ya médico, que no solo abogaba por un cambio de dieta, sino que señalaba el ayuno como la clave.

Enseguida comencé un ayuno solo a base de agua. Solía hacer ayunos de tres o cinco días porque quería obtener resultados rápidos que no pudiera echar a perder si comía algo que no debiera. No estaba centrada en perder peso, sino en derrotar a la diabetes. Aun así, el primer mes perdí más de cinco kilos y luego unos tres kilos cada mes hasta llegar a los trece kilos y medio en cuatro meses. Pasé de pesar 116 kilos a 102 kilos y medio. A pesar de que ayunar en días alternos no ralentiza el metabolismo, ayunar durante varios días sí parece hacerlo un poco. No obstante, la mejoría en la sensibilidad a la insulina hace que sea preferible un ayuno largo a uno corto.

Además de ayunar regularmente, cambié mi dieta. El Doctor Fung es partidario de acompañar el ayuno con cualquier tipo de dieta integral que limite el consumo de alimentos procesados, sin establecer qué dieta es la mejor. Yo elegí una dieta baja en carbohidratos. Antes, todo lo que comía lo acompañaba de arroz o pasta. Ahora he aprendido que la carne y la verdura solas son buenas. Acompaño mis comidas con trigo de bulgur, coliflor picada y rehogada, espaguetis vegetales, o verduras con mantequilla y aderezadas. Intento añadirle queso y nueces a todos mis platos porque me sacian. Incluso he aprendido a hacer alitas de pollo dulces y picantes usando vinagre balsámico, xilitol y el aceite sobrante de asar las alitas.

Durante el primer mes de mi régimen de ayuno, cada día tomaba un multivitamínico, magnesio, un complejo de vitamina B y vitamina D. Durante el segundo mes solo tomé magnesio, un complejo de vitamina B, potasio y sal rosada del Himalaya. Esto, por algún motivo, ayudó a reducir el enfriamiento en pies y manos. El tercer mes empecé a tomar un suplemento de entre 500 y 100 mcg. de cromo al día. Esto me ayudó mucho a reducir el nivel de azúcar en sangre a niveles previos a las comidas en un plazo de dos horas en lugar de las cuatro habituales. En septiembre de 2015, cuatro meses después de que me diagnosticaran diabetes tipo 2 y comenzara mi régimen de ayuno, obtuve unos valores de 70 en mi nivel de azúcar por primera vez en mi vida. Estos valores eran tan raros para mí que tuve que volver a leerlos para darme cuenta de que eran normales.

No me lo esperaba, pero el ayuno también resolvió mi SOP. El hecho es que no he estado tan sana en mi vida, ¡jamás! Ni siquiera cuando tenía veinte años y estaba en el ejército y tenía un porcentaje de grasa corporal de 21, corría entre cuatro y ocho kilómetros al día, cinco días a la semana.

He aquí síntoma por síntoma lo que sucedió:

Nada más empezar con el ayuno el hormigueo, entumecimiento, hinchazón y ardor de mi pie izquierdo desaparecieron. Tenía un ardor en la parte superior de mi muslo izquierdo cerca de la cadera que tardó un poco más en desaparecer, pero al cabo de cuatro meses el alivio era total. Se me solían dormir los dedos de las manos y ahora rara vez me pasa esto y solo en el meñique de la mano izquierda.

Sufría infecciones bacterianas y por cándida crónicas que hoy ya han desaparecido por completo. El vello de mi cara debido al hirsutismo relacionado con el SOP está desapareciendo y lo que queda es más suave y fino. Mi cabello es más suave y graso de forma natural en lugar de estar seco y agrietado. Tengo una cintura más estrecha y mejor trasero; ¡eso dice mi marido! Mi regla volvió a venirme regularmente a partir de julio, solo dos meses después de empezar con el régimen de ayuno.

Mi presión arterial pasó de 142/92 a 128/83 en un mes. Para septiembre estaba en 101/75, sin necesidad de tomar ningún medicamento. Las recetas que me dio la doctora siguen en su sobre.

Capítulo 2
BREVE HISTORIA DEL AYUNO

No hay nada nuevo, excepto aquello que se ha olvidado.
— **María Antonieta**

Desde un punto de vista evolutivo, hacer tres comidas y picotear a lo largo de todo el día no es indispensable para sobrevivir o gozar de buena salud. Antes de la era moderna, el acceso a la comida era algo imprevisible y sumamente irregular. Sequías, guerras, insectos, plagas, enfermedades... todo ello contribuía a la escasez de comida, algunas veces hasta el punto de llegar a la inanición. Lo mismo sucedía con las estaciones: durante el verano y el otoño había abundantes frutas y verduras, pero durante el invierno y la primavera había escasez. Los periodos sin comida podían prolongarse semanas o, incluso, meses. Hay un motivo por el que uno de los Cuatro Jinetes del Apocalipsis es la Hambruna.

Según las sociedades humanas fueron desarrollando la agricultura estos periodos de hambruna fueron reduciéndose gradualmente hasta que, finalmente, desaparecieron. Sin embargo, las civilizaciones de la antigüedad, como los griegos, admitían que había algo profunda e intrínsecamente beneficioso en el ayuno periódico.

Cuando desaparecieron las épocas de hambruna involuntaria las culturas de la antigüedad las sustituyeron por periodos de ayuno voluntario. A estos se les llamaba con frecuencia épocas de «limpieza», «desintoxicación», o «purificación». Las primeras historias de la antigua Grecia de las que hay registro muestran una firme creencia en su poder. De hecho, el ayuno ha sido la tradición curativa más respetada en todo el mundo a lo largo de la historia. Prácticamente, todas las culturas y religiones del mundo la han practicado. El ayuno es una tradición antigua largamente probada.

Ayuno espiritual

El ayuno se practica ampliamente por motivos espirituales y sigue formando parte de la mayoría de las principales religiones del mundo. Tres de los hombres más influyentes de la historia del mundo, Jesucristo, Buda y el profeta Mahoma, compartían la creencia en el poder curativo del ayuno. En términos espirituales, se le suele llamar limpieza o purificación pero, prácticamente, se refiere a lo mismo.

La práctica del ayuno se desarrolló de forma independiente entre las distintas religiones y culturas, no como algo que fuera dañino, sino como algo profunda e intrínsecamente beneficioso para el cuerpo humano y el espíritu. El ayuno no es tanto un tratamiento para curar la enfermedad, como un tratamiento para el *bienestar*. El uso regular del ayuno ayuda a las personas a protegerse de las enfermedades y hace que sigan encontrándose bien.

En la historia de Adán y Eva el único acto que está prohibido en el Jardín del Edén es comer la fruta de un árbol, y Eva es tentada por la serpiente para que traicione esta confianza. El ayuno es, por tanto, el acto de dar la espalda a la tentación y mirar a Dios.

En la Biblia, Mateo 4:2, se dice «Entonces Jesús fue llevado por el Espíritu al desierto para ser tentado por el Diablo. Y habiendo ayunado cuarenta días y cuarenta noches tuvo hambre». (Quiero mencionar aquí lo interesante del hecho de que el hambre, a menudo, desaparece durante el ayuno prolongado, algo que ha sido señalado a lo largo de la historia). En la tradición cristiana el ayuno y la oración suelen ser métodos para la limpieza y la renovación del alma. Los creyentes vacían su alma de forma simbólica para estar listos para recibir a Dios. El ayuno no consiste tanto en la autonegación como en alcanzar la espiritualidad y ser capaces de comulgar con Dios y escuchar su voz. Al ayunar, sometemos nuestro cuerpo al Espíritu Santo, rendimos nuestra alma ante la presencia de Dios y nos preparamos para escuchar la voz de Dios.

Los griegos cristiano-ortodoxos pueden seguir distintos ayunos entre 180 y 200 días al año. El famoso nutricionista Ancel Keys se refería a Creta, a menudo, como el ejemplo modélico de la saludable dieta mediterránea. Sin embargo, había un factor extremadamente importante en su dieta que pasó completamente por alto: la mayor parte de la población de Creta sigue la tradición griega ortodoxa del ayuno. Esto puede que haya contribuido a la sana longevidad de su población.

Los monjes budistas son conocidos por abstenerse de comer después de mediodía y ayunan hasta la mañana siguiente. Además, puede haber periodos de ayuno únicamente a base de agua durante días o semanas seguidas. Ellos ayunan para aplacar sus deseos humanos, lo cual les ayuda a elevarse por encima de todos los deseos para poder alcanzar el nirvana y acabar con todo el sufrimiento. Esto encaja con sus profundas creencias en la moderación y la austeridad.

El hinduismo abraza el ayuno en la creencia de que nuestros pecados se atenúan cuando el cuerpo sufre. También es visto como un método para fomentar el control sobre el deseo que conduce la mente hacia la paz; los deseos físicos del cuerpo

---

Una consecuencia inesperada de ayunar es la sensación de una fuerte conexión con mis antiguos ancestros y, en particular, con la mujer de las cavernas para quien ayunar era una realidad cotidiana. Ella, y todos los sucesivos antepasados no solo sobrevivieron, sino que probablemente fueran extremadamente sanos y fuertes. Pienso en ellos con enorme cariño y afecto. Sobrevivir sin comida durante largos periodos es para lo que hemos evolucionado.

—Stella B.,
Leed, Reino Unido

ESTRELLAS DEL AYUNO — ABEL JAMES

Para millones de personas de todo el mundo el ayuno regular es algo habitual y ha formado parte de la práctica espiritual desde hace miles de años. Pero antes de eso, el ayuno era simplemente una forma de vida. Sin cereales que almacenar y apenas alimentos que permanecieran frescos durante mucho tiempo, la mayoría de nuestros ancestros pasaron regularmente por periodos de exceso y de hambruna. Cuando escaseaba la caza, las estaciones cambiaban o la cosecha era escasa, los cazadores-recolectores tenían que salir adelante sin comida. Comer todo el tiempo no es lo normal.

---

son negados en pos del beneficio espiritual. Hay determinados días de la semana designados para el ayuno por el hinduismo, al igual que ciertos días del mes. El ayuno también es frecuente en los festivales. La medicina tradicional ayurvédica también señala la acumulación de toxinas en el cuerpo como la causa de muchas enfermedades y prescribe el ayuno para eliminar estas toxinas.

Los musulmanes ayunan desde la salida del sol hasta su puesta durante el mes sagrado del Ramadán. Según el Corán, el profeta Mahoma dijo: «El mes del Ramadán es sagrado, un mes en el que Alá hizo el ayuno obligatorio». El profeta Mahoma también animaba a ayunar los lunes y jueves. El Ramadán es el periodo de ayuno que mejor se ha estudiado, pero se diferencia de otras muchas formas de ayuno en que los líquidos están prohibidos, lo cual conlleva un periodo de ligera deshidratación.

Los pioneros

Uno de los primeros defensores del ayuno fue Hipócrates de Cos (c. 460- 370 a.C.), considerado por muchos como el padre de la medicina moderna. En su tiempo la gente tomó conciencia de que la obesidad era una enfermedad grave que había que tener cada vez más en cuenta. Hipócrates escribió: «La muerte súbita es más frecuente en los obesos que en los delegados». Para tratar la obesidad, él aconsejaba a las personas obesas hacer ejercicio después de las comidas y seguir una dieta rica en grasas, y recomendaba que «además, coman solo una vez al día». En otras palabras, incorporar un ayuno de veinticuatro horas cada día era, incluso entonces, reconocido como algo que favorecía el tratamiento de la obesidad. Hipócrates merece también ser objeto de nuestra devoción por reconocer los beneficios del ejercicio físico y de comer gran cantidad de grasas sanas dentro de un estilo de vida saludable.

El escritor griego de la antigüedad Plutarco (c. 46-c. 120) se hizo eco de estas ideas. Escribió: «En lugar de medicarte, ayuna por un día». Platón, el famoso filósofo de la antigua Grecia, y su alumno Aristóteles eran también fervientes defensores del ayuno.

Los antiguos griegos creían que los tratamientos médicos podían observarse en la naturaleza y, dado que los humanos al igual que la mayoría de los animales evitaban comer cuando se ponían enfermos, pensaban que el ayuno era un remedio natural para la enfermedad. De hecho, el ayuno puede considerarse un instinto, ya que todos los animales, ya sea perros, gatos, ovejas y también humanos, evitan la comida cuando están enfermos. Piensa en la última vez que tuviste gripe, o siquiera un resfriado. Lo último que te apetecía, probablemente, era comer. Así que el ayuno puede considerarse un instinto humano universal para hacer frente a multitud de diversas enfermedades. Está muy arraigado en la tradición humana y es tan antiguo como la humanidad.

Los antiguos griegos también creían que el ayuno mejoraba las habilidades mentales y cognitivas, y admitían que durante el ayuno resolvían problemas y acertijos con mayor facilidad. Esto es fácil de entender. Piensa en la última vez que cenaste a lo grande en Nochebuena. ¿Después te sentías con más energía y despierto, o con sueño y un poco atontado? A la mayoría de nosotros nos entra sueño. Después de una comida copiosa la sangre se deriva hacia el aparato digestivo para hacer frente a la enorme entrada de comida y hay menos sangre disponible para ir al cerebro. ¿El resultado? Un coma alimentario. Tal vez una siestecita. Ahora piensa en un momento en el que lleves varias horas sin comer. ¿Recuerdas sentirte letárgico o mentalmente lento? Probablemente, no. Lo más probable es que estuvieras mentalmente agudo y completamente sintonizado con tu entorno. Esto no es fruto de la casualidad. En la época paleolítica necesitábamos de todas nuestras facultades mentales y de nuestros sentidos para encontrar comida. Cuando la comida escaseaba, nuestra atención y concentración mental, naturalmente, aumentaba.

Otros grandes intelectuales a lo largo de la historia fueron también grandes defensores del ayuno. Paracelso (1493-1541), un físico germano-suizo fundador de la toxicología escribió su ya famosa frase: «la dosis hace el veneno». Él observó la naturaleza con detenimiento y sentó las bases de los modernos métodos científicos. Sus descubrimientos revolucionaron la medicina. Como cirujano militar, rechazó la vieja práctica de aplicar excrementos de vaca sobre las heridas y, en lugar de eso, insistió en que debían mantenerse limpias y protegidas. También se opuso a la práctica común en medicina de las sangrías. En lugar de seguir estas prácticas, fue pionero en el diagnóstico clínico y en la aplicación de tratamiento específicos. Fue un científico brillante y revolucionario que también escribió: «El ayuno es el mejor remedio; es el médico interior».

Mark Twain defendía los beneficios del ayuno para la salud.

Benjamín Franklin (1706-1790), uno de los padres fundadores de los Estados Unidos, fue mundialmente reconocido por sus amplios conocimientos en muy diversas materias. Fue un destacado científico, inventor, diplomático y escritor. Aplicando su genio a la medicina escribió: «La mejor de todas las medicinas es el descanso y el ayuno».

Y por último, Mark Twain (1835-1940), uno de los más destacados escritores y filósofos estadounidenses, escribió una vez: «Un poco de hambre, realmente, puede hacer más por el enfermo común que las mejores medicinas y los mejores médicos».

El ayuno moderno

Es curioso que a finales del siglo XIX y principios del XX, el ayuno solo se practicara como entretenimiento. Uno ayunaba durante treinta días y bebía cierta cantidad de su propia orina. (¡Que nos hablen de morir de hambre por entretenimiento!). Frank Kafka basó su relato *Un artista del hambre* en dicha práctica. La moda pronto se pasó para no volver nunca. Yo creo que fue porque ver a alguien que no come, en realidad, no resulta muy entretenido.

El ayuno comenzó a aparecer en los libros de medicina a principios de 1900. En 1915, un artículo en el *Journal of Biological Chemistry* describía el ayuno como «un método perfectamente seguro, indoloro y efectivo para reducir el peso de aquellos que sufren de obesidad». No obstante, en una época plagada de pobreza, enfermedades infecciosas y guerra, la obesidad no era, ni de lejos, el problema que supone hoy en día. Durante las dos guerras mundiales y la Gran Depresión hubo una grave escasez de alimentos. Los tratamientos para la obesidad no eran una prioridad.

A finales de los años 50, el Doctor W. L. Bloom retomó el interés en los breves periodos de ayuno como terapia, pero los periodos prolongados de ayuno también están muy bien descritos en la literatura médica. En un estudio publicado en 1968, el Doctor I. C. Gilliard informaba de su experiencia con cuarenta y seis pacientes «cuyo régimen para adelgazar comenzó con un ayuno absoluto durante 14 días».

Después de finales de los años 60 el interés en el ayuno como terapia pareció decaer de nuevo, principalmente porque la obesidad seguía sin ser un problema de salud pública importante. El principal problema de salud de la época era la cardiopatía coronaria, y las investigaciones nutricionales se centraban en la grasa alimenticia y el colesterol. Los intereses comerciales también se extendieron y, como puede imaginarse, las grandes empresas de comida no iban a apoyar ningún tipo de actuación que amenazara su existencia. De modo que el ayuno como complemento de la dieta comenzó a desaparecer. A pesar del hecho de que el ayuno es bajo en grasas, así como bajo en todo lo demás, para la década de 1980 ya había desaparecido casi por completo.

ESTRELLAS DEL AYUNO — AMY BERGER

Durante la mayor parte de la historia humana la gente no tenía acceso a grandes cantidades de comida a cualquier hora del día. El ayuno intermitente, probablemente, ha formado una parte habitual de la evolución humana y es posible que nuestro organismo y nuestro cerebro hayan llegado a prepararse para periodos de escasez de comida.

Debido a que en el siglo XXI hemos sido bendecidos con abundante comida durante todo el año, ahora tenemos que hacer un esfuerzo especial para imponernos a nosotros mismos la escasez de comida con fines terapéuticos.

A pesar de su larga tradición, sus ventajas y su efectividad, el ayuno se ha extinguido como herramienta terapéutica durante los últimos treinta años. Incluso su mera mención suele ser objeto de burla pero, en realidad, se trata de una idea muy sencilla. Si las enfermedades metabólicas, como la diabetes tipo 2, son causadas por comer demasiado, entonces, es lógico que la solución sea comer poco para recuperar el equilibrio. No podría ser más sencillo.

Bibliografía

Christos S. Mantzoros, ed., Obesity and Diabetes (Totowa, NJ: Humana Press, 2006).

Hipócrates, Tratados hipocráticos, ed. Gredos (Madrid, 2000).

I. C. Gilliland, «Total Fasting in the Treatment of Obesity», Postgraduate Medical Journal 44, n. 507 (1968): 58–61.

Otto Folin y W. Denis, «On Starvation and Obesity, with Special Reference to Acidosis», Journal of Biological Chemistry 21 (1915): 183–192.

Capítulo 3
ACABANDO CON LOS MITOS SOBRE EL AYUNO

Aunque el ayuno ha sido ampliamente practicado a lo largo de la historia, la mayoría de nosotros creció creyendo algunos mitos sobre los peligros del ayuno. Se han repetido con tanta frecuencia que, a menudo, son percibidos como verdades absolutas. Algunos de los mitos más comunes son:

El ayuno te lleva a un «estado de inanición»
El ayuno hace que se queme músculo
El ayuno provoca hipoglucemia
El ayuno hace que después comamos más
El ayuno priva al organismo de nutrientes
«Es una locura»

A pesar de que hace ya años que se demostró que eran falsos, estos mitos todavía perduran. La mayoría de la gente cree erróneamente que el ayuno es perjudicial para la salud. La verdad es muy distinta; existe un gran número de beneficios para la salud tal y como veremos más adelante pero, primero, examinemos estos mitos.

Mito #1: El ayuno te lleva a un «estado de inanición»

El «estado de inanición» es el hombre del saco que siempre aparece para asustarnos cada vez que vamos a saltarnos una sola comida. ¿Por qué es tan malo saltarse una comida? Veamos el tema con algo de perspectiva. Si asumimos que hacemos tres comidas al día a lo largo de todo un año, eso supone un poco más de mil comidas al año. Pensar que ayunar un día y saltarnos tres comidas de un total de mil provocará, en cierto modo, un daño irreparable es, sencillamente, absurdo.

La idea del «estado de inanición» hace referencia a que nuestro metabolismo se reduce de manera importante y nuestro organismo se «apaga» como respuesta al ayuno. Podemos comprobar esta idea echando un vistazo a la tasa de metabolismo basal (TMB), que mide la cantidad de energía que nuestro organismo necesita quemar para seguir funcionando con normalidad (para que los pulmones sigan respirando, el corazón bombeando, los riñones filtrando, el hígado procesando...). La mayor parte de las calorías que gastamos cada día no se usan en esfuerzos físicos, sino en estas funciones básicas.

La TMB no es una cifra fija, sino que, de hecho, aumenta o desciende hasta un 40 por ciento en función de muchas variables. Por ejemplo, cuando era un adolescente yo nunca pasaba frío. Incluso esquiando a -30ºC, me mantenía caliente. Mi TBM era elevada; estaba quemando muchas calerías para mantener mi temperatura corporal alta. Según me he ido haciendo mayor, me he dado cuenta de que ya no soporto el frío tan bien. Asimismo, como mucho menos que cuando era adolescente. Mi TBM ha bajado, de modo que ya no quemo tantas calorías para realizar las funciones corporales básicas. Esto es a lo que la mayoría de las personas se refieren cuando dicen que el metabolismo se reduce con la edad, y favorece a la ya conocida tendencia de las personas mayores de Canadá y del noroeste de los Estados Unidos a mudarse a lugares como Florida o Arizona cuando se jubilan.

Se ha demostrado que la reducción del consumo diario de calorías provoca un descenso muy significativo de la TBM. En estudios realizados partiendo de un consumo mínimo de calorías aproximado de 2.500 calorías al día, reducir el consumo de calorías hasta alrededor de 1.500 calorías al día durante un largo espacio de tiempo tiene como resultado una reducción de entre el 25 y el 30 por ciento de la TBM. Por otro lado, en estudios realizados sobre sobrealimentación donde se les pedía a los sujetos que deliberadamente comieran más de lo que normalmente comían se vio que esto provoca que aumente la TBM.

Reducir el metabolismo nos provoca, generalmente, frío, cansancio, hambre y que tengamos menos energía; nuestro cuerpo lo que hace fundamentalmente es conservar energía no quemando calorías para mantenernos calientes y que sigamos moviéndonos. En cuanto al peso se refiere, reducir el metabolismo es un castigo doble: en primer lugar, mientras hacemos dieta nos encontramos fatal. Y lo que es peor, dado que estamos quemando menos calorías al día, es mucho más difícil perder peso y mucho más fácil volver a ganarlo una vez lo hayamos perdido. Este es el principal problema de la mayoría de las dietas bajas que reducen el consumo de calorías.

Supongamos que, normalmente, comes 2.000 calorías al día y lo reduces hasta solo 1.500. Tu cuerpo no puede seguir con ese déficit indefinidamente; al final te quedarás sin grasa que quemar. De manera que te anticipas y reduces tu gasto de energía. El resultado final es un descenso de la TBM. Esto fue demostrado repetidamente en numerosos experimentos a lo largo del siglo pasado, y hablaremos más detalladamente sobre ello en el capítulo 5. Debido a este efecto de «estado de inanición» que produce la reducción de calorías diarias, la gente asume que el ayuno tendrá unas consecuencias similares, pero con un descenso todavía mayor de la TBM.

Afortunadamente, esto no sucede. Si un ayuno temporal redujera nuestro metabolismo, los humanos como especie, probablemente, no habríamos sobrevivido. Piensa en los repetidos ciclos de exceso de comida/hambruna. Durante los largos inviernos de la era paleolítica había muchos días en los que no había comida disponible. Después del primer episodio, estaríamos muy debilitados ya que nuestro metabolismo habría caído. Después de varios episodios repetidos estaríamos tan débiles que seríamos incapaces de cazar o recoger comida, y esto provocaría que nos debilitáramos aún más. Se trata de un círculo vicioso al que la especie humana no habría sobrevivido. Nuestro organismo no se apaga como respuesta a un ayuno temporal.

De hecho, durante el ayuno nuestro metabolismo no se reduce, sino que se *acelera*. Esto tiene sentido desde el punto de vista de la supervivencia. Cuando no comemos nuestro organismo utiliza la energía almacenada como combustible para que podamos encontrar más comida. Los humanos no hemos evolucionado para *necesitar* tres comidas al día, cada día.

Cuando la ingesta de comida se reduce a cero (ayuno), nuestro organismo, obviamente, no puede reducir la TBN a cero; tenemos que quemar algunas calorías para seguir con vida. En lugar de eso, las hormonas permiten al organismo cambiar la fuente de energía de comida a grasa corporal. Al fin y al cabo, ese es precisamente el motivo por el que tenemos grasa corporal: para usarla cuando no haya comida disponible. No está ahí para dar apariencia. Al «alimentarnos» de nuestra propia grasa aumentamos significativamente la disponibilidad de «comida», y esto se corresponde con un aumento del gasto de energía.

Hay estudios que demuestran claramente este fenómeno. En uno de ellos, el ayuno en días alternos durante veintidós días no supuso ningún descenso significativo en la TBM. No hubo «estado de inanición». La oxidación de grasas; la quema de grasas, aumentó un 58 por ciento, pasando de 64 g/día a 101 g/día. La oxidación de carbohidratos descendió un 53 por ciento, pasando de 175 g/día a 81 g/día. Esto significa que el cuerpo ha empezado quemar grasa en lugar de azúcar, sin que haya un descenso generalizado de energía.

En otro estudio se vio que cuatro días de ayuno continuado *aumentaron* un 12 por ciento la TBM. Los niveles del neurotransmisor norepinefrina (también conocido como noradrenalina), que se encarga de preparar al organismo para la acción, aumentaron un 117 por ciento, manteniendo así los niveles de energía altos. Los ácidos grasos en el torrente sanguíneo aumentaron más de un 370 por ciento según el organismo fue pasando progresivamente de quemar azúcar a quemar la grasa almacenada.

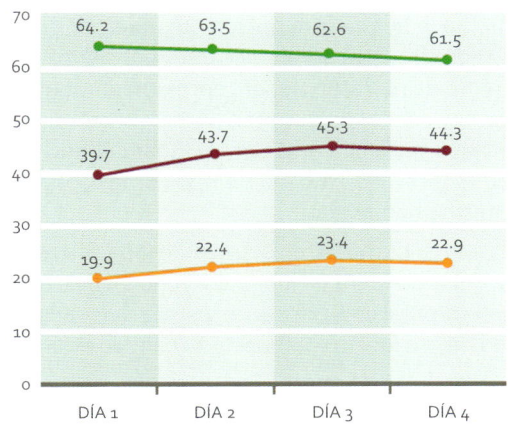
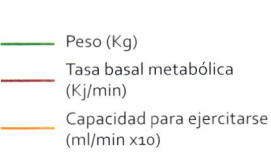

Figura 3.1. Durante el ayuno, el metabolismo basal y la capacidad para ejercitarse se mantienen.

Fuente: Zauner et al., «Resting Energy Expenditure in Short-Term Starvation is Increased as a Result of an Increase in Serum Norepinephrine».

DOCTOR BERT HERRING — ESTRELLAS DEL AYUNO

> La idea de que «el ayuno es perjudicial para la salud» es, en gran medida, consecuencia de la presión del mercado para que los consumidores compren comida. Cada año se gastan enormes cantidades de dinero en publicidad, en un esfuerzo por convencer a los consumidores de que cada vez que no están consumiendo comida están poniendo en riesgo su rendimiento. La campaña de Snickers lanzada en 2015 es un ejemplo perfecto: las barras de caramelo etiquetadas con las palabras "dormido", "irritable", "impaciente", etc., daban a entender que estos estados que nadie desea podían superarse consumiendo comida, básicamente afirmaban los efectos psicoactivos de estas barras de caramelo.

En el capítulo 5 veremos con más detalle de qué forma almacena la energía el organismo y accede a ella, pero por ahora baste saber que estamos diseñados para funcionar bien durante periodos de ayuno; nuestro cuerpo no se apaga ni entra en un «estado de inanición».

Mito #2: El ayuno hace que se queme músculo

Uno de los mitos recurrentes del ayuno es que quema músculo; que nuestro cuerpo, si no come, empezará inmediatamente a usar nuestros músculos como fuente de energía. Esto, en realidad, no sucede.

El cuerpo humano evolucionó para sobrevivir a periodos de ayuno. Almacenamos energía alimentaria en forma de grasa corporal y la usamos como combustible cuando no hay comida disponible. El músculo, por otro lado, se conserva hasta que hay tan poca grasa que al cuerpo no le queda otra opción que quemar músculo. Esto solo sucede cuando la grasa corporal está por debajo del 4 por ciento. (Como comparación: los corredores de élite de maratón tienen, aproximadamente, un 8 por ciento de grasa corporal y las corredoras de maratón ligeramente más). Si no conserváramos la musculatura y quemáramos grasa en su lugar cuando no hay comida disponible no hubiéramos sobrevivido mucho tiempo como especie. Casi todos los mamíferos poseen la misma habilidad.

Estudios sobre el ayuno con casos reales muestran que la preocupación respecto a la pérdida de musculatura está del todo fuera de lugar. El ayuno en días alternos durante setenta días redujo el peso corporal un 6 por ciento, pero la masa adiposa se redujo un 11,4 por ciento y el tejido magro (músculo y hueso) no cambió en absoluto.

En principio, si se come con normalidad, la energía proviene de una mezcla de carbohidratos, grasa y proteínas. Cuando se empieza a ayunar, el cuerpo aumenta la oxidación de los carbohidratos. Esta es solo una bonita manera de decir que está quemando azúcar en forma de glucógeno entre las primeras veinticuatro y cuarenta y ocho horas después de dejar de comer hasta que se agota el glucógeno. Cuando ya no hay más azúcar que quemar, el cuerpo empieza a quemar grasa. La oxidación de grasas aumenta a la par que la oxidación de carbohidratos se va reduciendo hasta cero. (Véase figura 3.2).

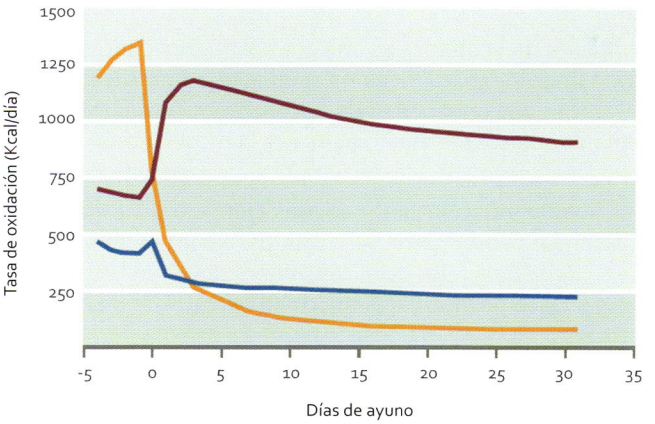

Figura 3.2. Durante el ayuno el cuerpo pasa de quemar azúcar (carbohidratos) a grasa para obtener energía. Las proteínas se salvan.

Fuente: McCue ed., Comparative Physiology of Fasting, Starvation, and Food Limitation.

Al mismo tiempo, la oxidación de proteínas, es decir, la quema de proteínas, como el músculo, para obtener energía, en realidad, *se reduce*. La descomposición normal de proteínas de alrededor de setenta y cinco gramos al día cae hasta situarse entre quince y veinte gramos al día durante el ayuno. En lugar de quemar músculo durante el ayuno, empezamos a *conservar* músculo. Gran parte de los aminoácidos que se descomponen durante la habitual renovación celular son reabsorbidos en forma de nuevas proteínas.

Al fin y al cabo, ¿para qué iba el cuerpo a almacenar el exceso de energía en forma de grasa si luego, a llegada la hora de la verdad, fuera a ponerse a quemar proteínas? Los músculos y otras proteínas son tejidos funcionales y tienen muchas finalidades distintas. No están diseñados para almacenar energía. El glucógeno y

ESTRELLAS DEL AYUNO — ABEL JAMES

Solo con la grasa almacenada en su cuerpo, la mayoría de los estadounidenses podría caminar desde Nueva York a Florida sin, técnicamente, necesidad de dar un solo bocado.

la grasa, sí. Quemar músculo para obtener energía sería como almacenar leña y luego, cuando llegara el invierno, hacer añicos el sofá para echarlo al fuego.

De hecho, el ayuno es uno de los estímulos más potentes para la secreción de la hormona del crecimiento, y su aumento ayuda a mantener la masa corporal magra. En estudios donde se utilizaron medicamentos para suprimir la hormona del crecimiento en sujetos que estaban ayunando, la oxidación de proteínas aumentó un 50 por ciento.

El aumento o la pérdida de musculatura es una cuestión, principalmente, de ejercicio físico. No se trata de comer para ganar músculo. Las empresas de suplementos, naturalmente, tratan de convencerle de lo contrario. Tomar creatina y beber batidos de proteína de suero de leche no aumenta la musculatura. Eso son ilusiones. El ejercicio es la única forma fiable de aumentar la musculatura.

Si te preocupa la pérdida de musculatura, haz más ejercicio. Es así de fácil. La dieta y el ejercicio son cosas completamente distintas. No las confundas. No te preocupes por lo que tu dieta (o la falta de ella, es decir, el ayuno) le haga a tu masa muscular. El ejercicio físico desarrolla la musculatura. La falta de ejercicio provoca que estos se atrofien.

Por otro lado, si te preocupa perder peso y la diabetes tipo 2, entonces, debes prestar atención a la dieta, no al ejercicio. No se puede superar una mala dieta.

Así que déjame que te lo exponga de la manera más sencilla que pueda. La grasa corporal es, básicamente, energía almacenada para que «comamos» cuando no haya comida disponible. No está ahí para darte mejor aspecto, ¿verdad? De modo que cuando ayunamos, «comemos» nuestra propia grasa. Es algo natural y normal. Así es como fuimos diseñados. Si no, ¡los ciclos de hambruna en el paleolítico habrían acabado por hacer de nosotros una bola hecha cien por cien de grasa! Durante el ayuno se producen cambios hormonales para darnos más energía (aumento de adrenalina) y conservar nuestros músculos y huesos (aumento de la hormona del crecimiento). Es algo normal y natural, y no hay nada de lo que tener miedo.

Figura 3.3. Durante los setenta días de ayuno en días alternos no hubo pérdida de masa libre de grasa.

	Inicio	Ayuno en días alternos
	Día 1	Día 70
Peso corporal (kg)	96,4 ± 5,3	90,8 ± 4,8
TBM (kg/m²)	33,7 ± 1,0	31,4 ± 0,9
Masa adiposa (kg)	43,0 ± 2,2	38,1 ± 1,8
Masa libre de grasa (kg)	52,0 ± 3,6	51,9 ± 3,7
Circunferencia de la cintura (cm)	109 ± 2	105 ± 3

Fuente: Bhutani et al. «Improvements in Coronary Heart Disease Risk Indicators by Alternate-Day Fasting Involve Adipose Tissue Modulations».

Mito #3: El ayuno provoca hipoglucemia

A algunas personas les preocupa que el nivel de azúcar descienda mucho durante el ayuno y que les entren sudores y temblores. Afortunadamente, esto no sucede. El nivel de azúcar está estrechamente vigilado por el cuerpo, y existen múltiples mecanismos para mantenerlo en un rango adecuado. Durante el ayuno nuestro cuerpo comienza a descomponer glucógeno (recuerde, se trata de la glucosa almacenada a corto plazo) en el hígado para proporcionar glucosa. Esto sucede todas las noches mientras dormimos para mantener los niveles de azúcar normales mientras ayunamos por la noche.

Cuando se ayuna más de entre veinticuatro y treinta y seis horas las reservas de glucógeno se agotan. El hígado, ahora, puede producir nueva glucosa a través de un proceso denominado gluconeogénesis en el que se usa glicerol, un subproducto de la descomposición de la grasa. Esto significa que no hace falta que ingiramos glucosa para que nuestros niveles de glucosa permanezcan normales.

Un mito relacionado con esto es que las células del cerebro solo pueden utilizar glucosa para obtener energía. Esto es incorrecto. El cerebro humano, único entre los animales, también puede utilizar cuerpos cetónicos como fuente de energía; se trata de partículas que son producidas cuando se metaboliza la grasa. Esto nos permite seguir funcionando con normalidad incluso cuando no hay comida disponible. Las cetonas proporcionan la mayor parte de la energía que necesitamos.

Considera las consecuencias si la glucosa fuera absolutamente necesaria para la función cerebral. Después de veinticuatro horas sin comida, la glucosa almacenada en nuestro cuerpo en forma de glucógeno se ha agotado. En ese punto, nos convertiríamos en estúpidos balbuceantes conforme nuestro cerebro se fuese apagando. En el paleolítico nuestro intelecto era nuestra única ventaja contra los animales provistos de afiladas garras, colmillos y enormes músculos. Sin él, haría ya mucho tiempo que los humanos nos habríamos extinguido.

ESTRELLAS DEL AYUNO — AMY BERGER

La gente que practica el ayuno por motivos religiosos o espirituales, a menudo, relata episodios de extrema lucidez metal y bienestar físico y emocional. Alguno, incluso, tiene una sensación de euforia. Ellos suelen atribuir esto a cierto tipo de iluminación espiritual, pero lo cierto es que se debe a algo mucho más terrenal y científico que eso: ¡se trata de las cetonas! Las cetonas son un superalimento para el cerebro. Cuando el cerebro y el cuerpo se alimentan principalmente de ácidos grasos y cetonas, la «neblina cerebral», los cambios de humor y la inestabilidad emocional provocadas por las bruscas fluctuaciones en el nivel de azúcar en sangre se vuelven cosa del pasado y la claridad mental pasa a ser lo normal.

MARK SISSON — ESTRELLAS DEL AYUNO

> Cada mañana me despierto con toda la energía que necesito y no siento ninguna necesidad de comer hasta que me entra hambre alrededor del mediodía o la 1 de la tarde. Mantengo la masa muscular y he descubierto que funciono perfectamente con menos calorías de las creía necesarias.

Cuando no hay glucosa disponible el cuerpo empieza a quemar grasa y a producir cuerpo cetónicos, capaces de atravesar la barrera hematoencefálica para alimentar a las células cerebrales. Las cetonas pueden proporcionar hasta un 75 por ciento de la energía que necesita el. Por supuesto, eso significa que la glucosa sigue proporcionando el restante 25 por ciento de la energía que necesita el cerebro. De modo que, ¿significa esto que debemos comer para que nuestro cerebro funcione?

En realidad, no. Entre la glucosa que nuestro cuerpo ya tiene almacenada en forma de grasa corporal y la que el hígado produce mediante la gluconeogénesis tenemos una gran cantidad de combustible cuando no hay comida disponible. Ni siquiera un ayuno prolongado hará que los niveles de glucosa en sangre caigan hasta niveles peligrosos.

Mito #4: El ayuno hace que después comamos más

¿Hace el ayuno que después comamos más para compensar? Desde muchas autoridades se alerta del riesgo de saltarse una sola comida porque podría hacer que le entrara un hambre excesiva y fuese incapaz de evitar las tentaciones, lo cual le llevaría a comer más y, en definitiva, a no perder peso.

Los estudios sobre el consumo calórico, de hecho, muestran un ligero aumento el primer día después de empezar el ayuno. El día después de un ayuno de un día la media del consumo calórico pasa de 2.436 a 2.914, pero si tiene en cuenta lo que habría consumido normalmente durante esos dos días, 4.872 calorías, sigue habiendo un déficit neto de 1.958 calorías. El aumento de calorías no llega a compensar la falta de calorías del día de ayuno.

Resulta curioso que con el ayuno continuado se puede dar el efecto contrario. En la clínica donde realizamos *Intensive Dietary Management Program* (programa de control dietético intensivo), mi experiencia personal con cientos de pacientes que están ayunando muestra que, con el tiempo, el apetito tiende a disminuir según aumenta la duración del ayuno.

Mito #5: El ayuno priva al organismo de nutrientes

Existen dos tipos principales de nutrientes, los micronutrientes y los macronutrientes. Los micronutrientes son vitaminas y minerales necesarios que la dieta proporciona para una buena salud general. Los macronutrientes son proteínas, grasas y carbohidratos.

La falta de micronutrientes rara vez se da en el mundo desarrollado. Con periodos de ayuno más cortos (menos de veinticuatro horas), existen muchas opciones antes y después del ayuno de comer alimentos ricos en nutrientes que compensen las comidas que nos hemos saltado. Para ayunos más largos una buena idea es la de tomar un multivitamínico general. El ayuno más largo registrado duró 382 días y un simple multivitamínico bastó para prevenir cualquier déficit de vitaminas.

De los tres principales macronutrientes, no hay carbohidratos esenciales que el organismo necesite para funcionar, de modo que es imposible tener déficit de carbohidratos. No obstante, sí existen ciertas proteínas que tenemos que incluir en nuestra dieta. Se llaman aminoácidos esenciales (la base fundamental de las proteínas) y los ácidos grasos esenciales. Estas no pueden ser fabricadas por el propio organismo y hay que obtenerlas de la dieta.

El cuerpo normalmente pierde tantos aminoácidos esenciales como ácidos grasos esenciales a través de la orina y las heces. Durante el ayuno el cuerpo reduce estas pérdidas para quedarse con la mayoría de los nutrientes necesarios. Los movimientos intestinales normalmente disminuyen durante el ayuno (como ya no entra comida en el estómago se forman menos heces), y esto ayuda a evitar la pérdida de proteínas a través de las heces. Los nutrientes esenciales, en particular el nitrógeno, pueden perderse a través de la orina. La presencia de nitrógeno en la orina es señal de un metabolismo proteico y, dado que este disminuye durante el ayuno, cuando ayunamos la cantidad de nitrógeno en la orina se reduce significativamente hasta niveles, prácticamente, insignificantes. Para una mayor conservación de proteínas, el cuerpo descompone las proteínas viejas en los aminoácidos que las componen y las recicla para formar nuevas proteínas. Al conservar los nutrientes esenciales en el cuerpo en lugar de excretarlos, el organismo es capaz de reciclar muchos de ellos durante el ayuno.

Naturalmente, da igual lo bien que se le dé al organismo compensar; ayunar supone que no estamos consumiendo los aminoácidos y ácidos grasos esenciales. Antes y después del ayuno puede ser bueno seguir una dieta baja en carbohidratos, lo cual aumenta el porcentaje de grasas y proteínas que se consume de manera que el cuerpo puede almacenar más para cuando lleguen las vacas flacas.

Los niños, las mujeres embarazadas y las mujeres lactantes tienen una mayor necesidad de nutrientes. En estas circunstancias no basta reciclar viejas proteínas y grasas; hacen falta nuevas proteínas para construir y que crezca el tejido. El ayuno no es una buena opción para estas personas. (Véase el capítulo 10 para más información sobre quién no debería ayunar).

Mito #6: «Es de locos»

Esta siempre parece ser la última opción de aquellos a los que no se les ocurre ninguna otra razón por la que no se debería hacer ayuno. La ciencia es muy clara. La obesidad, en el fondo, implica cierto tipo de sobrealimentación. Esto es así independientemente de que creas que está provocada por comer demasiados carbohidratos, demasiadas calorías o demasiadas grasas. El ayuno ayuda en todos una dieta baja en carbohidratos. Las proteínas, sobre todo las proteínas animales, (lácteos y carne) también pueden estimular la producción de insulina, y un consumo excesivo de estos alimentos puede ralentizar los progresos. Los alimentos procesados también juegan un papel importante en la enfermedad. De modo que la mejor dieta destacaría los alimentos de granos enteros y sin procesar. Sería baja en carbohidratos refinados y rica en grasas naturales y con una cantidad moderada de proteínas.

Numerosos estudios contrastados han demostrado que este tipo de dieta tiene excelentes resultados para la diabetes tipo 2 y es muy segura. Por eso comencé a usarla con mis pacientes del programa de control dietético intensivo (IDM). Les aconsejé que redujeran el azúcar y los carbohidratos refinados y los sustituyeran por alimentos naturales sin procesar. Di conferencias. Investigué. Rogué. Releí página a página los registros de comida. *Y, simplemente, no funcionaba.*

La dieta podía tener éxito, pero solo si se seguía debidamente. Simplemente, resultaba demasiado complicada para muchos de mis pacientes. Me devolvían los registros de comidas llenos de anotaciones de pasta y pan, y seguían afirmando que seguían una dieta baja en carbohidratos. El pan pita, el pan naan y otros panes planos no eran considerados «panes». Simplemente, no entendían lo que se les estaba pidiendo. Al fin y al cabo, no se trataba de personas obsesionadas con la nutrición que se pasaran todo el día leyendo revistas de medicina. Tenían trabajo a tiempo completo y familias a las que cuidar, y tratar de romper los hábitos alimentarios de sus últimos cincuenta años resultó ser todo un desafío. Además, dado que esta dieta era, prácticamente, lo opuesto a las recomendaciones nutricionales convencionales, a menudo les resultaba difícil aceptar que esta dieta fuera buena para ellos.

Pero no podía darme por vencido. Su salud y sus propias vidas dependían de que siguieran el tratamiento adecuado. La diabetes tipo 2 es una enfermedad terrible. Es, de lejos, la principal causa de ceguera, amputación y fallo renal en Norteamérica. La diabetes también es la principal causa de infartos, apoplejías, y otras enfermedades cardiovasculares. La diabetes tipo 2 es una enfermedad dietética, y requiere de una solución dietética. Y lo más importante, es una enfermedad *curable*.

Lo que necesitaba era una nueva estrategia. El objetivo final no era necesariamente reducir el consumo de carbohidratos. El objetivo era reducir los niveles de insulina y reducir los carbohidratos era tan solo un método para lograr ese objetivo. Sin embargo, todos los alimentos estimulan la liberación de insulina en distinto grado. De manera que el método más efectivo de reducir la insulina sería no comer nada en absoluto. En otras palabras: ayunar.

No tenía que reinventar la rueda. La gente siempre se ve atraída hacia la última y más eficaz dieta, el próximo superalimento, como la quinoa, los frutos del açaí, o los chips de berza, pero ¿qué posibilidades hay de que después de miles de años de historia humana vayamos ahora a encontrar el «próximo alimento perfecto»? ¿Aquello sin lo que no podemos vivir, a pesar de haber vivido sin ello durante miles de años?

El ayuno es la forma más antigua de intervenir en la dieta. Es algo muy distinto al resto de estrategias dietéticas. No es ni la última ni la más genial, pero es la más probada y acreditada. No consiste en hacer algo, sino en *no* hacer algo. Dado que se diferencia en muchos aspectos de las dietas convencionales, el ayuno trae consigo ventajas muy distintas.

Esta obra es un derivado de «Effective Simplicity», de www.behaviorgap.com, usada con licencia CC BY.

Ventaja #1: Es sencillo

Dado que no existe consenso sobre lo que constituye una dieta saludable, mis pacientes se muestran a menudo confusos. ¿Deberían seguir una baja en grasas? ¿Baja en carbohidratos? ¿Baja en calorías? ¿Baja en azúcar? ¿Con un bajo índice glucémico?

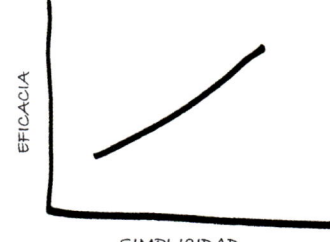

El ayuno, al tener un enfoque completamente distinto, es mucho más fácil de entender. Es tan sencillo que puede explicarse en dos frases: No comas nada. Bebe agua, té, café o caldo de huesos. Ya está.

Las dietas pueden fallar porque son ineficaces, pero igualmente fallan si la gente no es capaz de seguirlas. El beneficio más evidente del ayuno es que su simplicidad lo hace eficaz. Cuando se trata de reglas dietéticas, cuanto más sencillas, mejor.

Ventaja #2: Es gratis

Yo prefiero que los pacientes coman ternera orgánica alimentada con pasto y verduras orgánicas y que eviten el pan blanco y otros alimentos muy procesados. No obstante, lo cierto es que este tipo de alimentos saludables suelen ser muy caros; pueden llegar a costar diez veces más que los alimentos procesados.

Los cereales disfrutan de importantes ayudas por parte del gobierno, lo que los hace mucho más baratos que otros alimentos. Esto supone que 500 gramos de cerezas puedan costar 6,99$, mientras que una barra entera de pan cuesta 1,99$. Un paquete de pasta puede que cueste tan solo 0,99$ si está en oferta. Alimentar a una familia ajustándonos a un presupuesto es mucho más fácil si se compra pasta y pan blanco.

ESTRELLAS DEL AYUNO — DOCTOR MICHAEL RUSCIO

Al principio, me interesé por el ayuno por sus aplicaciones para tratar y curar el intestino. Muchos de los pacientes con los que trabajo tienen gran sensibilidad a la comida, aun cuando siguen dietas muy saludables. Estos pacientes suelen presentar un problema infeccioso o inflamatorio subyacente. El ayuno puede proporcionarles alivio inmediato y ayudarles a recuperarse de este problema.

Ayunar es gratis. De hecho, no solo es gratis, sino que en realidad se ahorra dinero, ya que no hace falta comprar nada de comida. No hay alimentos caros. No hay suplementos caros. No hay barritas sustitutivas, ni batidos, ni medicamentos. El precio de ayunar es cero.

Ventaja #3: Es cómodo

Comer siempre comida casera es muy saludable. Sin embargo, mucha gente entre la que me incluyo, sencillamente, no tenemos tiempo o no nos llama la cocina. Entre el trabajo, el colegio, los hijos, las actividades extraescolares y las actividades fuera del trabajo apenas queda tiempo disponible. Cocinar implica tiempo de preparación, tiempo para hacer la compra, tiempo para cocinar y tiempo para limpiar. Todo lleva un tiempo, y el tiempo parece ser un lujo cada vez más escaso.

El número de comidas que se hacen fuera de casa no ha parado de aumentar a lo largo de las últimas décadas. A pesar de que algunos tratan de apoyar el «movimiento de comida lenta», está claro que están librando una guerra perdida contra las empresas de comida rápida.

De modo que pedirle a la gente que se dedique a cocinar en casa, por bienintencionado que pueda ser, no va a resultar una estrategia ganadora. Ayunar, por otro lado, es justamente lo contrario. No se pasa tiempo comprando, ni preparando ingredientes, ni cocinando, ni limpiando. Es una forma de simplificar tu vida.

No hay nada tan fácil como ayunar, ya que ayunar implica no hacer nada. La mayoría de las dietas te dicen lo que tienes que hacer. El ayuno te dice que no hagas nada. No puede ser más sencillo.

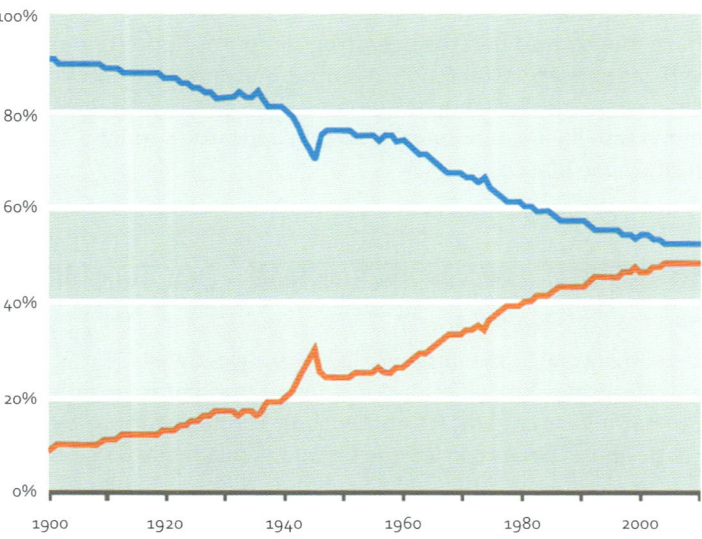

Figura 4.1. Durante los últimos 100 años el número de comidas en casa ha descendido en la misma medida en que ha ascendido el de comidas fuera de casa.

Fuente: Derek Thompson, «Cheap Eats: How America Spends Money on Food», The Atlantic, 8 de marzo, 2013.

Ventaja #4: Puedes disfrutar de los pequeños placeres de la vida

Algunas dietas recomiendan a la gente que nunca jamás vuelvan a comer helado o postre. Es evidente que es un buen consejo para perder peso, pero yo no creo que sea un consejo muy práctico. Estoy seguro de que puedes pasar sin postre durante seis meses o un año pero... ¿toda la vida? ¿De verdad quieres eso? Piénsalo. Imagina la alegría de saborear la tarta y el champagne en la boda de tu mejor amigo. ¿Es necesario que nos privemos para siempre a nosotros mismos de un poco de placer? ¿Disfrutar de una ensalada de cumpleaños en lugar de una tarta de cumpleaños? ¡Chips de berza por Nochebuena! ¡Come todo lo que puedas de coles de Bruselas! Sí, la vida pierde un poco de chispa. Para siempre es demasiado tiempo.

Ahora bien, no estoy diciendo que debas comer postre todos los días. Sin embargo, el ayuno restablece la habilidad de disfrutar ocasionalmente de ese postre siempre y cuando compensemos el festín. Al fin y al cabo, se trata del ciclo de la vida. La comilona sigue al ayuno. El ayuno sigue al festín. Así es como siempre hemos vivido. A lo largo de la historia los cumpleaños, las bodas, las fiestas y otras ocasiones especiales siempre se han celebrado con grandes festines. No obstante, esos festines deberían ir seguidos de ayuno.

Si tienes una boda próximamente, estás en todo el derecho del mundo a querer pasártelo bien y disfrutar de una exquisita tarta de boda. Cuando se ayuna regularmente, uno no se siente culpable por disfrutar de los pequeños placeres de la vida ya que puedes compensarlos.

El aspecto más importante del ayuno es hacerlo parte de la vida de uno. Habrá ocasiones en las que no será apropiado ayunar. Nadie quiere ser siempre el aguafiestas que no come ni bebe nunca. Mientras lo compenses con algo de abstinencia, puedes mimarte. El ayuno consiste en *equilibrio*. Es el lado opuesto, la cara B de comer. Compensa el tiempo que estás comiendo con el tiempo en el que no comes para permanecer sano. Cuando estos dos se desequilibran es cuando empiezan los problemas.

Ventaja #5: Es poderoso

Muchos diabéticos de tipo 2 son obesos mórbidos e hiperresistentes a la insulina. De vez en cuando, ni siquiera una estricta dieta cetogénica (muy baja en carbohidratos, moderada en proteínas y rica en grasas) puede ser lo suficientemente fuerte como para revertir la enfermedad. La manera más rápida y eficaz de bajar la insulina y la resistencia a esta es el ayuno. Tiene una capacidad inigualable para ir más allá cuando la pérdida de peso se estanca y reducir la necesidad de insulina.

Desde el punto de vista terapéutico, una ventaja fundamental del ayuno es que no tiene límite; no existe una cantidad máxima de tiempo para ayunar. El record mundial de días ayunando está en 382 días, durante los cuales el paciente no sufrió efectos adversos. De modo que si en ocasiones el ayuno no resulta de ayuda lo único que tienes que hacer es aumentar la frecuencia o la duración del tiempo de ayuno hasta que alcances tu objetivo.

AYUNO – PODER ILIMITADO

Compara esto con los medicamentos. Prácticamente, todo medicamento tiene una dosis máxima. Si tomas penicilina para una infección, por ejemplo, existe una dosis máxima por encima de la cual apenas se consiguen beneficios y la medicación puede volverse tóxica. En ese punto, si sigues teniendo la infección, necesitas cambiar de medicación. Lo mismo es aplicable a las dietas bajas en carbohidratos o a las dietas bajas en grasas. Una vez llegas a cero carbohidratos o cero grasas no se puede seguir con esa dieta. Hay una dosis máxima. Una vez se alcanza ese máximo hay que cambiar de dieta para conseguir un efecto adicional.

El ayuno no tiene techo, lo cual permite una gran flexibilidad terapéutica. En otras palabras, puedes seguir ayunando hasta que aparezcan los efectos deseados. La dosis puede aumentarse indefinidamente. Hazte esta pregunta: Si no comes ¿perderás peso? Naturalmente. Hasta un niño entiende que *necesariamente* tienes que perder peso. De modo que la eficacia del ayuno está fuera de toda duda. Es el método más poderoso para perder peso del que disponemos. Se trata únicamente de una cuestión de seguridad y cumplimiento. Para casos de obesidad más serios o complicados podemos, simplemente, aumentar la dosis.

Es más, las dietas bajas en grasas, las dietas bajas en carbohidratos, las dietas paleo y, en realidad, casi todas las dietas funcionan para algunas personas, pero no para otras; y si una dieta no te funciona, hay poco más que puedas hacer para que sea más eficaz. Sin embargo, con el ayuno lo único que tienes que hacer es aumentar la cantidad de tiempo que ayunas. Cuanto más tiempo pase, más probable es que pierdas peso; al final sucederá.

Ventaja #6: Es flexible

Algunos planes dietéticos recomiendan comer nada más levantarnos y luego cada dos horas y media a lo largo del día. Algunas personas han conseguido buenos resultados con estas dietas. Sin embargo, encontrar o llevar con nosotros algo para comer

DOCTOR BERT HERRING — ESTRELLAS DEL AYUNO

Un resumen de los beneficios de un ayuno mantenido con éxito durante un mes o más incluye: corrección del apetito, pérdida del exceso de grasa, reducción de la inflamación (medido en la intensidad de los síntomas o en la proteína C-reactiva, CPR), reducción del nivel de azúcar en sangre en diabéticos (medido en la glucosa en sangre o HbA1c), y disminución de la presión arterial en personas hipertensas.

seis, siete veces o incluso ocho veces al día es muy molesto. No podría imaginarme interrumpiendo mi vida cada dos horas y media para comer algo. Es demasiado molesto para un horario ya de por sí frenético. Y, sencillamente, no es necesario.

Ayunar se puede hacer en cualquier momento. No hay duración establecida. Se puede ayunar durante dieciséis horas o dieciséis días. Se pueden mezclar y juntar periodos. Nunca estamos cerrados a un patrón. Puedes ayunar un día esta semana, cinco la próxima, y dos días la siguiente. La vida es impredecible. El ayuno encaja en cualquier momento en que lo necesites.

Se puede ayunar en cualquier parte. No importa si vives en los Estados Unidos, el Reino Unido o en los Emiratos Árabes. Puedes vivir en el desierto polar del Ártico o en desierto de arena de Arabia Saudí. Da exactamente igual, porque el ayuno consiste en *no hacer* nada, simplifica nuestra vida. Añade simplicidad donde otras dietas añaden complejidad.

Si no te encuentras bien por cualquier motivo, simplemente, deja de ayunar. Es completamente reversible en cuestión de minutos. Si deseas dejar de ayunar durante varias semanas por motivos personales o médicos puedes hacerlo. Si deseas ser indulgente contigo mismo en Navidades o durante un crucero en verano también puedes hacerlo. Simplemente, retoma el programa una vez hayas terminado.

Compara esto con la cirugía bariátrica (también llamada «grapado de estómago»). Ha ayudado a muchas personas a perder peso, al menos a corto plazo. Pero esta cirugía tiene muchísimas complicaciones, de las cuales la mayoría son irreversibles. No se puede revertir la cirugía sin más. Es permanente. Si lo llevas mal es una lástima. El ayuno, por otro lado, está completamente bajo tu control; puedes ayunar o dejar de ayunar en cuanto quieras.

Ventaja #7: Funciona con cualquier dieta

Esta es la mejor ventaja de todas: puedes sumar el ayuno a cualquier dieta. Esto se debe a que el ayuno no consiste en algo que tengas que hacer, sino en algo que *no* haces. Se trata de restar en lugar de sumar. Esto hace del ayuno algo sustancialmente distinto de casi cualquier dieta imaginable.

¿No comes carne? Puedes ayunar.

¿No comes trigo? Puedes ayunar.

El ayuno puede ser flexible. El día de ayuno puede moverse y no tiene que estar grabado a fuego. Si tengo una reunión especialmente importante el jueves, por ejemplo, y creo que sería mejor desayunar, entonces, puedo elegir entre cambiar las horas en las que ayuno, o moverlo a otro día de la semana.

—Stella B.,
Leed, Reino Unido

¿Tienes alergia a los frutos secos? Puedes ayunar.

¿No tienes tiempo? Puedes ayunar.

¿No tienes dinero? Puedes ayunar.

¿Estás constantemente viajando? Puedes ayunar.

¿No cocinas? Puedes ayunar.

¿Tienes ochenta años? Puedes ayunar.

¿Tienes problemas para masticar? Puedes ayunar.

¿Cómo podría ser más sencillo?

ELIZABETH
HISTORIA DE ÉXITO CON EL AYUNO

Yo crecí en Sudáfrica y toda mi vida había tenido sobrepeso con periodos en los que perdía peso debido a las dietas yo-yo. En 2002 comencé una dieta sin grasas y rica en carbohidratos que seguí durante dos años. A principios de 2004 me diagnosticaron diabetes tipo 2, colesterol alto y presión arterial alta, y comencé a medicarme. Mi padre y hermanos también tomaban medicación por estos problemas.

Cuando estaba en 105 kg cambié mi dieta sin grasas y rica en carbohidratos por una baja en carbohidratos y muy restrictiva con las calorías. Mi peso bajó hasta los 75 kg en alrededor de dieciocho meses, pero la dieta era tan restrictiva que no podía mantenerla. Inevitablemente, volvía a ganar peso. A finales de 2010 me quedé horrorizada cuando una prueba de ultrasonidos reveló que tenía la enfermedad de hígado graso no inducida por el alcohol.

En abril de 2011 mi médico añadió inyecciones de insulina al tratamiento con medicamentos para mi diabetes tipo 2. Dijo que tenía que aumentar la dosis de insulina hasta que el nivel de glucosa en sangre bajara, sin más explicaciones, ¡así que lo hice! Avanzado el 2011 me inyectaba 120 unidades de insulina de acción prolongada cada noche y 80 unidades de insulina de acción rápida con cada comida. También tomaba el resto de medicamentos para la diabetes cada mañana y cada noche.

Una vez empecé a tomar la insulina, era incapaz de perder peso, da igual el ejercicio que hiciera o la intensidad con la que lo hiciera; ni siquiera cuando dejé de tomar carbohidratos. Yo sabía que tenía algo que ver con la insulina.

Más adelante, en enero de 2015, dije basta. Empecé de nuevo a reducir los carbohidratos y comencé a realizar entrenamientos de alta intensidad de treinta minutos. Mis niveles de glucosa estaban bajando hasta 2,3 mmol/L. Entonces di con un artículo del Doctor Fung, que acababa de acudir a la convención sobre dietas bajas en carbohidratos y ricas en grasas que se celebraba en Ciudad del Cabo. Vi su presentación en YouTube y, por primera vez, encontré algo que tenía sentido. Inmediatamente decidí que mi prioridad era dejar de tomar insulina, pero no pude encontrar ni un solo médico o dietista en Sudáfrica que me ayudara.

ENERO 2015

Peso	96 kg
Glucosa en ayuno	9,5 mmol/L
HbA1c	7,6%
Dosis de insulina	360 unidades/día

Así que leí más sobre el programa de control dietético intensivo del Doctor Fung en su blog, y hacia finales de febrero comencé un régimen de ayuno junto con una dieta baja en carbohidratos. Reduje mis dosis de insulina a la mitad. Empecé con tres días de ayuno a la semana. Los días de ayuno tomaba café con leche por la mañana y agua con una rodaja de limón durante el resto del día. Más adelante aprendí que, en realidad, no es necesario desayunar, así que empecé a hacer una sola comida a última hora de la tarde los días que no ayunaba.

Mis niveles de glucosa continuaron bajando, así que dejé la insulina por completo y seguí con la dieta baja en carbohidratos al estilo paleo (en otras palabras, comida de verdad). Empecé a bajar de peso lentamente y la báscula se situó en 87,8 kg. Había perdido un total de 6,2 kg de grasa corporal (2,9 % del total), y reduje la cintura hasta 35 cm.

JUNIO 2015

Peso	79,9 kg
Glucosa en ayuno	7,6 mmol/L
HbA1c	6,2%
Dosis de insulina	Nada

A comienzos de junio pesaba 79,7 kg y había perdido un total de 13,03 kg de grasa corporal (7,3 %) y un total de 46,5 cm de cintura.

Seguí con mi régimen de ayuno y en agosto por fin encontré a un médico dispuesto a ayudarme en la última parte del camino. Los resultados que había obtenido habían dejado a mucha gente sin palabras, entre ellos algunos amigos míos médicos demasiado educados como para decirme que creían que estaba loca.

NOVIEMBRE 2015

Peso	68 kg
Glucosa en ayuno	5,9 mmol/L
HbA1c	5,3%
Dosis de insulina	Nada

Estamos a finales de noviembre de 2015, peso 68 kg y he perdido un total de 20,64 kg de grasa corporal y un total de 77,5 cm de cintura.

Me he dado cuenta de que siempre voy a tener que luchar contra mi amor por los carbohidratos, sobre todo el pan y la fruta, pero ahora sé que mi forma de comer (alimentos de verdad combinados con un régimen de ayuno) es sostenible. Tal y como expuso el Doctor Fung, hay momentos para el exceso, pero se pueden compensar fácilmente con periodos de hambruna (ayuno). Me siento muchísimo mejor después de haber perdido tanto peso, y cuando ayuno tengo mucha energía.

Capítulo 5
AYUNAR PARA PERDER PESO

Seguir una dieta a largo plazo es un ejercicio de futilidad. Todas la dietas, ya sea la dieta mediterránea, la dieta Atkins, o incluso la antigua dieta baja en grasas y calorías parecen conseguir la pérdida de peso a corto plazo, pero tras el éxito inicial la pérdida de peso se estanca y le sigue la temida recuperación de peso. Incluso las dietas bajas en carbohidratos, que han demostrado ser más eficaces a corto plazo a la hora de perder peso que otras, muestran el mismo estancamiento inexorable y la posterior recuperación de peso perdido. Esta implacable recuperación se produce a pesar del cumplimiento estricto y continuado de la dieta e independientemente de la estrategia dietética que se siga.

En otras palabras, al final, todas las dietas fallan. La cuestión es, ¿por qué?

Lo de «comer menos y moverse más» no funciona

¿Alguna vez has escuchado la frase «El movimiento se demuestra andando»? Significa que para juzgar realmente si algo ha tenido éxito o no hay que observar los resultados finales. Solo porque *piense* que algo va a funcionar no significa necesariamente que lo haga.

Apliquemos esto a la obesidad. El paradigma nutricional dominante durante el último medio siglo ha sido «calorías dentro, calorías fuera». La idea es que consumir menos calorías de las que se gastan conducirá en última instancia a la pérdida de peso. Al ser calóricamente densa (hay nueve calorías por cada gramo de grasa comparadas con las cuatro por cada gramo de carbohidratos o proteínas), se pensaba que la grasa alimenticia nos hacía engordar fácilmente.

El enfoque comúnmente recomendado para perder peso de una dieta baja en grasas y en calorías combinada con el aumento de la actividad física (con la idea de aumentar la cantidad de calorías que se queman al tiempo que se reduce la cantidad que se consumen) puede resumirse perfectamente en la frase «comer menos, moverse más». Es evidente que existe una lógica en todo ello y podemos imaginarnos todo tipo de razones por los que *debería* funcionar pero, ¿lo hace? ¿Cuáles son los resultados de este enfoque?

Tal y como tú y yo sabemos, este enfoque dietético ha sido ampliamente recomendado durante las últimas décadas y ha creado una enorme epidemia de obesidad generalizada. El Centro para el Control y la Prevención de Enfermedades de Atlanta lleva siguiendo de cerca la tendencia a la obesidad en los Estados Unidos y, conforme a sus datos, en 2015 ningún estado tenía una tasa de obesidad *inferior* al 20 por ciento. Tan solo veinte años antes, en 1995, no había ningún estado con una tasa de obesidad *superior* al 20 por ciento. De modo que tenemos dos hechos incontrovertibles:

Hecho #1- Durante los últimos veinte años la recomendación habitual para perder peso ha sido comer menos y hacer más ejercicio.

Hecho #2 – Durante los últimos veinte años la tasa de obesidad se ha disparado.

Teniendo en cuenta estos dos hechos conjuntamente, solo podemos llegar a dos conclusiones posibles. La primera es que nuestras recomendaciones nutricionales son buenas, pero la gente, simplemente, no las está siguiendo. Esto sería tener una visión muy limitada. Cuando se trata de la salud, la gente escucha a su médico, tal y como podemos observar en otros cambios en el estilo de vida que los médicos empezaron a recomendar. Cuando los médicos recomendaron a la gente que dejara de fumar, la gente dejó de fumar. A mediados de los años 60, cuando se hizo evidente la relación entre el cáncer y el tabaco, el Departamento de Salud Pública de los Estados Unidos emitió por primera vez una alarma de salud pública. El consumo de cigarrillos enseguida comenzó a disminuir inexorablemente, algo que se acrecentó con el informe del Departamento de Salud Publica sobre el tabaquismo pasivo.

Cuando los médicos recomendaron a la gente que vigilara su presión arterial y el colesterol, la gente lo hizo. Y sin embargo, cuando los médicos le recomendaron a la gente que comiera menos e hiciera más ejercicio ¿no les hicieron caso? Improbable.

A esta manera de pensar también se le llama «echarle la culpa a la víctima». Asumimos que la recomendación es buena y, por tanto, si falla tiene que ser porque la persona no siguió realmente la recomendación. Esto descarga la culpa del que da el consejo sobre quien lo recibe.

Los estadounidenses, de hecho, han seguido las recomendaciones nutricionales del gobierno. Las primeras *Dietary Guidelines for Americans* (recomendaciones nutricionales para los estadounidenses) fueron publicadas en 1977. En ellas se recomendaba a los estadounidenses que adaptaran sus dietas para conseguir dos objetivos concretos: aumentar el consumo de carbohidratos y reducir el consumo de grasas. A pesar de que la reducción de calorías no era un objetivo específico, se esperaba que la reducción de la grasa alimenticia redujera la cantidad de calorías ya que la grasa es calóricamente densa comparada con los carbohidratos.

Desde 1970 el consumo de verdura, fruta y cereales ha aumentado tal y como recomendaban las directrices dietéticas, pero los prometidos beneficios nunca se han materializado.

La segunda conclusión a la que podemos llegar (la única que queda) es que *la recomendación de comer menos y moverse más es, sencillamente, errónea*; tal y como corroboran diversos estudios científicos.

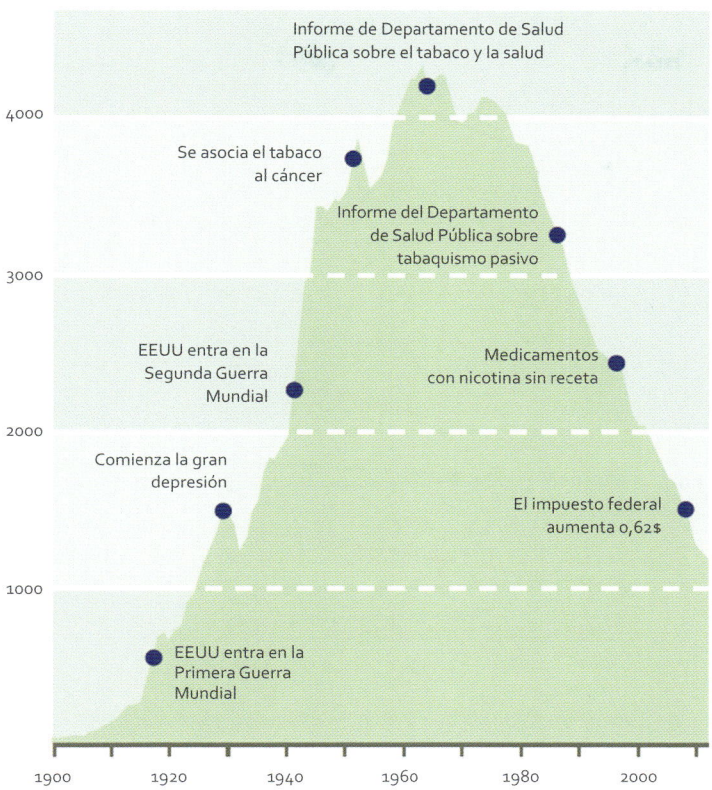

Figura 5.1. Consumo de cigarrillos per cápita en adultos entre 1900-2012. Cuando los médicos empezaron a decirle a la gente que era malo para su salud, la gente les escuchó y la tasa de fumadores disminuyó.

Fuente: SurgeonGeneral.gov

Durante décadas hemos oído hablar de la increíble tasa de éxito del enfoque basado en la reducción de calorías (ese que se basa simplemente en reducir las calorías que se consumen y aumentar las que se queman).

Un estudio realizado en 1959 situaba su tasa de fracaso en un elevadísimo 98 por ciento. Solo un 2 por ciento de las personas que seguían una dieta basada en la reducción de calorías eran capaces de mantener una pérdida de peso de nueve kilos durante dos años.

Más recientemente, en 2015, investigadores del Reino Unido revisaron la tasa de pérdida de peso de más de 175.000 hombres y mujeres obesos durante los últimos nueve años. La probabilidad de conseguir un peso normal únicamente mediante la reducción de calorías es del 0,8 por ciento en el caso de las mujeres y del 0,47 por ciento en el de hombres. De modo que el mejor escenario posible usando los métodos tradicionales de contar calorías es una tasa del 99,2 por ciento de fracaso.

Figura 5.2. Desde 1970, los estadounidenses han seguido mayoritariamente las recomendaciones nutricionales del gobierno. Al mismo tiempo ha surgido la epidemia de obesidad.

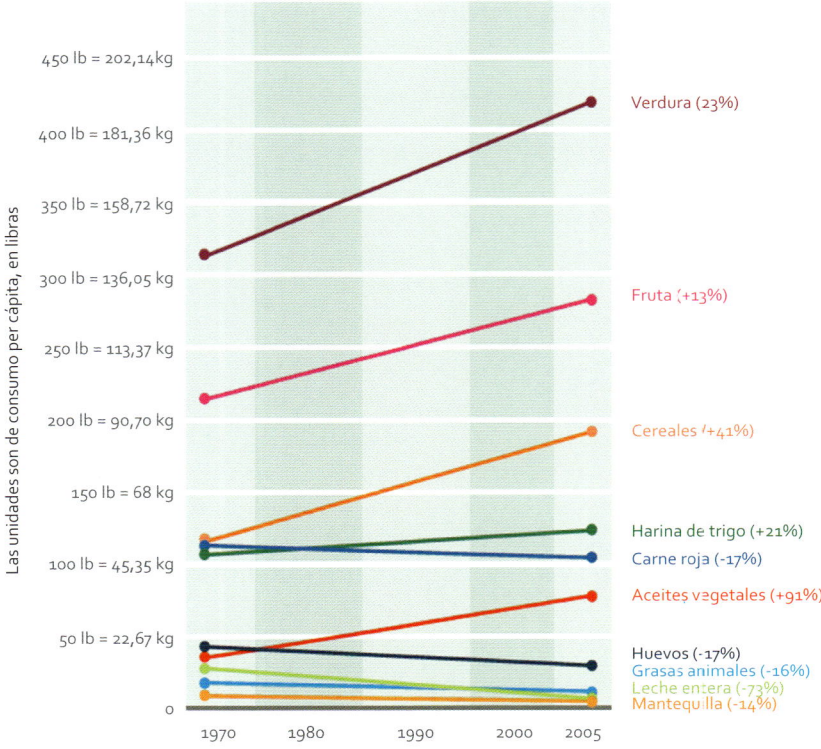

Fuente: Wells and Buzby, «Dietary Assessment of Major Trends in U.S. Food Consumption, 1970-2005».

Incluso el mejor estudio hecho jamás sobre la reducción de calorías como forma de perder peso mostraba que fallaba. En el estudio *Women´s Health Initiative* (WHI), un gigantesco ensayo aleatorio controlado en el que se realizó un estrecho seguimiento a cerca de cincuenta mil mujeres durante siete años y medio. Un grupo de mujeres llevó una dieta baja en grasas, baja en calorías y rica en cereales, frutas y verduras, reduciendo así en 361 calorías su consumo diario de calorías; el porcentaje de calorías proveniente de grasas se redujo del 38,8 por ciento al 29,8 por ciento. También aumentaron su actividad física un 14 por ciento. El otro grupo siguió su dieta habitual. La pérdida de peso que se esperaba en el grupo que había reducido las calorías y aumentado la cantidad de ejercicio era de 16,32 kilos al año, o 114,30 kilos a lo largo de los siete años. En el otro grupo no esperaba verse ninguna pérdida de peso.

Los resultados finales dejaron estupefactos a todos los implicados. ¡La diferencia de pérdida de peso entre los dos grupos no llegaba siquiera a un kilo! Peor incluso, la media de cintura en el grupo que había seguido la dieta baja en calorías pasó de 76,2 cm a 81,28 cm. Estas mujeres, que durante tanto tiempo habían seguido rigurosamente la estrategia basada en «comer menos, moverse más» terminaron, de hecho, más gordas que nunca.

Hay un ejemplo más conocido que apareció en el programa de televisión *The Biggest Loser*, un *reality* que estuvo muchos años en antena en el que concursantes obesos competían entre sí para ver quién perdía más peso. A pesar de que los resultados a corto plazo suelen ser asombrosos, a la larga los concursantes casi siempre vuelven a ganar peso una vez termina el rodaje. Kai Hibbard, el ganador de la tercera temporada dijo respecto a su participación en el programa: «Ha sido el mayor error de mi vida». Suzanne Mendonca, de la segunda temporada dice que nunca ha habido un programa de reunión porque «todos estamos gordos de nuevo».

Estudio WHI: Comer menos, moverse más

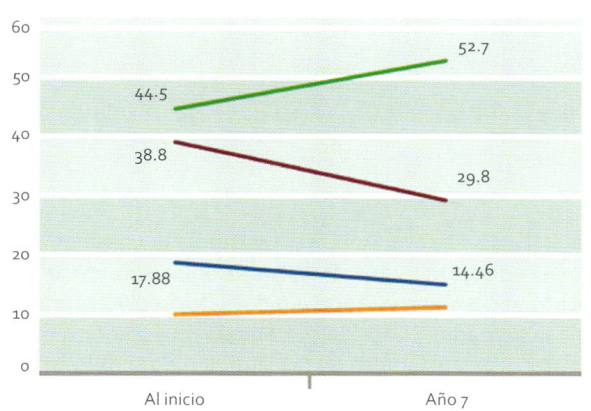

Figura 5.3. Las participantes en el estudio WHI redujeron su consumo total de calorías y el consumo de grasas a la vez que aumentaron su actividad física y el consumo de carbohidratos durante más de siete años.

Fuente: Datos de Howard et al., «Low-Fat Dietary Pattern and Weight Change over 7 Years: The Women's Health Initiative Dietary Modification Trial».

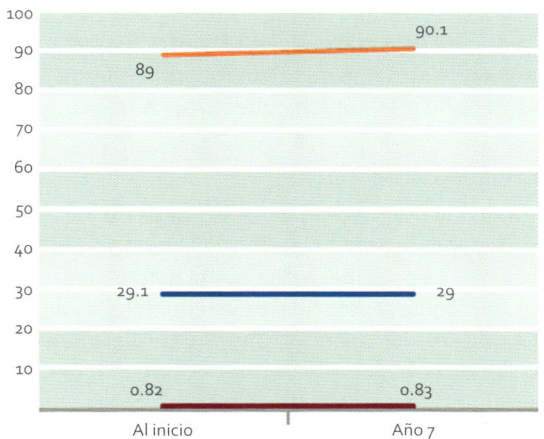
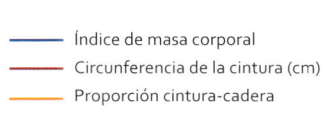

Figura 5.4. A pesar de la dieta baja en grasas y en calorías (véase la figura 5.3), las participantes en el estudio WHI apenas vieron cambios en su IMC o en la proporción cintura-cadera, de hecho, la circunferencia de su cintura aumentó ligeramente.

Fuente: Datos de Howard et al., «Low-Fat Dietary Pattern and Weight Change over 7 Years: The Women's Health Initiative Dietary Modification Trial».

Figura 5.5. Durante nueve años las mujeres que siguieron una estricta dieta baja en calorías no mostraron una mayor pérdida de peso que aquellas que siguieron una dieta normal.

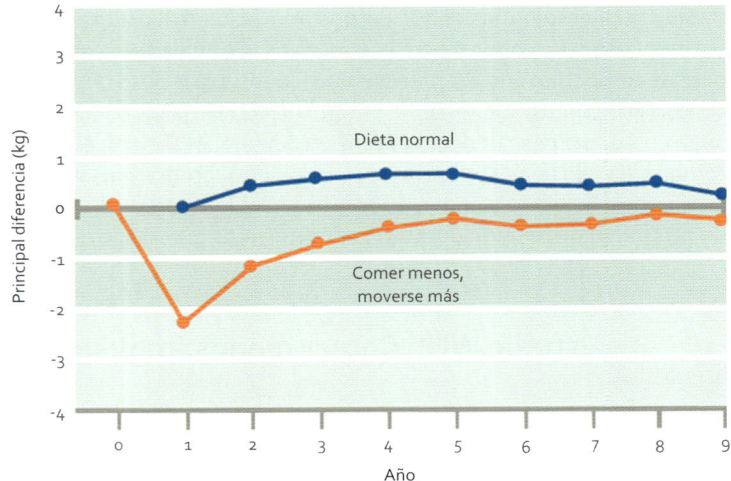

Fuente: Datos de Howard et al., «Low-Fat Dietary Pattern and Weight Change over 7 Years: The Women´s Health Initiative Dietary Modification Trial».

¿Por qué sucedió esto? La dieta de *The Biggest Loser* restringía las calorías a un 70 por ciento de las necesidades energéticas mínimas, lo que suele suponer entre 1.200 y 1.500 calorías al día. Esto se combina con actividad física intensiva durante varias horas al día, seis días a la semana. Es el clásico consejo de «comer menos y moverse más» que los dietistas y profesionales de la salud dan en todas partes. No es de extrañar que la dieta de *The Biggest Loser* alcanzara el tercer puesto en el año 2015 en el ranking de dietas para perder peso según la revista *US News & World Report*.

Un estudio sobre los concursantes de *The Biggest Loser* mostró que en treinta semanas de rodaje la media de peso se redujo de 149 kilos a 91 kilos. ¡Es una media de 58 kilos! La grasa corporal descendió de media del 49 por ciento al 28 por ciento. Casi toda la pérdida de peso era masa grasa, al contrario que el tejido magro o «libre de grasa» (es inevitable que algo de tejido magro se pierda junto a la grasa, pero generalmente se trata de piel y tejido conectivo, no músculo necesariamente). ¡Increíble!

Desafortunadamente, los resultados no duraron.

Seis años después de su casi milagrosa pérdida de peso, trece de los catorce concursantes estudiados habían recuperado todo el peso que habían perdido. Esto supone un 93 por ciento de fracasos. La principal razón por la que recuperaron el peso es que el metabolismo de los concursantes había disminuido considerablemente (en el próximo capítulo explicaremos por qué). Danny Cahill, el ganador de la octava temporada, perdió casi 109 kilos durante la competición. Sin embargo, su cuerpo ahora quemaba 800 calorías menos por día que antes. Esto resultó ser un obstáculo insuperable para que la pérdida de peso se mantuviera y él, junto con la mayoría de los demás concursantes, terminó recuperando todo el peso que había perdido.

Esta es la cruel broma del enfoque «comer menos, moverse más». Es cruel porque todas las fuentes sobre salud en las que confiamos nos dicen que debería funcionar y, cuando falla, nos culpamos a nosotros mismos.

No obstante, supongamos por un momento, aunque sea en aras del debate, que cuando seguimos el consejo «comer menos, moverse más» al pie de la letra, funciona. Al final, en realidad da lo mismo. Ya se trate de una buena recomendación que la gente no sigue, o de una mala recomendación que la gente sigue, el resultado es el mismo: no produce pérdida de peso. Si los resultados al final son malos, que lo son, entonces, la recomendación es mala. Se hace camino al andar.

¿Qué hay que hacer? La única conclusión lógica es cambiar la recomendación. Necesitamos un nuevo enfoque; el ayuno.

Los concursantes de *The Biggest Loser* perdieron peso durante el programa

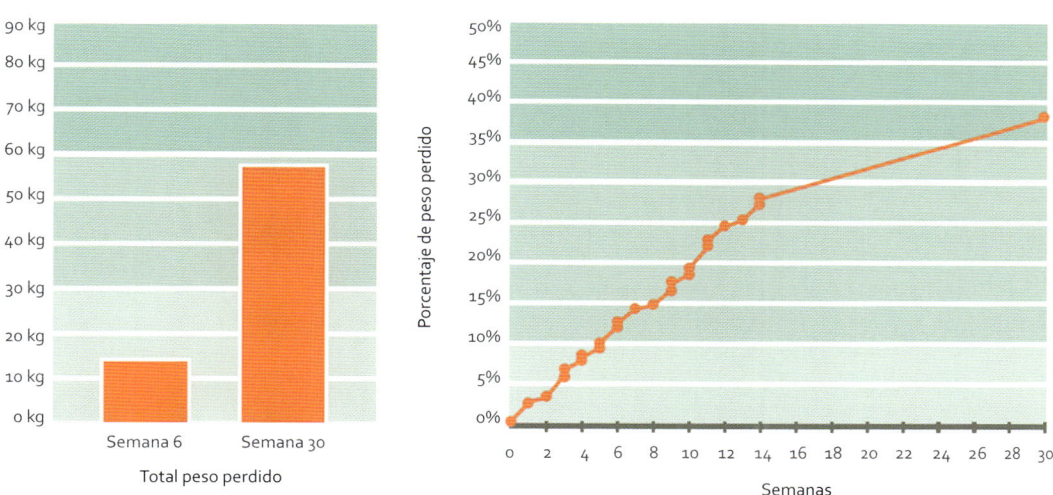

Fuente: Johannsen et al., «Metabolic Slowing with Massive Weight Loss Despite Preservation of Fat-Free Mass».

Figura 5.6. A lo largo de treinta días de rodaje los concursantes de *The Biggest Loser* mostraron unos resultados increíbles.

Los concursantes de *The Biggest Loser* recuperaron peso durante el programa

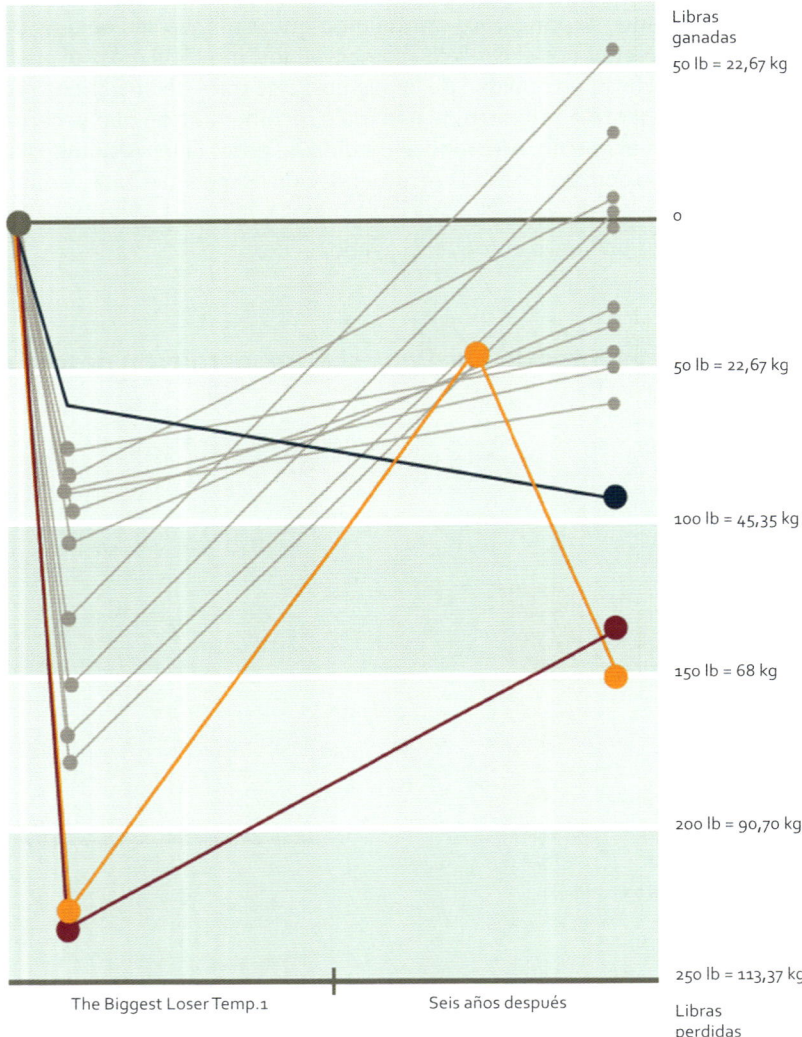

Figura 5.7. Después de seis años casi todos los concursantes de *The Biggest Loser* habían recuperado todo el peso perdido.

— **Erinn Egbert**
Es el único concursante que no ha recuperado peso desde el programa.

— **Rudy Pauls**
Recuperó la mayor parte del peso que había perdido antes de someterse a cirugía bariátrica.

— **Danny Cahill**
Fue el que más peso perdió para ganar el concurso, pero ha vuelto a recuperar más de 45 kilos.

Fuente: Kolata, «After "The Biggest Loser", Their Bodies Fought to Regain Weight».

Los concursantes de *The Biggest Loser* tenían un metabolismo lento

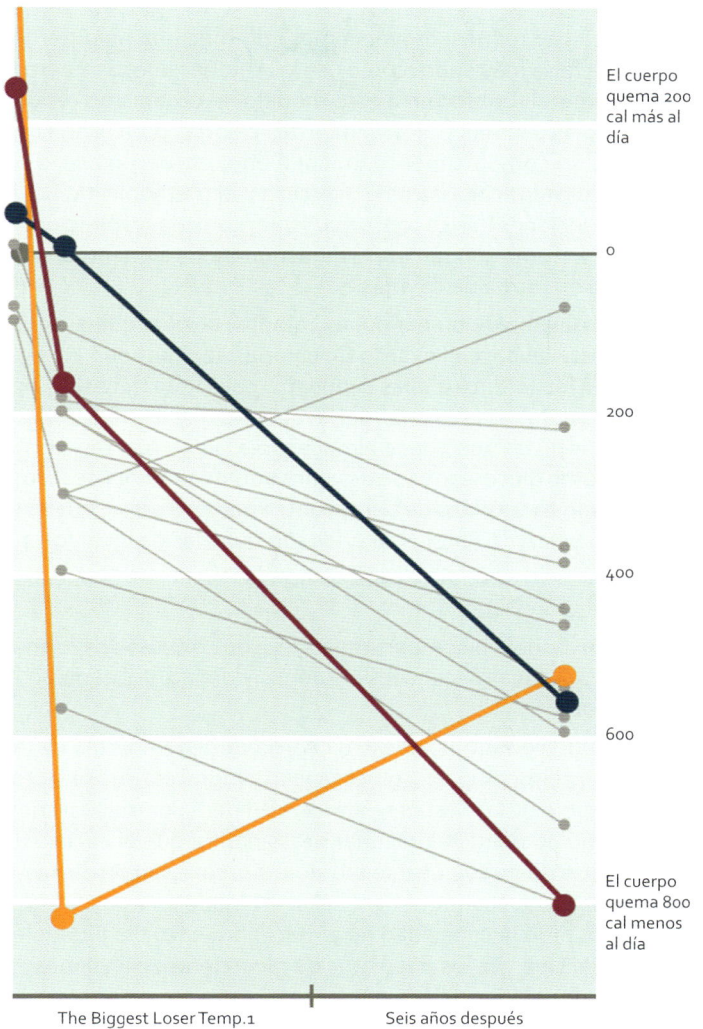

Figura 5.8. El metabolismo lento hizo imposible que la mayoría de los concursantes de *The Biggest Loser* pudieran conservar la pérdida de peso.

Erinn Egbert
Es el único concursante que no ha recuperado peso desde el programa.

Rudy Pauls
Recuperó la mayor parte del peso que había perdido antes de someterse a cirugía bariátrica.

Danny Cahill
Fue el que más peso perdió para ganar el concurso, pero ha vuelto a recuperar más de 45 kilos.

Fuente: Kolata, «After "The Biggest Loser", Their Bodies Fought to Regain Weight».

Por qué «comer menos, moverse más» falla: Cómo usa realmente nuestro cuerpo las calorías

El motivo por el que «comer menos, moverse más» no funciona para perder peso es que se basa en una falsa idea sobre cómo usa las calorías nuestro cuerpo: el modelo monocompartimetal. Conforme a este modelo, el organismo reduce todos los alimentos a simples calorías y almacena estas calorías para usarlas en lo que imaginamos como un compartimento único; luego, el cuerpo accede a este compartimento para usar las calorías en el ejercicio y el metabolismo basal (recuerda, se refiere a las funciones básicas del organismo, como la respiración, la eliminación de toxinas del torrente sanguíneo, la digestión de los alimentos, etc.) todo esto requiere energía en forma de calorías.

Este modelo es como el lavabo de un baño. Las calorías, al igual que el agua, pueden entrar o salir de este lavabo. El exceso de calorías se mantiene en este lavabo y se puede acceder fácilmente a ellas si nuestro cuerpo lo necesita, por ejemplo, la actividad física agotaría las calorías del lavabo. No hay diferencia alguna entre las distintas formas en las que puede almacenarse la energía. Ya se trate de calorías almacenadas como glucosa, que se usa para obtener energía de forma inmediata; glucógeno, usado en un plazo de tiempo intermedio; o grasa, que es la energía almacenada a largo plazo, todas las calorías son tratadas de igual forma.

Sin embargo, se sabe que este modelo es una completa invención. Solo existe en nuestra imaginación.

Es más exacto utilizar un modelo bicompartimental, ya que existen dos formas distintas en las que la energía se almacena en el cuerpo: como glucógeno en el hígado y como grasa corporal.

El modelo monocompartimental de uso y almacenamiento de calorías.

Cuando comemos, nuestro cuerpo obtiene energía de las tres fuentes principales: glucosa (carbohidratos), grasa y proteínas. Solo dos de estas se almacenan para un uso posterior; el cuerpo no puede almacenar proteína, así que el exceso de estas que no puede usarse inmediatamente se convierte en glucosa. La glucosa se almacena en el hígado en forma de glucógeno, pero la capacidad de almacenamiento del hígado es limitada. Una vez los depósitos de glucógeno están llenos, el exceso de calorías debe almacenarse como grasa corporal. La grasa alimenticia es absorbida directamente hacia el torrente sanguíneo sin pasar por el hígado, y lo que no se usa se almacena como grasa corporal. Este fue uno de los motivos por los que inicialmente se recomendaban las dietas bajas en grasas, pero el destino inmediato de las calorías que se consumen no es el factor determinante para la pérdida de peso.

Piensa en el glucógeno como en un frigorífico. Está diseñado para almacenar comida a corto plazo; es fácil meter y sacar comida, pero el espacio de almacenamiento es limitado. La grasa corporal, por otro lado, es más como un gran congelador que hubiera en el sótano. Está diseñado para almacenar comida a largo plazo y es complicado acceder a él, pero su capacidad es mucho mayor. Además, siempre se pueden meter más congeladores en el sótano si hace falta. Cuando compramos alimentos, primero almacenamos la comida en el frigorífico y, cuando este está lleno, almacenamos el exceso de comida en el congelador. Es decir, primero almacenamos la energía que obtenemos de los alimentos en forma de glucógeno y luego, cuando el espacio para este está lleno, como grasa corporal.

Tanto la grasa corporal como el glucógeno se usan para obtener energía en ausencia de comida, pero ni se usan igual ni al mismo tiempo.

El cuerpo prefiere usar el glucógeno antes que la grasa corporal para conseguir energía. Es lógico ya que resulta más fácil de quemar (siguiendo la analogía: es mucho más fácil acceder al frigorífico de la cocina que al congelador del sótano). Mientras haya comida en el frigorífico no sacaremos nada del congelador. En otras palabras, si necesitas 200 calorías de energía para dar un paseo, el cuerpo obtendrá esa energía del glucógeno siempre que haya disponible; no se va a complicar la vida buscando grasa corporal.

Los dos compartimentos, el frigorífico y el congelador, no se usan simultáneamente, sino *sucesivamente*. Necesitas vaciar (casi por completo) el frigorífico antes de poder usar lo que hay en el congelador; necesitas quemar casi todo el glucógeno antes de poder quemar grasa. En esencia, el cuerpo puede quemar azúcar o grasa, pero no ambos.

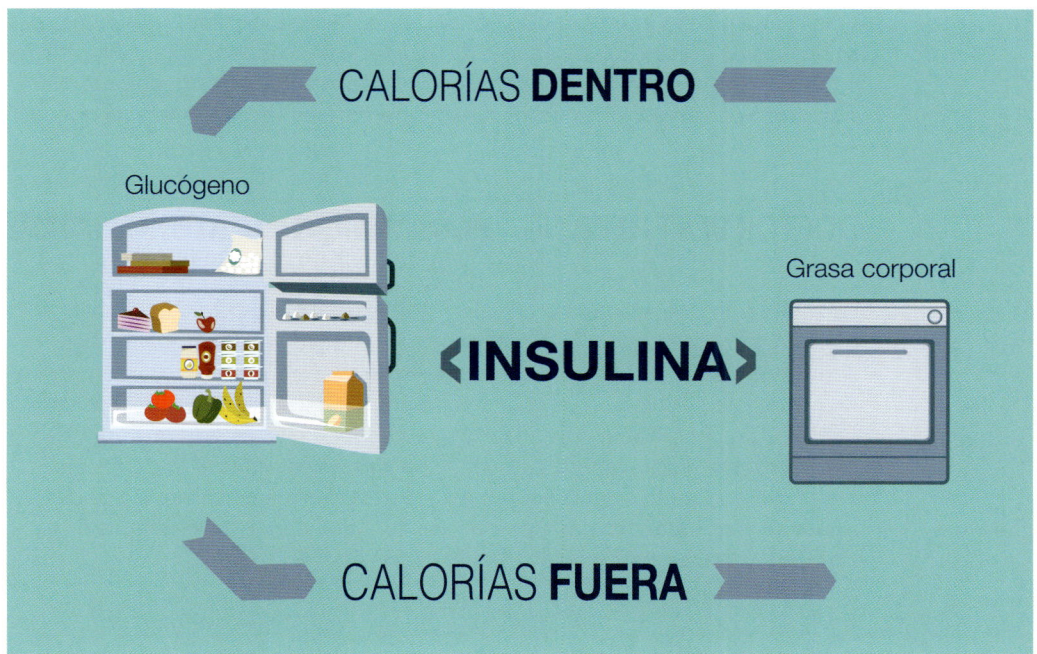

El modelo bicompartimental de uso y almacenamiento de calorías.

El papel fundamental de la insulina en la pérdida y recuperación de peso

La facilidad con la que podamos acceder al congelador con la grasa depende de la hormona insulina. ¿Está el congelador en un sótano bajo llave detrás de puertas de acero o está justo al lado del frigorífico? La insulina es el factor determinante.

Cuando no estamos comiendo, los niveles de insulina son bajos, lo que permite que podamos acceder al congelador de la grasa (el cuerpo puede acceder con facilidad a la grasa almacenada). Con los niveles bajos de insulina ni siquiera hace falta que se acabe el glucógeno del frigorífico antes de abrir el congelador de grasa ya que es muy fácil acceder a él. Piensa en el frigorífico de tu casa. ¿Hace falta que esté completamente vacío, incluyendo ese bote de kétchup casi acabado, para que puedas sacar un paquete de carne del congelador? ¡Claro que no! De forma parecida sucede con los niveles bajos de insulina; el cuerpo puede quemar grasa aunque todavía quede algo de glucógeno. Esto significa que si estás reduciendo la cantidad de calorías y tienes niveles bajos de insulina es fácil que tu cuerpo pueda compensar la energía que deja de obtener de la comida recurriendo a la grasa del congelador, aunque el frigorífico con el glucógeno todavía no esté vacío. No obstante, cuanto más vacío esté el frigorífico más probable es que necesite usar lo que hay en el congelador, y cuanto más fácil sea acceder al congelador, más probable es que lo use.

Los niveles bajos de insulina no solo *permiten* acceder al congelador de la grasa, sino que son los que desencadenan que se empiece a quemar grasa para obtener energía. Si los niveles de insulina son anormalmente bajos, entonces, se quema grasa continuamente. Esta situación la observamos en la diabetes tipo 1, cuando las células del páncreas encargadas de producir insulina se destruyen. Cuando la insulina cae a niveles indetectables, los pacientes, a menudo niños, queman todas sus reservas de grasa y son incapaces de recuperar peso independientemente del número de calorías que consuman. Si no se trata, es una enfermedad mortal. El tratamiento con inyecciones de insulina les permite almacenar grasa de nuevo.

DOCTOR BERT HERRING | **ESTRELLAS DEL AYUNO**

Después de una semana o dos de ayuno durante 19 horas al día y comiendo solo en una ventana de 5 horas, me sorprendió ver que mi exceso de peso había comenzado a esfumarse. Tenía solo 9 kilos de más, pero el peso me preocupaba porque mis esfuerzos por comer menos y hacer más ejercicio no habían conseguido eliminarlos. En los años que siguieron seguí recurriendo a este programa para perder peso que inevitablemente volvía a coger cada vez que volvía a hacer tres comidas al día. Descubrí que esta forma de comer a grandes intervalos de tiempo siempre funcionaba.

> He realizado ayuno intermitente de cena a cena durante un mes y medio. He experimentado una mayor energía y he sido capaz de aumentar la cantidad de peso que levanto en mis entrenamientos. He perdido de media entre 900 y 1.800 gramos por semana y me he realizado una prueba de densidad ósea (DEXA) que muestra que el peso que estoy perdiendo es grasa, no músculo. Además, he perdido algunos centímetros apreciables en la región abdominal. También padezco diabetes tipo 2 y el ayuno intermitente me ha permitido mantener mis niveles de azúcar en sangre en valores normales.
>
> —Eric R.,
> Ogden, Utah

Por otro lado, los niveles altos de insulina impiden que el organismo acceda a la grasa del congelador. Está encerrada bajo llave tras barrotes de acero. La insulina inhibe la lipolisis; es decir, impide que el cuerpo queme grasa. Los niveles altos de insulina, que son normales después de las comidas, le indican al cuerpo que almacene parte de la energía que entra. Lógicamente, por tanto, también dejamos de quemar la grasa almacenada (¿para qué molestarse si podemos obtener energía de la comida?).

Sin embargo, esto no solo sucede después de las comidas, también vemos esto en enfermedades donde hay demasiada insulina. Por ejemplo, las inyecciones de insulina, usadas frecuentemente para tratar la diabetes, suelen provocar un aumento de la acumulación de grasa debido a que el cuerpo es incapaz de quemarla. (Esto es genial para los enfermos de diabetes tipo 1 que tienen muy poca grasa, pero no lo es tanto para los enfermos de diabetes tipo 2, que suelen tener demasiada). La resistencia a la insulina, en ocasiones llamada prediabetes o síndrome metabólico, es la situación más común en la que los niveles de insulina se mantienen anormalmente elevados de forma continuada.

 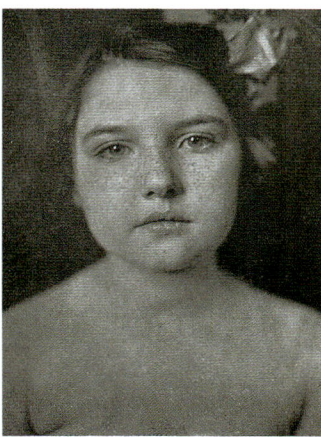

Figura 5.9. Fotografía tomada en 1922 de una niña con diabetes tipo 1 antes y después del tratamiento con insulina.

«Cases before and after insulin treatment», por Wellcome Images, licencia CC BY.

Resistencia a la insulina

Uno de los principales cometidos de la insulina es llevar la glucosa del torrente sanguíneo hasta las células para que pueda ser usada como energía. Si tienes resistencia a la insulina tus células ya no son sensibles a la insulina. El volumen habitual de insulina no es capaz de llevar la glucosa hasta las células, lo que conduce a un aumento de la cantidad de glucosa en sangre. Para compensarlo, el cuerpo tiene que producir más insulina para forzar a la glucosa a entrar. Esto provoca niveles de insulina constantemente elevados, lo cual impide que se queme grasa. (Entraremos en esto más detalladamente en el próximo capítulo sobre la diabetes tipo 2 y el ayuno).

Pero, ¿qué origina la resistencia a la insulina?

La clave está en su propio nombre. La resistencia a la insulina se desarrolla porque las células necesitan resistir los efectos de que haya demasiada insulina. El origen del problema está en el constante nivel elevado de insulina, que crea un círculo vicioso: demasiada insulina provoca resistencia a la insulina y esta, a su vez, dispara los niveles de insulina, lo cual solo sirve para que haya más resistencia. El ciclo se refuerza constantemente. La forma de romper con éxito la resistencia a la insulina no es aumentar constantemente los niveles de insulina, sino *reducirlos* drásticamente.

Esto puede sonar ilógico, pero consideremos el problema análogo de la resistencia a los antibióticos. Cuando se usa un antibiótico por primera vez mata a casi todas las bacterias, pero algunas bacterias son resistentes y sobreviven y, con el resto de las bacterias eliminadas, pueden crecer sin oposición alguna para competir por los recursos. Estas bacterias resistentes se reproducen y extienden provocando que el antibiótico sea menos eficaz en general, aunque seguirá habiendo bacterias contra las que funcione. En este caso, los antibióticos crean resistencia a los antibióticos.

¿Cómo acabar con la resistencia a los antibióticos? La reacción instintiva es emplear dosis aún mayores de antibióticos para acabar con las bacterias resistentes. Esto funciona durante cierto tiempo, pero al final la dosis mayor de antibióticos lo único que hace es crear más resistencia. Esto provoca un círculo vicioso de uso de antibióticos y desarrollo de resistencia. La solución es justo la contraria: debemos reducir seriamente el uso de antibióticos para que las bacterias resistentes no puedan prosperar.

La misma lógica es aplicable a la resistencia a la insulina. Cuando nuestras células se vuelven menos sensibles a la insulina, la reacción instintiva del cuerpo es aumentar la producción de insulina. Esto ayuda durante algún tiempo, pero al final lo único que hace es crear mayor resistencia a la insulina, lo que desencadena el círculo vicioso de más insulina, mayor resistencia. La respuesta es, precisamente, la opuesta: dado que la resistencia a la insulina se desarrolla como respuesta al constante nivel elevado de insulina, debemos crear periodos recurrentes de niveles de insulina *muy bajos*.

Si no somos incapaces de romper el círculo de la resistencia a la insulina, entonces, los niveles de insulina permanecen altos. Esto bloquea nuestra capacidad para quemar grasa que con tanto cuidado hemos ido almacenando. Nuestro cuerpo no deja de recibir la señal para almacenar energía en forma de grasa y nunca le dicen que queme grasa. La insulina juega un papel crucial a la hora de decidir qué combustible quemar.

Insulina alta + Reducción de calorías = Metabolismo lento

Para averiguar qué tiene que ver todo esto con la pérdida de peso debemos retomar el modelo monocompartimetal y el modelo bicompartimental. Recuerda que el consejo tradicional de «comer menos, moverse más» para perder peso se basa en el modelo monocompartimental, la idea (¡equivocada!) de que todas las calorías son iguales y se almacenan en un único compartimento, de manera que si estás gastando más calorías de las que consumes debes estar quemando grasa corporal. En realidad, el cuerpo almacena la energía tanto en forma de grasa corporal como de glucógeno; es el modelo bicompartimental. Para quemar grasa tienen que suceder dos cosas: debes quemar la mayor parte de tus reservas de glucógeno y los niveles de insulina tienen que caer lo suficiente para que se liberen las reservas de grasa.

Ninguna de estas dos tareas es sencilla. Cuando las reservas de glucógeno bajan, tu cuerpo lo nota y empieza a entrarte ansiedad. Envía señales de hambre para que vuelvas a comer. Si no comes lo suficiente para rellenar las reservas de glucógeno, pero tus niveles de insulina permanecen altos, la grasa corporal no puede liberarse. La única opción que le queda al cuerpo es ralentizar su metabolismo para quemar menos energía.

Cuando hay disponible comida o glucógeno no usamos nuestras reservas de grasa a las que es más difícil acceder. Esto asegura que la grasa corporal solo se use en momentos de necesidad, pero a lo largo de décadas de abundancia de glucosa las reservas de grasa proliferaron ya que nunca dejamos que nuestro frigorífico se vacíe. En otras palabras, la comida va al frigorífico, pero nunca tiene oportunidad de volver a salir. Según la resistencia a la insulina va aumentando, los consiguientes niveles elevados de insulina hacen que cada vez sea más difícil acceder a la grasa almacenada.

El cuerpo siempre quiere permanecer en un cierto peso, y cualquier desviación por encima o por debajo de este desencadena mecanismos adaptativos para que volvamos a ese peso. Esa es la razón por la que después de perder peso nos entra más hambre y nuestro metabolismo se ralentiza para que tengamos que comer menos para mantener ese peso más bajo. Es nuestro cuerpo tratando de que recuperemos peso para volver al peso establecido.

La razón por la que el cuerpo tiene que recurrir a reducir el metabolismo y aumentar el hambre es porque la insulina sigue alta, de modo que no puede acceder a la energía almacenada en forma de grasa. Tu cuerpo no tiene más opción que ralentizar el metabolismo; está tratando de conservar energía ya que no puede acceder al congelador de la grasa. Esta es la razón por la que la resistencia a la insulina juega un papel tan importante en la obesidad: los niveles elevados de insulina le dicen a tu cuerpo que guarde grasa corporal a la vez que provocan que tu cuerpo disminuya su metabolismo. Esto, inexorablemente, acaba con todos los esfuerzos por bajar de peso. El peso se estanca y más adelante vuelve a aumentar de forma implacable, aunque se siga con la dieta adecuada. Para algunos de nosotros, es evidente que no basta con cambiar lo que comemos.

Tomemos un ejemplo. Supongamos que comes 2.000 calorías al día. Tu peso es estable, de modo que estás quemando 2.000 calorías al día. Hay 3.500 calorías en 450 gramos de grasa, así que si tienes 45 kilos de grasa hay 350.000 calorías en tus reservas de grasa.

Ahora, pongamos que quieres perder peso, así que reduces el consumo diario de calorías a 1.200. Al principio, se perderá grasa para compensar la reducción de calorías. Sin embargo, si tienes resistencia a la insulina, entonces, los constantes niveles elevados de insulina harán complicado que tu cuerpo pueda acceder a las reservas de grasa. La insulina le está diciendo a tu cuerpo que almacene energía, no que la queme. El cuerpo está acostumbrado a quemar 2.000 calorías, pero ahora solo hay disponibles 1.200, de manera que se ve obligado a reducir su consumo de energía. La tasa de metabolismo basal se reduce a 1.200 calorías.

El principal problema, como puedes ver, no es que no haya calorías disponibles. Hay 350.000 calorías almacenadas en el congelador. El problema es que estas calorías no están disponibles para que las use el cuerpo. El principal problema es cómo conseguir acceder a la energía que está almacenada en forma de grasa. La insulina es el factor decisivo a tener en cuenta, no el número de calorías que comes.

Esto explica por qué los concursantes de *The Biggest Loser*, al igual que todas las personas que siguen dietas conforme al enfoque de «comer menos, moverse más», recuperaron después el peso perdido: su metabolismo se redujo en respuesta a la reducción de calorías. La intensa actividad física que se exigía en el programa no es sostenible a largo plazo. Entre el metabolismo ralentizado y la reducción del ejercicio, llegamos al estancamiento del peso. Una vez que el gasto de calorías baja por debajo de su consumo, llegamos a la habitual recuperación del peso. ¡Bum! Adiós al programa de reunión.

Imagina cómo debe de sentirse uno. Reducir tu consumo de calorías en 800 al día, como hicieron los concursantes, supone pasar frío, y sentirte aletargado y cansado conforme el cuerpo empieza a ralentizarse para conservar energía. Tras un tiempo, es imposible seguir así. De modo que empieza a aumentar lentamente las calorías y, pese a que sigues comiendo menos de lo que solías, debido al lento metabolismo ahora estás ganando peso. De modo que al final recuperas tu peso original mientras tus amigos y familiares te acusan en silencio de hacer trampas con la dieta.

Todo esto es completamente predecible. Dado que la estrategia de reducir las calorías tiene una tasa de fracaso del 99 por ciento, no es de sorprender que la estrategia de *The Biggest Loser* haya tenido un rotundo fracaso.

La solución: Ayuno

Cuando comemos, la insulina sube e impide que quememos grasa, el cuerpo entonces quema la glucosa que ahora hay disponible gracias a la comida que

> Mi resistencia a la insulina me hizo inmune a la pérdida de peso a largo plazo. A mis 61 años no creo que hubiera pasado un solo día de mi vida sin comer nada, así que me daba bastante miedo ayunar. Mi primer ayuno duró 6 días (hace alrededor de un mes). Me di cuenta de que los ataques de hambre son fugaces y pasan rápidamente haciéndolo muy llevadero. Esa semana perdí más de 3 kilos y medio y desde entonces he realizado varios ayunos a la semana de entre 24-36 horas. He perdido casi 2 kilos más en pocas semanas. Mi HbA1c ha bajado de 5,7 a 5,2 y el nivel de azúcar en ayuno ha pasado de 97 a 75 de media. ¡Gracias! ¡Gracias, Jimmy y Doctor Fung!
>
> —Robin G.,
> Freeland, Maryland

hemos ingerido. Sin embargo, de los tres macronutrientes (carbohidratos, grasas y proteínas) los carbohidratos son los que más estimulan la producción de insulina. Los carbohidratos refinados y el azúcar en particular tienen un mayor efecto sobre la insulina, así que la forma más segura de empezar a romper el ciclo de resistencia a la insulina y perder peso es una dieta baja en estos. Aun así, para algunas personas no es suficiente con esto. Dado que *todos* los alimentos aumentan el nivel de insulina, la mejor respuesta es abstenerse por completo de comer. La respuesta que estamos buscando es, en una palabra, ayuno.

Ayuno *versus* a dietas bajas en carbohidratos

Tanto las dietas bajas en carbohidratos como el ayuno son capaces de reducir el nivel de insulina. Así que ¿por qué no basta simplemente con eliminar todos los carbohidratos de la dieta para perder peso? Es solo una cuestión de poder. Reducir los carbohidratos refinados reduce la insulina. No obstante, las proteínas, sobre todo las de origen animal, también aumentan la insulina. El ayuno, al restringirlo todo, mantiene la insulina más baja. El ayuno es, simplemente, más poderoso.

Las dietas muy bajas en carbohidratos (aquellas en las que los carbohidratos suponen menos del 3 por ciento total de calorías) son muy efectivas para reducir el nivel de azúcar en sangre en personas con diabetes tipo 2 comparadas con una dieta estándar (en las que los carbohidratos suponen el 55 por ciento total de calorías). Eso es así incluso cuando el número de calorías consumido es idéntico. En otras palabras, los beneficios de la reducción de calorías a la hora de bajar la glucosa no se deben únicamente a la reducción de calorías. Es bueno saber esto, sobre todo considerando la cantidad de profesionales de la salud que insisten en que «todo es una cuestión de calorías».

Las dietas muy bajas en calorías lo hacen muy bien y te proporcionan el 71 por ciento de los beneficios del ayuno sin necesidad de ayunar. Sin embargo, algunas veces no basta con reducir los carbohidratos. He tenido muchos pacientes que limitaban la cantidad de carbohidratos, pero seguían teniendo niveles altos de azúcar en sangre. ¿Cómo conseguir más poder? Ayunando.

La insulina es el principal motor de la obesidad y la diabetes. Una dieta muy baja en carbohidratos puede reducir la insulina más de un 50 por ciento, pero se puede conseguir otro 50 por ciento ayunando. Eso es poder.

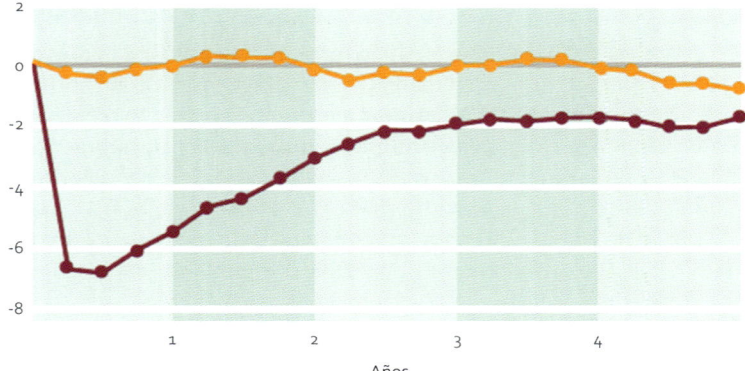

Figura 5.10. Variación del peso a lo largo del tiempo con el Programa para la Prevención de la Diabetes, en el cual se experimentó la prevención de la diabetes a través de la dieta, la actividad física y medicación. El cambio en el estilo de vida, al principio, consigue la pérdida de peso, pero al final el peso se recupera.

Placebo ———
Estilo de vida ———

Fuente: Diabetes Prevention Program Research Group, «Reduction in the Incidence of Type 2 Diabetes with Lifestyle Intervention or Metformin».

Ayunar es, simplemente, la manera más eficaz de bajar los niveles de insulina. Nótese, no obstante, que *no* he dicho que sea la más fácil, pero ¿quieres un método que sea fácil o un método que funcione?

El ayuno acaba con la resistencia a la insulina cuando la reducción de calorías no es suficiente

Hay quienes argumentan que el ayuno solo es beneficioso en la medida en que reduce las calorías. Sin embargo, si eso es así, ¿por qué hay una diferencia tan notable entre la reducción de calorías y el ayuno? Las estrategias basadas en la reducción de calorías como «comer menos, moverse más» fracasan, prácticamente, siempre. El ayuno, por el contrario, suele ser eficaz cuando la mera reducción de calorías no basta. ¿Por qué?

La respuesta corta es que cuando comes regularmente, incluso si estás consumiendo menos calorías, no estás consiguiendo los cambios hormonales que proporciona el ayuno. Durante el ayuno, a diferencia de con la reducción de calorías, el metabolismo se estabiliza o, incluso, se acelera para mantener los niveles

---

He seguido una dieta baja en carbohidratos y rica en grasas desde 2011 y, al principio, perdí 27 kilos. Me sentí decepcionado cuando empecé a recuperar peso a pesar de que seguía cumpliendo con la dieta. Comencé a incorporar periodos de ayuno de 24 horas y ahora mi peso está volviendo a bajar; ¡10 kilos y medio en menos de 3 meses! Siento que he encontrado la pieza del rompecabezas que faltaba y que vuelvo a tener el control sobre mi salud.

—Jenny H.,
Fort Worth, Tejas

normales de energía. La adrenalina y la hormona del crecimiento aumentan para mantener la energía y la masa muscular. El azúcar en sangre y los niveles de insulina descienden conforme el cuerpo pasa de quemar azúcar a quemar grasa. Todo esto comienza a abordar el problema a largo plazo de la resistencia a la insulina.

Un reciente ensayo aleatorio ilustraba muy bien las diferencias entre estas dos estrategias. El estudio comparaba la eficacia de la reducción diaria de calorías y el ayuno intermitente entre 107 mujeres. Un primer grupo redujo su consumo diario de calorías de 2.000 calorías a 1.500 calorías. A otro grupo se le permitía un consumo normal de calorías (2.000 calorías) cinco días a la semana, pero solo un 25 por ciento (500 calorías) durante los restantes dos días; a esto se le denomina un ayuno 5:2. Esto supone que durante el trascurso de una semana el consumo medio de calorías de los dos grupos era muy similar: 10.500 calorías a la semana para el primer grupo y 11.000 para el grupo del ayuno. Ambos grupos seguían una dieta mediterránea con un 30 por ciento de grasa.

Al cabo de seis meses ambos grupos mostraban niveles similares de pérdida de peso y pérdida de grasa. No obstante, el grupo 5:2 mostraba una clara y significativa mejoría en los niveles de insulina y resistencia a la insulina, mientras que el primer grupo no.

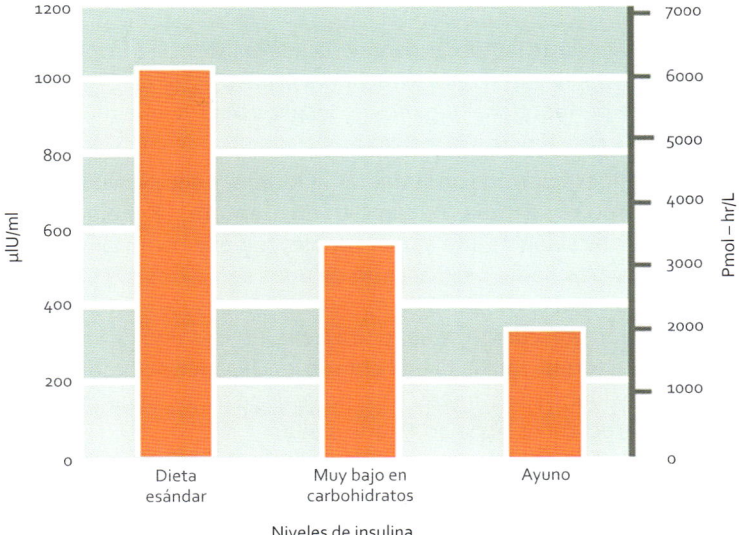

Figura 5.11. Un estudio con diabéticos tipo 2 demostró que una dieta muy baja en carbohidratos reduce los niveles de insulina en comparación con una dieta estándar, pero el ayuno lo reduce, incluso, más.

Fuente: Datos de Nuttall et al., «Comparison of a Carbohydrate-Free Dier Vs. Fasting on Plasma Glucose, Insulin and Glucagon in Type 2 Diabetes».

A largo plazo, esto supone un problema fundamental con la reducción de calorías. La mayor resistencia a la insulina al final provoca un mayor nivel de insulina, lo cual contribuye a una mayor resistencia a la insulina entrando, así, en un círculo vicioso. Este mayor nivel de insulina conduce inevitablemente a la obesidad.

Figura 5.12. Con el tiempo, el ayuno reduce los niveles de insulina de forma más eficaz que la restricción de calorías.

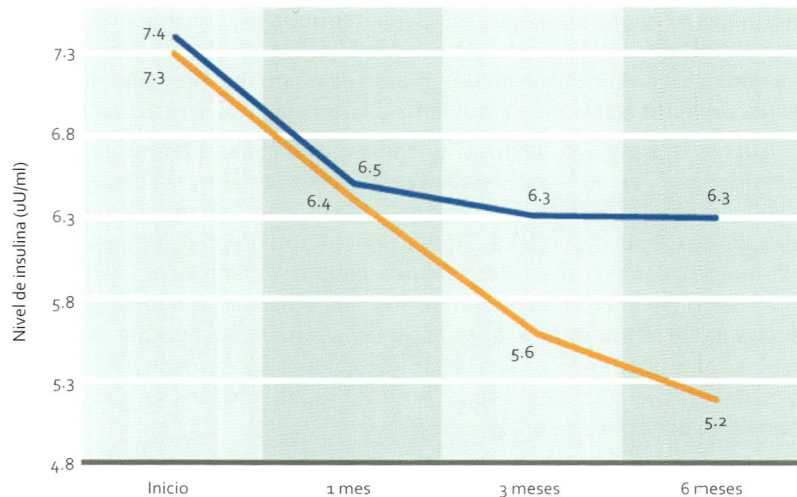

Fuente: Harvie et al., «The Effects of Intermittent or Continuous Energy Restriction on Weight Loss and Metabolic Disease Risk Markers: A Randomized Trial in Young Overweight Women».

La incapacidad de la mayoría de las dietas para reducir la resistencia a la insulina es, precisamente, la razón por la que al final se recupera el peso perdido. El ayuno, por el contrario, establece periodos prolongados de insulina baja, lo que rompe el ciclo de la insulina alta y la resistencia a la insulina.

Otra forma de verlo es que la mayoría de las dietas ignoran el principio biológico de la homeostasis. El cuerpo se adapta a los cambios en el entorno. Por ejemplo, si te encuentras en una habitación oscura y, de repente, te pones bajo la luz del sol, por un momento no verás nada, pero al cabo de unos segundos tus ojos se adaptarán. Lo mismo es aplicable a la pérdida de peso. Si sigues de forma constante una dieta baja en calorías el cuerpo se adaptará a ella. El consumo de energía (metabolismo) se reduce de igual forma que el consumo. Después se produce el estancamiento del peso, y luego se recupera. Esto no se debe a que hayas dejado la dieta, sino a que tu cuerpo ahora se ha adaptado a ella.

Para evitar que el cuerpo se adapte a la nueva estrategia y conservar el peso perdido hace falta una estrategia *intermitente*, no constante. Es una diferencia crucial. Restringir *ciertos* alimentos *todo* el tiempo es muy distinto a restringir todos los alimentos *cierto* tiempo. Esta es la diferencia entre el éxito y el fracaso.

Cirugía bariátrica: un motivo para ayunar

Hay una estrategia para perder peso que ha demostrado tener mucho más éxito que «comer menos, moverse más»: la cirugía bariátrica, llamada comúnmente, «grapado de estómago». Un estudio que comparaba directamente a los concursantes de *The Biggest Loser* (recordará que usaron la estrategia «comer

ESTRELLAS DEL AYUNO — ABEL JAMES

Como entrenador en el programa de la ABC My Diet Is Better Than Yours, trabajé con el concursante Kurt Morgan, quien empezó la competición con un peso de 160 kilos y un 52% de grasa corporal. Tras 14 semanas siguiendo la Dieta Salvaje con ayuno intermitente, Kurt perdió la asombrosa cifra de 39 kilos y medio. Y lo que es más importante, Kurt pasó de un 52% de grasa corporal a menos de un 30% de grasa corporal; casi el doble de pérdida de grasa que con las dietas que competía. Según mi experiencia, la combinación de un plan nutricional bajo en carbohidratos y rico en grasas con ayuno intermitente y un entrenamiento muscular estratégico puede conseguir una enorme y rápida pérdida de peso.

---

menos, moverse más», pero acabaron por recuperar el peso que habían perdido) con pacientes que se habían sometido a cirugía bariátrica y obtenido una pérdida de peso similar halló que mientras los concursantes habían experimentado una ralentización de su metabolismo, el grupo de la cirugía bariátrica, no.

La cirugía bariátrica tiene, por tanto, un éxito espectacular a la hora de revertir la diabetes tipo 2. En un estudio, un asombroso 95 por ciento de pacientes adolescentes con diabetes tipo 2 que se sometieron a cirugía bariátrica vieron revertida su enfermedad. En el mismo estudio, después de tres años, el 74 por ciento vio como desaparecía su problema de presión arterial y el 66 por ciento vieron resuelto su problema de lípidos.

¿Por qué funciona tan bien la cirugía bariátrica cuando otras dietas fracasan? Ha habido muchas teorías al respecto. La primera hipótesis sostenía que la extracción de la mayor parte del estómago sano producía estos beneficios. El estómago segrega una gran cantidad de hormonas, así que, en teoría, eliminar parte del estómago debe reducir la cantidad de alguna hormona misteriosa, lo cual conduce a obtener esos beneficios.

Esto es bastante inverosímil. Las cirugías más recientes para perder peso, como la banda gástrica, implican poner una banda alrededor del estómago en lugar de retirar parte del estómago. Este tipo de cirugía es igual de eficaz a la hora de revertir la diabetes tipo 2 y reducir la resistencia a la insulina. Así que el beneficio no puede deberse a la reducción de la cantidad de algún tipo misterioso de hormona segregada por el estómago.

Otra idea era que la pérdida de células grasas explicara los beneficios. Las células grasas (adiposas) segregan una gran cantidad de distintos tipos de hormonas, como la leptina, que regula el peso corporal. Si las células grasas juegan un papel a la hora de mantener la obesidad, entonces, retirar las células grasas sería beneficioso. Sin embargo, la liposucción, la retirada mecánica de la grasa subcutánea, no produce beneficios metabólicos. En un estudio, la retirada de 10 kilos de grasa subcutánea no produjo una mejoría significativa del azúcar en sangre. No hubo mejoría metabólica, solo cosmética.

QUÉ SUCEDE CUANDO QUEMAMOS GRASA: CETONAS Y CETOACIDOSIS

Puede que hayas oído hablar de las dietas cetogénicas (también llamadas dietas keto). A lo largo de los últimos años se están volviendo cada vez más populares y se sabe que pueden ayudar en una amplia gama de problemas de salud, entre ellos la obesidad. Sin ir más lejos, las dietas cetogénicas y el ayuno tienen muchas cosas en común.

Las dietas cetogénicas toman su nombre de los cuerpos cetónicos. Se trata de unas sustancias que el organismo produce cuando quema grasa; son lo que alimenta al cerebro cuando escasea la glucosa. Una dieta cetogénica ayuda a que el cuerpo pase de quemar glucosa a quemar grasa, lo que resulta en la creación de cetonas. Naturalmente, el ayuno también provoca que el cuerpo queme grasa, y eso significa que también hace que se creen cetonas.

La grasa corporal está compuesta en su mayor parte de triglicéridos, que son moléculas formadas por un núcleo de glicerol al que hay unidos tres ácidos grasos de distinta longitud.

Cuando se quema grasa la molécula de grasa se descompone en el núcleo de glicerol y los tres ácidos grasos. Los ácidos grasos son empleados directamente por la mayoría de los órganos del cuerpo, entre ellos el hígado, los riñones, el corazón y los músculos. No obstante, determinadas células no son capaces de quemar grasa, como, por ejemplo, la parte interior del riñón (médula renal), así como los

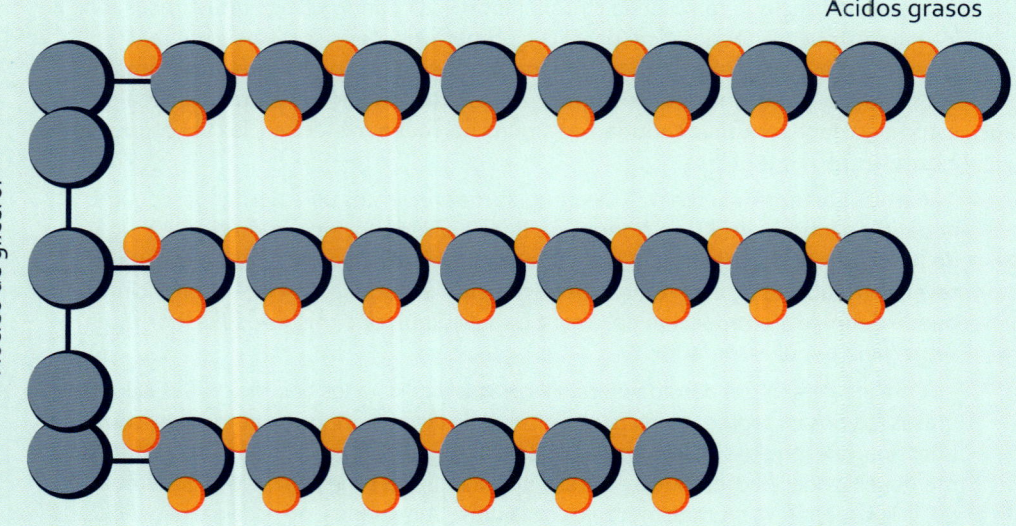

Molécula de triglicérido

glóbulos rojos. Para suplir la glucosa que estas células necesitan, el hígado usa el núcleo de glicerina para fabricar nuevas moléculas de glucosa. No obstante, lo más importante aquí es que las células cerebrales tampoco pueden utilizar los ácidos grasos. Los cuerpos cetónicos que se producen cuando se quema grasa suplen esta carencia y el cerebro obtiene su energía, principalmente, de las cetonas, que le proporcionan hasta el 75 por ciento de la energía que necesita. Esto reduce muchísimo la necesidad de glucosa del cerebro, lo que permite una producción suficiente de glucosa a partir de glicerol. De esta forma, los triglicéridos proporcionan energía en forma de ácidos grasos, cetonas y glucosa (suficiente para todo el cuerpo). De modo que sí, el cerebro sigue necesitando glucosa para funcionar con normalidad durante el ayuno, pero no hace falta que comamos glucosa. Podemos producir suficiente glucosa para dar energía a todo el cuerpo a partir de la grasa corporal. Se trata de un proceso normal. Es la manera en la que nuestro organismo está diseñado para funcionar.

Si padeces diabetes tipo 1 puede que te hayan advertido de los riesgos de la cetoacidosis diabética. No es lo mismo que la cetosis, la cual es simplemente el estado en el que se producen cuerpos cetónicos. En la cetoacidosis diabética el cuerpo produce cetonas, aun cuando los niveles de azúcar en sangre son muy elevados.

En esta situación, los niveles de insulina deberían ser elevados para controlar el azúcar en sangre, pero con las células beta encargadas de producir insulina destruidas el cuerpo no produce suficiente insulina (por este motivo los enfermos de diabetes tipo 1 necesitan tomar insulina; su cuerpo no fabrica la suficiente). Debido a la falta de insulina el cuerpo produce muchas cetonas, pero dado que ya hay mucha glucosa en el torrente sanguíneo y que el cerebro prefiere utilizar glucosa, las cetonas no se queman para obtener energía. En lugar de esto, se acumulan en el exterior de las células como una pila de leña. Esto crea una situación peligrosa que puede llegar a tener fatales consecuencias.

En una situación normal en la que no haya diabetes, las cetonas son elevadas, pero se queman constantemente para que el cerebro obtenga energía. Si no tienes diabetes tipo 1 no tienes por qué preocuparse; no vas a desarrollar cetoacidosis diabética.

en lo opuesto a todos los consejos sobre salud que nos han dado siempre (tome vitaminas, toma medicamentos, opérate). Ese es, probablemente, el motivo por el que el ayuno tiene tanto éxito. Parafraseando a *Seinfeld*: «Todo el mundo quiere una demostración de *algo*. Esto en una demostración de nada».

Es cierto que la cirugía bariátrica ha demostrado tener muchos beneficios a corto plazo; sin embargo, sus beneficios a largo plazo son más cuestionables. *Y no es necesaria*. Imagínate la cirugía bariátrica sin las complicaciones postoperatorias. Sin el coste. Sin la necesidad de hospitales o equipamiento médico caro. Sin la necesidad de expertos cirujanos. Todo esto es posible con lo que podríamos llamar «medicina bariátrica», es decir, el ayuno.

Qué esperar cuando se ayuna para perder peso

La cantidad de peso que se pierde durante un régimen de ayuno varía enormemente de una persona a otra. Cuanto más tiempo hayas luchado contra la

AYUNO Y CORTISOL

El cortisol es una hormona que se libera en momentos de estrés, ya sea físico o fisiológico. Esto activa la respuesta «lucha o huye»; es una forma de adaptarse para sobrevivir.

Sin embargo, el cortisol también es uno de los principales factores de la obesidad. De hecho, el cortisol sintético, un medicamento llamado prednisona, provoca un aumento constante de peso, sobre todo en el abdomen. Y dado que el ayuno puede considerarse un factor de estrés potencial, a algunas personas les preocupa que pueda aumentar los niveles de cortisol.

No obstante, los estudios sobre el ayuno intermitente demuestran que los niveles de cortisol, generalmente, no se ven afectados.

Dos semanas de ayuno intermitente no causaron ningún aumento en los niveles de cortisol; ni siquiera un ayuno de setenta y dos horas consiguió aumentan apenas los niveles de cortisol. Aunque el nivel de cortisol puede variar dependiendo de cada persona, en general, durante el ayuno el hecho de que suba el nivel de cortisol no supone una preocupación importante. Según mi experiencia, la inmensa mayoría de las personas que ayunan no tienen ningún problema con los niveles de cortisol. No obstante, esto no significa que alguien no pueda encontrarse con este problema. En ocasiones, he tratado a pacientes a quienes el ayuno había afectado negativamente sobre sus niveles de cortisol. En estos casos, fue necesario cambiar su estrategia dietética.

obesidad, más te costará perder peso. Determinados medicamentos, como la insulina, pueden hacer que sea complicado perder peso. Tan solo debes persistir y tener paciencia.

Probablemente, durante el ayuno, termines por experimentar un estancamiento en tu peso conforme la pérdida de peso se vaya acercando a la cantidad de peso que se recuperó al comer (la única forma de que el peso no se estanque es ayunar continuamente durante semanas o meses de golpe; si no es inevitable alcanzar un equilibrio). Cambiar tu régimen de ayuno, o tu dieta, o ambos puede ayudar. Algunos pacientes aumentan sus periodos de ayuno de veinticuatro horas a treinta y seis. Otros prueban a ayunar de forma continuada durante un semana entera. Cualquiera de estas cosas puede resultar eficaz; la clave es simplemente cambiar el protocolo de ayuno.

También se ha visto que el ayuno desencadena un periodo inicial de rápida pérdida de peso, a menudo con una media de entre 500 y 1.000 gramos al día durante los primeros días. Desgraciadamente, esto no se corresponde con pérdida de grasa corporal. La pérdida de grasa durante el ayuno se sitúa en una media de 250 gramos al día. Si estás perdiendo 500 gramos o más al día, el exceso por encima de 250 gramos es agua que rápidamente se recupera en cuanto se vuelve a comer. Esto no es algo raro o infrecuente. No te decepciones cuando recuperes el peso en agua ni pienses por eso que el ayuno no funciona.

Bibliografía

Albert Stunkard y Mavis McLaren-Hume, «The Results of Treatment for Obesity: A Review of the Literature and Report of a Series», *AMA Archive of Internal Medicine* 103, n. 1 (1959): 79–85.

Alison Fildes, Judith Charlton, Caroline Rudisill, Peter Littlejohns, A. Toby Prevost, y Martin C. Gulliford, «Probability of an Obese Person Attaining Normal Body Weight: Cohort Study Using Electronic Health Records», *American Journal of Public Health* 105, n. 9 (2015): e54–9. doi:10.2105/AJPH.2015.302773

Barbara V. Howard, JoAnn E. Manson, Marcia L. Stefanick, Shirley A. Beresford, Gail Frank, Bobette Jones, Rebecca J. Rodabough, et al., «Low-Fat Dietary Pattern and Weight Change over 7 Years: The Women's Health Initiative Dietary Modification Trial», *JAMA* 295, n. 1 (2006): 39–49.

«Best Weight-Loss Diets», *US News & World Report*, n.d., http://health.usnews.com/best-diet/ biggest-loser-diet

Centers for Disease Control, Obesity Prevalence Maps, 11 septiembre, 2015, http://www.cdc.gov/ obesity/data/prevalence-maps.html.

Christian Zauner, Bruno Schneeweiss, Alexander Kranz, Christian Madl, Klaus Ratheiser, Ludwig Kramer, Erich Roth, Barbara Schneider y Kurt Lenz, «Resting Energy Expenditure in Short-Term Starvation Is Increased as a Result of an Increase in Serum Norepinephrine», *American Journal of Clinical Nutrition* 71, n. 6 (2000): 1511–5.

Darcy L. Johannsen, Nicolas D. Knuth, Robert Huizenga, Jennifer C. Rood, Eric Ravussin y Kevin D. Hall, «Metabolic Slowing with Massive Weight Loss Despite Preservation of Fat-Free Mass», *Journal of Clinical Endocrinology and Metabolism* 97, n. 7 (20120): 2489–96.

Diabetes Prevention Program Research Group, «Reduction in the Incidence of Type 2 Diabetes with Lifestyle Intervention or Metformin», *New England Journal of Medicine* 346 (2002): 393–403.

Erin Fothergill, Juen Guo, Lilian Howard, Jennifer C. Kerns, Nicolas D. Knuth, Robert Brychta, Kong Y. Chen, et al., «Persistent Metabolic Adaptation 6 Years After 'The Biggest Loser' Competition», *Obesity* (2016), online 2 mayo, doi: 10.1002/ oby.21538. Erin Fothergill, Juen Guo, Lilian Howard, Jennifer C. Kerns, Nicolas D. Knuth, Robert Brychta, Kong Y. Chen, et al., «Persistent Metabolic Adaptation 6 Years After "The Biggest Loser" Competition», *Obesity* (2016), online 2 mayo, doi: 10.1002/ oby.21538.

Frank Q. Nuttall, Rami A. Almokayyad y Mary C. Gannon, «Comparison of a Carbohydrate-Free Diet Vs. Fasting on Plasma Glucose, Insulin and Glucagon in Type 2 Diabetes», *Metabolism: Clinical and Experimental* 64, vol. 2 (2015): 253–62.

Gina Kolata, «After "The Biggest Loser", Their Bodies Fought to Regain Weight», *New York Times*, 2 mayo, 2016, http://www.nytimes.com/2016/05/02/ health/biggest-loser-weight-loss.html.

Hodan Farah Wells y Jean C. Buzby, *Dietary Assessment of Major Trends in U.S. Food Consumption, 1970–2005*, Departamento de Agricultura de los EEUU: Servicio de Investigación Económica, Información Económica, Boletín, Nº 33, marzo 2008. http://www.ers.usda.gov/ media/210681/eib33_1_.pdf.

Ildiko Lingvay, Eve Guth, Arsalla Islam y Edward Livingstone, «Rapid Improvement in Diabetes After Gastric Bypass Surgery: Is It the Diet or Surgery?», *Diabetes Care* 36, n. 9 (2013): 2741–7.

J. Gjedsted, L. Gormsen, M. Buhl, H. Nørrelund H, O. Schmitz, S. Keiding, E. Tønnesen, et al., «Forearm and Leg Amino Acids Metabolism in the Basal State and During Combined Insulin and Amino Acid Stimulation After a 3-Day Fast» *Acta Physiologica* 197, n. 3 (2009): 197–205.

John B. Dixon, Paul E. O'Brien, Julie Playfair, Leon Chapman, Linda M. Schachter, Stewart Skinner, Joseph Proietto, et al., «Adjustable Gastric Banding and Conventional Therapy for Type 2 Diabetes», *JAMA* 299, n. 3 (2008): 316–23.

Maarten R. Soeters, Nicolette M. Lammers, Peter F. Dubbelhuis, Mariëtte Ackermans, Cora F. Jonkers-Schuitema, Eric Fliers, Hans P. Sauerwein, et al., «Intermittent Fasting Does Not Affect Whole-Body Glucose, Lipid, or Protein Metabolism», *American Journal of Clinical Nutrition* 90, n. 5 (2009): 1244–51.

Maureen Callahan, «"We're All Fat Again": More "Biggest Loser" Contestants Reveal Secrets», *New York Post*, 25 enero, 2015, http://nypost.com/2015/01/25/were-all-fat-again-more-biggest-loser-contestants-reveal-secrets/.

M. N. Harvie, M. Pegington, M. P. Mattson, J. Frystyk, B. Dillon, G. Evans, J. Cuzick, et al., «The Effects of Intermittent or Continuous Energy Restriction on Weight Loss and Metabolic Disease Risk Markers: A Randomized Trial in Young Overweight Women», *International Journal of Obesity* 35, n. 5 (2011): 714–22.

Nicolas D. Knuth, Darcy L. Johannsen, Robyn A. Tamboli, Pamela A. Marks-Shulman, Robert Huizenga, Kong Y. Chen, Naji N. Abumrad, et al., «Metabolic Adaptation Following Massive Weight Loss Is Related to the Degree of Energy Imbalance and Changes in Circulating Leptin», *Obesity* 22, n. 12 (2014): 2563–9.

Roberto A. Ferdman, «One of America's Healthiest Trends Has Had a Pretty Unexpected Side Effect», *Washington Post*, 24 mayo, 2016, https://www.washingtonpost.com/news/wonk/wp/2016/05/24/one-of-americas-healthiest-trends-has-had-a-pretty-unexpected-side-effect/.

Sai Krupa Das, Susan B. Roberts, Megan A. McCrory, L. K. George Hsu, Scott A. Shikora, Joseph J. Kehayias, Gerard E. Dallal, et al., «Long-Term Changes in Energy Expenditure and Body Composition After Massive Weight Loss Induced by Gastric Bypass Surgery», *American Journal of Clinical Nutrition* 78, n. 1 (2003): 22–30.

Samuel Klein, Luigi Fontana, V. Leroy Young, Andrew R. Coggan, Charles Kilo, Bruce W. Patterson, et al., «Absence of an Effect of Liposuction on Insulin Action and Risk Factors for Coronary Heart Disease» *New England Journal of Medicine* 350, n. 25 (2004): 2549–57. doi: 10.1056/NEJMoa033179

Thomas E. Inge, Anita P. Courcoulas, Todd M. Jenkins, Marc P. Michalsky, Michael A. Helmrath, Mary L. Brandt, Carroll M. Harmon, et al., «Weight Loss and Health Status 3 Years After Bariatric Surgery in Adolescents», *New England Journal of Medicine* 374, n. 2 (2016): 113–23. doi: 10.1056/NEJMoa1506699

W. J. Pories, K. G. MacDonald Jr., E. J. Morgan, M. K. Sinha, G. L. Dohm, M. S. Swanson, H. A. Barakat, et al., «Surgical Treatment of Obesity and Its Effect on Diabetes: 10-Y Follow-Up», *American Journal of Clinical Nutrition* 55, n. 2 (1992): 582S–585S.

Capítulo 6
AYUNAR PARA LA DIABETES TIPO 2

La Organización Mundial de la Salud (OMS) publicó su primer informe global sobre la diabetes en 2016. El informe deja claro que la diabetes es un desastre implacable. Desde 1980 el número de personas afectadas de diabetes se ha cuadruplicado. ¿Cómo ha podido esta enfermedad de la antigüedad convertirse en una plaga en el siglo XXI?

Hace miles de años que conocemos la Diabetes mellitus. El antiguo texto médico egipcio *Ebers Papyrus*, escrito alrededor del año 1550 a.C. fue el primero en describir este estado de «orinar demasiado». Alrededor de la misma época, antiguos escritos hindúes hablan de la enfermedad de *madhumeha*, libremente traducida como «orina de miel». Los pacientes se iban consumiendo misteriosamente y ningún intento de alimentarles tenía éxito. Curiosamente, las hormigas se sentían atraídas por su orina, la cual era inexplicablemente dulce. Para el año 250 a.C. el médico griego Apolonio de Menfis había calificado a este estado como *Diabetes*, que en sí mismo connota un exceso de orina. ¿Cómo es posible que esta enfermedad de la antigüedad pueda dominar nuestro sistema de salud actual, a pesar de todos los avances en medicina, tecnología y nutrición que se han producido a lo largo de los últimos miles de años?

Existen dos tipos principales de diabetes, la tipo 1 y la tipo 2. En muchos sentidos, estas son opuestas la una a la otra. La diabetes tipo 1 es una enfermedad autoinmune. Por motivos que se desconocen, el propio sistema inmunológico del organismo ataca y destruye las células del páncreas encargadas de producir insulina, provocando así una grave deficiencia de insulina.

La diabetes tipo 2, por el contrario, es una enfermedad derivada de nuestro estilo de vida y nuestra alimentación. En respuesta a los frecuentes niveles elevados de azúcar en sangre el cuerpo produce excesiva insulina, lo que provoca una resistencia a la insulina (al igual que dejamos de percibir un determinado olor en una habitación pasado un rato, el cuerpo deja de responder a las señales de la insulina después de una exposición prolongada al exceso de insulina). Existe una clara correlación entre la diabetes tipo 2 y la obesidad y, a menudo, la pérdida de peso revierte este tipo de diabetes.

Debido a la falta de insulina de los diabéticos del tipo 1, para ellos, las inyecciones de insulina suponen el único tratamiento para salvar su vida. Sin embargo, en el caso de los diabéticos del tipo 2 darles insulina no resulta especialmente beneficioso, al fin y al cabo su cuerpo ya está produciendo una gran cantidad de insulina (demasiada, de hecho). Para ellos la mayor promesa de éxito se encuentra en las terapias nutricionales. La historia de las terapias nutricionales para la diabetes tipo 2 se remonta varios siglos, pero, desgraciadamente, hace mucho que las lecciones del pasado quedaron olvidadas.

Primeros tratamientos para la diabetes

Hasta mediados del siglo XIX no había tratamientos específicos disponibles para ninguno de los tipos de diabetes. La diabetes tipo 1 fue invariablemente mortal hasta el descubrimiento de la insulina en 1921. La diabetes tipo 2 era bastante poco frecuente hasta mediados del siglo XX por dos motivos: en primer lugar, se suele diagnosticar después de los cincuenta (de hecho, se le suele llamar diabetes del adulto) y la esperanza de vida hasta entonces era menor que la actual. En segundo, no había ni de lejos tanta comida ni tan accesible. La combinación de la relativa escasez de comida y la menor esperanza de vida hacían de la diabetes tipo 2 una enfermedad poco común a la que se dedicaban pocos esfuerzos por hallar un tratamiento eficaz. En general, se aceptaba que la diabetes era una enfermedad mortal para la que no había ningún tratamiento específico o eficaz.

Esto cambió cuando Apollinaire Bouchardat (1806-1886), a veces llamado el fundador de la diabetología moderna, estableció una dieta terapéutica para la diabetes basada en sus observaciones durante la guerra franco-prusiana. Bouchardat se dio cuenta de que la inanición periódica provocaba que se perdiera menos glucosa a través de la orina. En su libro *Glycosuria o diabetes mellitus* expone toda su estrategia dietética, la cual prohíbe alimentos como los dulces y el almidón. Esta es curiosamente similar a las dietas bajas en carbohidratos, las cuales, una vez más, han resultado ser eficaces en el tratamiento de la diabetes tipo 2.

A comienzos del siglo XX los destacados médicos estadounidenses Frederick Madison Allen (1879-1964) y Elliott Joslin (1869-1962) se convirtieron en los principales impulsores de una terapia nutricional intensiva para el tratamiento de la diabetes. Allen veía la diabetes como una enfermedad donde un páncreas «sobrecargado» no podía seguir soportando las exigencias de una dieta abusiva. Esta idea no se aleja demasiado de nuestra idea actual del páncreas «saturado» en la diabetes tipo 2. La hipótesis de Allen era la de que una dieta significativamente reducida rebajaría la carga de trabajo del páncreas disfuncional lo suficiente como para que este pudiera ir tirando. De este modo los pacientes podrían sobrevivir hasta que el páncreas fallase por completo.

La dieta baja en carbohidratos y rica en grasa hizo la mitad; el ayuno el resto. He solucionado la resistencia a la insulina que tenía desde hacía 20 años, y he perdido 13 kilos y medio. Tengo una talla 34 con 40 años. ¡Increíble!

—Claire,
Adelaida, Australia

El «tratamiento de inanición» de Allen fue considerado la mejor terapia (nutricional o de otro tipo) hasta el descubrimiento de la insulina en 1921. Esta dieta era muy baja en calorías (800 al día) y muy restrictiva en cuanto a carbohidratos (menos de 10 gramos al día). Los pacientes eran ingresados en el hospital y tratados con whisky y café solo cada dos horas, de 7 de la mañana a 7 de la tarde; no podían tomar ningún otro alimento. (No está claro por qué el Doctor Allen pensaba que el whisky era necesario). Esto continuaba hasta que el azúcar desaparecía de la orina. Tras esta fase de inducción se iban reintroduciendo gradualmente en la dieta alimentos bajos en carbohidratos junto con proteínas hasta que la glucosa en la orina se mantenía baja. Esta restricción draconiana de alimentos provocó que muchos adultos se quedaran tan solo en 30 kilos de peso. No obstante, la respuesta de algunos diabéticos era asombrosa, como nunca antes se había visto. Los síntomas del exceso de micción y la sed, provocada por la glucosa en la orina, a menudo, mejoraban significativamente.

Allen publicó su primera serie de casos de cuarenta y dos pacientes en 1915 en el *American Journal of the Medical Sciences.* Entre 1914 y 1917 trató a noventa y seis pacientes más con una media de ingreso de 69 días, siendo el más prolongado de 304 días. No faltaban médicos dispuestos a derivar a sus pacientes «desahuciados» a Allen. No obstante, no está claro si los pacientes continuaban con un régimen tan espartano una vez eran dados de alta en el hospital. Allen publicó los resultados clínicos detallados de setenta y seis pacientes en 1919 en su libro *Total Dietary Regulation in the Treatment of Diabetes* (regulación completa de la dieta en el tratamiento de la diabetes).

Es muy probable que los pacientes que respondieron tan bien al tratamiento de Allen sufrieran, de hecho, diabetes tipo 2 o diabetes tipo 1 incompleta. No obstante, la utilidad del tratamiento de Allen se vio gravemente obstaculizada por la falta de comprensión de las diferencias entre la diabetes tipo 1 y la tipo 2. Los pacientes de diabetes tipo 1 solían ser niños con un peso muy bajo mientras que los pacientes de diabetes tipo 2 eran en su mayoría adultos con sobrepeso, y la dieta ultrabaja en carbohidratos podía resultar mortal para los malnutridos diabéticos del tipo 1. De hecho, muchos niños murieron de hambre con esta dieta, a lo que Joslin y Allen denominaron eufemísticamente *inanición*, un término que técnicamente hace referencia a la extenuación por hambre. Fue un resultado trágico, pero ten en cuenta que, dado que la diabetes era casi siempre mortal, Allen y Joslin estaban probando una última estrategia desesperada para salvar sus vidas. Todo el mundo comprendía, incluso Allen, que este tratamiento era tan solo un trueque entre la muerte por diabetes y la muerte por inanición o desnutrición. No obstante, representaba el primer tratamiento viable para la diabetes, y eso suponía un considerable avance. La dieta Allen se convirtió en el tratamiento habitual en muchos centros médicos, y a ella se debe que cientos o miles de pacientes salvaran su vida permitiéndoles vivir lo suficiente para presenciar el desarrollo de las inyecciones de insulina.

Joslin, el primer médico estadounidense en especializarse en la diabetes y, probablemente, el diabetólogo más famoso de la historia, fundó el mundialmente famoso *Joslin Diabetes Center* en Boston y escribió el autorizado libro *Diabetes mellitus*, que se sigue publicando en la actualidad. Joslin descubrió que los tratamientos de Allen lograban importantes mejoras casi milagrosas en algunos de los pacientes, y en 1916 escribió: «Probablemente, después de estos dos años de experimentación con el ayuno todo el mundo reconocerá que esos periodos temporales de desnutrición ayudan en el tratamiento de la diabetes».

En 1921 Frederick Banting y John Macleod descubrieron la insulina en la Universidad de Toronto. Se desencadenó una euforia generalizada al pensar que la diabetes por fin tenía cura, y todo el interés en los tratamientos dietéticos se dio por finalizado. Desgraciadamente, la historia de la diabetes no termina aquí. Tan solo fue una falsa conclusión.

A pesar de que la insulina rescató a los diabéticos del tipo 1 del borde de la muerte, hizo muy poco por la situación general de los diabéticos del tipo 2. Afortunadamente, a principios del siglo XX la diabetes tipo 2 era todavía una enfermedad poco frecuente, como la obesidad. Sin embargo, a finales de la década de 1970 la tasa de obesidad ya había comenzado su implacable ascenso. Diez años después, la diabetes tipo 2 comenzó su propio e inexorable aumento.

A lo largo de los últimos treinta años la tasa de diabetes tipo 2 se ha incrementado significativamente en ambos sexos, en todos los grupos de edad, en cada uno de los grupos étnicos y de raza y en todos los niveles educativos. Cada vez afecta a pacientes más jóvenes; las clínicas pediátricas para la diabetes, en un tiempo dominadas por la diabetes tipo 1, están ahora desbordadas de una diabetes tipo 2 epidémica que, con frecuencia, se da en adolescentes obesos.

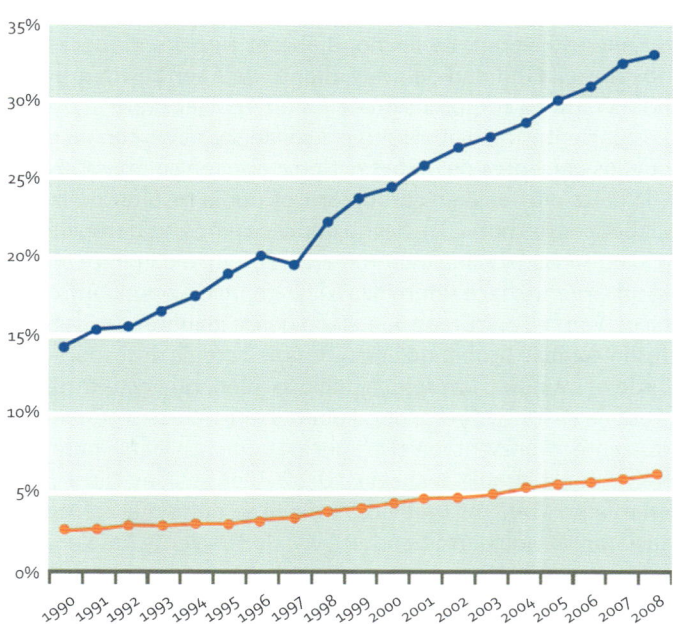

Figura 6.1. Conforme el número de personas con obesidad (con una TMB por encima de 30) ha aumentado desde 1990, también lo ha hecho el número de personas con diabetes.

Fuente: «Diabetes and Obesity Growth Trend in the U.S.», Diabetic Cares, blog, http://blog.diabeticcare.com/diabetes-obesity-growth-trend-u-s/. Datos de cdc.gov.

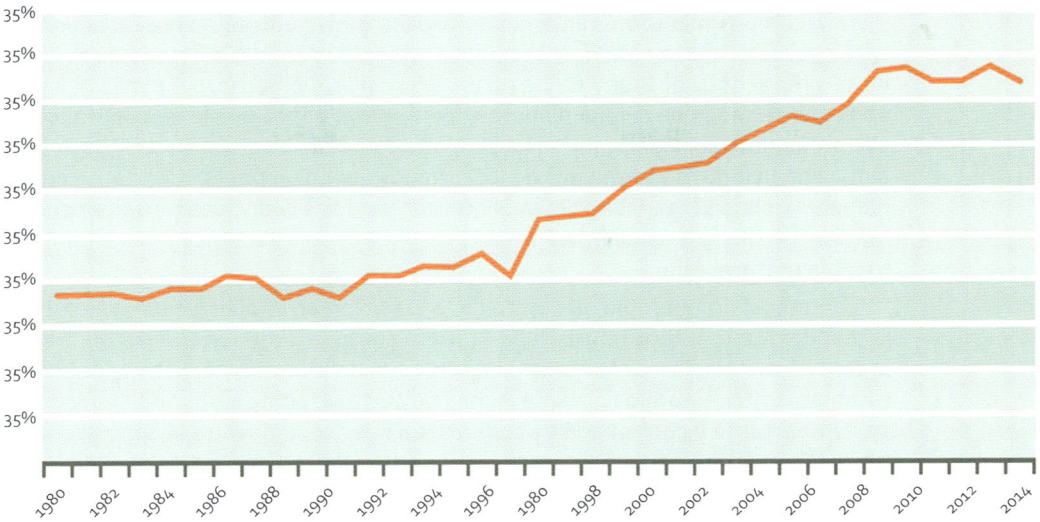

Fuente: Datos de cdc.gov.

Figura 6.2. El porcentaje de estadounidenses con diabetes ha crecido de manera ininterrumpida desde 1980, y la tasa se disparó a finales de la década de 1990.

A pesar de la explosión de avances médicos y descubrimientos desde 1800, irónicamente, en la actualidad la diabetes se ha convertido en un problema mayor de lo que era entonces. En el siglo XIX y antes, la diabetes era una enfermedad rara, aunque mortal. En 2016 hay más estadounidenses con prediabetes y diabetes que sin ella. En 2012 el 14,3 por ciento de los adultos estadounidenses tenían diabetes y el 38 por ciento prediabetes, sumando en total el 52,3 por ciento de la población. La diabetes está aumentando en todos los rincones del mundo. Casi todos estos pacientes tienen sobrepeso y sufrirán complicaciones relacionadas con la diabetes. Es una de las enfermedades más antiguas, pero, mientras la incidencia de la mayoría de las enfermedades se ha reducido con el tiempo gracias a los avances en medicina, la diabetes está empeorando hasta el punto de que ya supone una epidemia mundial.

¿Por qué? ¿Por qué no conseguimos detener la propagación de la diabetes tipo 2?

Sabiduría olvidada: la relación entre la diabetes tipo 2 y la dieta

Hoy en día los especialistas en diabetes consideran la diabetes tipo 2 como una enfermedad crónica y progresiva. No obstante, la cirugía bariátrica, que reduce el tamaño del estómago para reducir drásticamente la ingesta de comida, demuestra que esto no es cierto. Con esta cirugía la diabetes tipo 2 suele mejorar en pocas semanas, incluso antes de perder gran cantidad de peso.

Tal y como comentamos en el capítulo 5, tanto el ayuno como la cirugía bariátrica provocan una repentina y severa reducción de comida, de modo que no es de sorprender que el ayuno tenga un efecto similar. De hecho, hace más de cien años que se sabe que cura la diabetes tipo 2. Joslin pensó que la verdad de todo ello era tan obvia que ni siquiera hacían falta estudios. La grasa visceral, la grasa almacenada dentro y alrededor de los órganos, juega un papel importante en la diabetes tipo 2. Esta grasa es más perjudicial para la salud y, desgraciadamente, más común que la grasa subcutánea. El ayuno y la cirugía bariátrica reducen, sobre todo, la grasa visceral.

Tomemos, por ejemplo, el efecto de la inanición en épocas de guerras sobre la diabetes tipo 2. Tanto durante la Primera como la Segunda Guerra Mundial, la tasa de mortalidad de la diabetes tipo 2 cayó drásticamente. Esto se debió al racionamiento de comida durante la guerra, que tuvo como resultado una reducción importante y continuada de calorías. La figura 6.3 muestra la concurrencia del racionamiento del azúcar durante la guerra y el descenso de las muertes por diabetes, pero ten en cuenta que no solo el azúcar estaba racionado, casi todos los alimentos estaban restringidos, lo que provocó una prolongada reducción significativa de calorías similar en magnitud a la de la infame dieta de inanición de Allen.

Tomemos estas raciones semanales para un adulto en el Reino Unido durante la Segunda Guerra Mundial:

Beicon	110 g
Azúcar	220 g
Té	55 g
Queso	55 g
Mantequilla	55 g

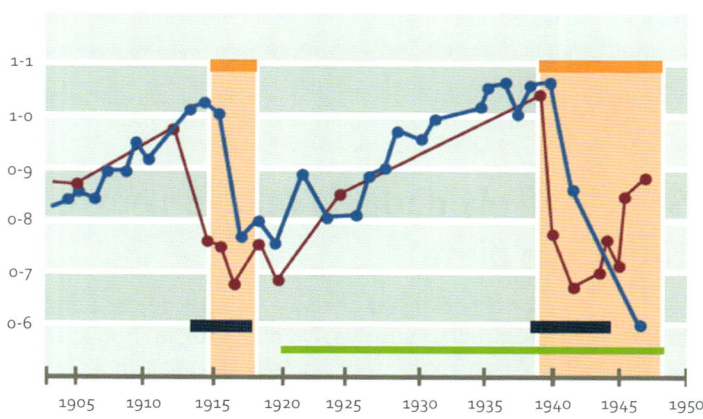

Figura 6.3. La mortalidad de la diabetes se redujo durante el racionamiento del periodo de guerras.

Fuente: Cleave, The Saccharine Disease.

¡Creo que mi hijo de trece años se comería todas estas raciones para una semana en una sola comida y todavía pediría postre!

Resulta interesante que los diabéticos se vieran obligados a renunciar por completo a sus raciones de azúcar y les dieran mantequilla en su lugar. En el periodo de entreguerras, conforme la gente fue retomando sus antiguos hábitos alimenticios, la tasa de mortalidad volvió a subir, a pesar de que las inyecciones de insulina fueron introducidas como tratamiento para la diabetes a principios de los años 20.

Cupones de racionamiento estadounidenses de la Segunda Guerra Mundial.

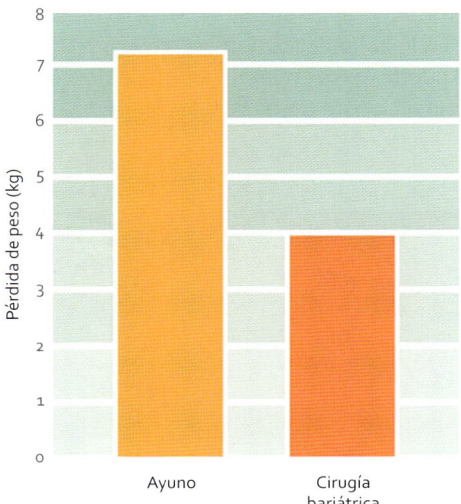

Fuente: Lingvay, «Rapid Improvement in Diabetes After Gastric Bypass Surgery: Is It the Diet or the Surgery?».

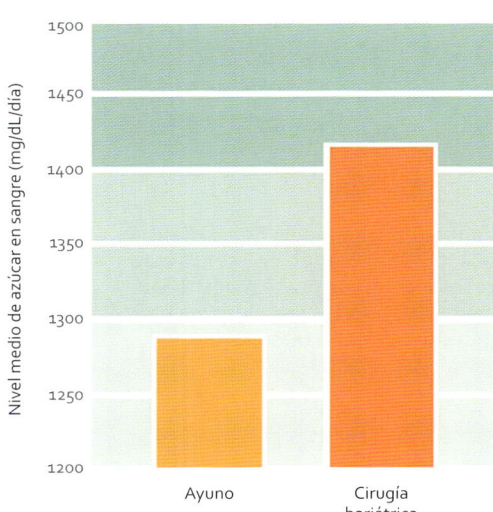

Figura 6.4. El ayuno es más eficaz para perder peso y bajar los niveles de azúcar en sangre que la cirugía bariátrica.

Un estudio comparativo del ayuno y la cirugía bariátrica reveló que el ayuno es, tal vez, incluso más beneficioso para el tratamiento de la diabetes tipo 2. En una comparación directa el ayuno resultaba mejor para bajar tanto el peso como el azúcar en sangre que la cirugía bariátrica.

Estos resultados demuestran que la diabetes tipo 2 es una afección tratable y reversible, y no la enfermedad crónica y progresiva que, a menudo, se piensa. Esto lo cambia todo.

Por qué el ayuno funciona para la diabetes tipo 2

Es de sobra sabido y aceptado que la diabetes tipo 2 es una enfermedad de resistencia a la insulina. Una de las tareas principales de la insulina es llevar la glucosa desde la sangre a los tejidos, que la utilizan para obtener energía. Cuando se desarrolla resistencia a la insulina, el nivel normal de insulina no es capaz de llevar la glucosa hasta las células del tejido. ¿Por qué?

Tomemos una analogía. Imagínate a las células como un tren del metro. Las moléculas de glucosa son como los pasajeros que esperan para poder subirse al tren. La insulina da la señal para que se abran las puertas del tren, y los pasajeros (las moléculas de glucosa) se dirigen de forma ordenada hasta los vagones vacíos. Normalmente, no hace falta mucho esfuerzo para que la glucosa llegue a las células.

Pero, ¿qué sucede si el tren no viene vacío? ¿Qué pasa si ya viene hasta arriba de pasajeros? La insulina da la señal de que se abran las puertas, pero los pasajeros que hay esperando en el andén no pueden subir. Desde el exterior parece que este tren (célula), ahora, es resistente a las señales de la insulina.

¿Qué puedes hacer para meter más personas dentro del tren? Una solución es contratar a gente que se encargue de empujar a los pasajeros dentro de los vagones. Esto se introdujo en Nueva York en los años 20 y, aunque esta práctica ya no existe en los Estados Unidos, todavía puede verse en Japón, donde eufemísticamente se les llama «personal para la colocación de pasajeros».

Figura 6.5. Un modelo de resistencia a la insulina: cuando una célula está rebosante de glucosa se muestra reticente a las señales de la insulina para permitir que entre más glucosa.

La insulina es como este personal en nuestro cuerpo y se encarga de introducir la glucosa dentro de las células sin importar las consecuencias. Si la cantidad normal de insulina no es capaz de hacerlo, entonces el cuerpo pide refuerzos: más insulina. Pero la causa principal de la resistencia a la insulina es que las células ya estaban a rebosar de glucosa.

Dado que las células están hasta arriba de glucosa, esta se derrama fuera de la célula provocando que el nivel de glucosa en sangre aumente. Esto conduce al diagnóstico de diabetes tipo 2. Si a ti, ahora, te dan más insulina o medicamentos que estimulan la producción de insulina, entonces sí, temporalmente es posible meter más glucosa dentro de las células. Sin embargo, existe un límite natural. Llegado ese punto, ni siquiera la insulina extra es capaz de meter más glucosa en las células.

Al seguir el consejo del Doctor Fung sobre el ayuno fui capaz de dejar la insulina y ahora solo tomo metformina. He visto que si ayuno entre 20 y 23 horas al día (básicamente, solo ceno) puedo pasar sin tomar la metformina. Me encuentro mejor cuando mantengo este programa de ayuno.

— Laura K.,
Nashville, Tennessee

Esto es, precisamente, lo que sucede en el transcurso habitual de la diabetes tipo 2. Al principio, la enfermedad puede tratarse con una pequeña dosis de un solo medicamento que estimule la producción de insulina. Al cabo de unos años esto ya no basta, de modo que se aumenta la dosis. Al cabo de unos años más se añade un segundo y, después, un tercer medicamento, todo ello con la finalidad de aumentar la producción de insulina. Finalmente, se acaba prescribiendo insulina en dosis cada vez mayores. Está claro que la progresión del tratamiento no está ayudando a solucionar el problema de fondo; la diabetes tipo 2 no deja de empeorar. Los medicamentos solo ayudan a controlar el nivel de azúcar en sangre, pero no van dirigidos a lo que está causando la diabetes tipo 2.

Si el fondo del problema reside en que las células están sobrecargadas de glucosa, entonces, la solución parece bastante obvia: ¡sacar toda esa glucosa de las células! Seguir empujando, como con los tratamientos con insulina, lo único que hace es empeorar las cosas. Así que ¿cómo deshacernos del exceso de glucosa que hay en el cuerpo? (Recuerda, el problema subyacente está en la glucosa de las células del tejido; sin ella, la glucosa en el torrente sanguíneo ya no es un problema).

Solo existen dos maneras para sacar el exceso de glucosa del cuerpo. Primero, hay que dejar de meter glucosa en el cuerpo. Esto se puede conseguir mediante una dieta muy baja en carbohidratos o una dieta cetogénica. De hecho, muchas personas han revertido su diabetes siguiendo estas dietas. El ayuno también elimina los carbohidratos, así como el resto de alimentos.

Segundo, el cuerpo necesita quemar el exceso de glucosa. El ayuno vuelve a ser una solución evidente. El cuerpo necesita energía para que los órganos vitales, como el corazón, el hígado, los riñones o los pulmones, sigan funcionando. El cerebro, en particular, necesita una cantidad considerable de energía para funcionar correctamente, incluso durante el sueño. Cuando ayunamos, ya no entra más glucosa, de modo que el cuerpo no tiene más elección que usar la glucosa almacenada.

En esencia, la diabetes tipo 2 es una enfermedad provocada por el exceso de glucosa no solo en nuestra sangre, sino también en nuestro cuerpo. Si no comes, tu nivel de azúcar bajará. Una vez el nivel de azúcar se mantenga de forma continuada en sus valores normales, ya no se te considerará diabético. ¡Conseguido! Diabetes revertida. Daño controlado.

El ayuno prolongado ha reducido mi nivel de azúcar por la mañana (al levantarme) a 4,7. Nunca en mis 15 años de diabético había conseguido una cifra así.

– Liliana D.,
Toronto, Ontario

Es esencial realizar un estrecho seguimiento

Si estás tomando medicamentos para la diabetes tipo 2 o cualquier otra afección, entonces, es imperativo que hables con tu médico antes de embarcarte en el viaje del ayuno. La mayoría de los medicamentos para la diabetes actúan para bajar el nivel de azúcar en función de tu dieta actual. Si cambias de dieta sin ajustar tu medicación existe un riesgo real de hipoglucemia, lo cual es extremadamente peligroso. Puede que te sientas débil, sudoroso o tengas náuseas. En casos más graves puede causar la pérdida de consciencia e, incluso, la muerte. Por eso es fundamental que comentes con tu médico cualquier cambio que tengas planeado hacer en tu dieta de manera que este pueda realizar un seguimiento y ajustar la medicación según convenga.

La mayoría de los medicamentos que no están relacionados con el azúcar en sangre puede seguir tomándose durante el ayuno, pero aun así deberías comentárselo primero a tu médico. Si no estás tomando ninguna medicación para el azúcar, entonces, no existe ningún motivo concreto para realizar un seguimiento de tu azúcar en sangre durante el ayuno: puede que el azúcar baje ligeramente, pero se mantendrá en niveles normales.

Sin embargo, si estás tomando medicamentos para la diabetes (repito: asegúrate de comentárselo a tu médico antes de empezar el ayuno) es fundamental que vayas controlando periódicamente tu nivel de azúcar en sangre. Deberías comprobarlo al menos dos veces al día e incluso hasta cuatro veces cada día, tanto los días de ayuno como el resto de días. Hay determinados medicamentos que son más propensos a causar hipoglucemia (azúcar en sangre muy bajo) que otros; tu médico podrá aconsejarte.

A menudo suelo recomendar a mis pacientes que reduzcan o eviten su medicación para el azúcar durante el ayuno y que solo la tomen cuando el nivel de azúcar suba. Si está un poco alto, no suele ser un problema, ya que no está comiendo y lo esperable es que baje un poco sin necesidad de intervenir. No obstante, si sube demasiado, tomar una dosis de la medicación hará que baje de nuevo. En mi opinión, el valor óptimo de azúcar en sangre durante el ayuno se sitúa entre 8,0 y 10,0 mmol/L, si se está tomando medicación. Este rango es mayor que el habitual cuando no se ayuna. Sin embargo, estos niveles ligeramente elevados no son perjudiciales cuando estamos tratando de que la diabetes mejore. El objetivo primordial a corto plazo cuando se está ayunando y al mismo tiempo se están tomando medicamentos para el azúcar en sangre es evitar una posible hipoglucemia. El objetivo a largo plazo es deshabituarse a los medicamentos y mantener el nivel de azúcar en valores normales.

ESTRELLAS DEL AYUNO — AMY BERGER

Uno de los beneficios de ayunar es que ayuda de manera muy eficaz a que las personas que tienen resistencia a la insulina o hiperinsulinemia puedan, por fin, obtener energía de la grasa que tienen almacenada en su cuerpo. Además, existen innumerables beneficios derivados de reducir el nivel de insulina. Después de décadas de desregulación metabólica algunas personas tienen que emplear todos los medios para volver a situar su nivel de insulina en un rango normal, y el ayuno resulta de gran ayuda a la hora de conseguir este objetivo.

Generalmente, es mejor tomar menos medicación durante el ayuno. Si tu nivel de azúcar sube más de lo deseado, siempre puedes tomar más medicación para compensar. Sin embargo, si el nivel de azúcar baja demasiado, debes comer algo de azúcar. Esto interrumpirá el ayuno y es contraproducente para revertir la diabetes. Una vez más, consulta con tu médico antes de probar a ayunar para tratar tu diabetes tipo 2.

Bibliografía

Allan Mazur, «Why Were "Starvation Diets" Promoted for Diabetes in the Pre-Insulin Period?», *Nutrition Journal* 10, n. 23 (2011), doi: 10.1186/1475-2891-10-23.

Andy Menke, Sarah Casagrande, Linda Geiss y Catherine C. Cowie, «Prevalence of and Trends in Diabetes Among Adults in the United States, 1988-2012», *JAMA* 314, n. 10 (2015): 1021–9, doi:10.1001/jama.2015.10029.

Elliot P. Joslin, *The Treatment of Diabetes Mellitus* (Filadelfia: Lea & Febiger, 1916).

Elliot P. Joslin, «The Treatment of Diabetes Mellitus», *Canadian Medical Association Journal* 6, n. 8 (1916): 673–84.

Frederick Allen, «Prolonged Fasting in Diabetes», *American Journal of Medical Sciences* 150 (1915): 480–5.

Frederick M. Allen, Edgar Stillman y Reginald Fitz, *Total Dietary Regulation in the Treatment of Diabetes* (Nueva York: Rockefeller Institute for Medical Research, 1917).

«Frederick Allen», Diapedia: *The Textbook of Diabetes* (website), 13 agosto, 2014, http://dx.doi.org/10.14496/dia.1104519416.

Ildiko Lingvay, Eve Guth, Arsalla Islam y Edward Livingstone, «Rapid Improvement in Diabetes After Gastric Bypass Surgery: Is It the Diet or Surgery?», *Diabetes Care* 36, n. 9 (2013):2741–7.

T. L. Cleave, *The Saccharine Disease* (Bristol, UK: John Wright & Sons Limited, 1974).

MEGAN

HISTORIA DE ÉXITO CON EL AYUNO

Me llamo Megan y soy la directora del programa de control dietético intensivo del Doctor Fung. En realidad, no solo soy la directora del programa, ¡también soy una de las pacientes! De hecho, yo fui la primera paciente del programa.

Al igual que la mayoría de nuestros pacientes, he pasado años luchando por mi salud y mi peso. Cuando era más joven podía comerme mi peso en nuggets de pollo todos los días sin ganar ni un solo kilo. A los veintitrés años tan solo pesaba cuarenta y cuatro kilos y comía más que un universitario. No tenía problemas para mantener mi peso ni mi salud, pero mi madre siempre me advertía de que las cosas podían torcerse a los treinta y cinco. Resulta que sucedió incluso antes.

Justo después de cumplir los veintiséis, de repente, gané veinticuatro kilos en cuatro meses. Aquel fue el peor año de mi vida. Me sentía completamente confundida y como si me estuviera ahogando en arenas movedizas. Durante este tiempo busqué consuelo en la comida, sobre todo en los nuggets de pollo. Según fue avanzando el año, empecé a estar menos deprimida por mi vida personal y más por mi aspecto físico.

No tenía fuerzas para hacer nada y tenía dificultades para concentrarme. Empecé a no preocuparme por casi nada ni nadie. No era capaz de levantarme para ir a trabajar por las mañanas, y me presentaba en todas partes como si fuera un vagabundo.

Sabía que esto tenía que cambiar, así que empecé una dieta muy restrictiva de grasas y calorías con un máximo de 800 calorías y menos de 15 gramos de grasa al día. Comía cinco o seis veces a lo largo del día y me ejercitaba durante una hora al día, cinco veces a la semana. Durante las primeras dos semanas perdí cinco kilos y medio, pero a lo largo de las cuatro semanas siguientes solo perdí 450 gramos por semana. Después de eso y a pesar de todos mis esfuerzos, la pérdida de peso se detuvo por completo. De hecho, empecé a recuperar parte del peso que había perdido.

No conseguía entender por qué no perdía peso. Puede que no estuviera comiendo la comida más sana, pero tampoco estaba comiendo mucho. Registraba cuidadosamente la cantidad de calorías y grasa que consumía: 1.461 calorías y 41 gramos de grasa al día. ¿Cómo era posible que estuviera ganando peso? No tenía respuesta.

Fui a Toronto a que me viera una prestigiosa y cara dietista. Después de revisar mi lista de alimentos me dijo que estaba seleccionando muy bien mis alimentos. ¿Su consejo? Debía hacer más ejercicio. ¿Cinco horas a la semana no era suficiente? Durante las siguientes dos semanas fui al gimnasio cada mañana y cada tarde, pero mi peso no se movió. La siguiente vez que fui a ver a la dietista se frotó los ojos cuando se lo dije. Yo sabía que ella pensaba que le estaba mintiendo. ¿Su consejo? Esfuércese más. Esa fue la última vez que la vi.

Me sentía mucho más que frustrada. Me sentía derrotada. Con solo seis pequeñas comidas al día, nunca me sentía llena. Pensaba constantemente en comida. Poco tiempo después me diagnosticaron una afección cardiaca y un estadio temprano de un extraño cáncer que parecía estar relacionado con mi adicción al aspartamo. Los análisis de sangre también revelaron que mi HbA1c (un marcador de la glucosa en sangre) había subido hasta el 6,2 por ciento. Ahora era prediabética.

Dado que había trabajado como investigadora médica desde que tenía 18 años sabía muy bien de lo es capaz la diabetes tipo 2. Había visto cómo la diabetes, literalmente, destrozaba la salud de la gente. Fallo renal, daño nervioso, ceguera, fallo cardiaco, derrames… lo había visto todo. Estaba petrificada.

Justo en esa época, mi colega el Doctor Fung estaba desarrollando el programa de control dietético intensivo, basado en una mayor comprensión del problema de fondo, para ayudar a la gente a revertir su diabetes y su obesidad.

La verdad sobre la obesidad, la insulina y la diabetes era, prácticamente, lo opuesto a todo lo que había aprendido sobre nutrición en la universidad. Por fin era capaz de comprender por qué no perdía peso y había desarrollado prediabetes. Y lo que es mejor, sabía exactamente lo que tenía que hacer al respecto.

Ayuno

No voy a mentirte; me daba miedo probar el ayuno. El primer día de ayuno fue difícil, y tuve que luchar durante las primeras dos semanas. La primera vez que intenté ayunar veinticuatro horas solo pude aguantar veintidós. Pero me dije a mí misma que veintidós horas seguían siendo un gran éxito. Al fin y al cabo, eran veintidós horas más de lo que jamás había ayunado antes. Ni siquiera tenía hambre al final de las veintidós horas, no necesitaba comer, simplemente, quería comer. En ese momento es cuando me di cuenta realmente que el ayuno es una cuestión de cabeza.

En mi segundo intento llegué a las veinticuatro horas. La clave estaba en mantenerse ocupada. Aquella tarde fui al gimnasio, pensando que me iba a caer de la silla estática, pero supuse que habría suficiente gente para ayudarme si eso sucedía. Para mi sorpresa, ¡hacer ejercicio resultó mucho más fácil durante el ayuno!

Cada día de ayuno era más fácil. Al principio tenía dolores de cabeza, pero con unas tazas de buen caldo casero con un poco de sal marina se pasaba. Al cabo de un mes, los dolores de cabeza eran cosa del pasado. Mi nivel de energía comenzó a subir. Al cabo de dos meses era capaz de aumentar la duración del ayuno hasta treinta y seis horas sin ninguna dificultad. En la actualidad, de vez en cuando añado una semana entera de ayuno; el ayuno más prolongado que he realizado son catorce días. Hay días en los que, en realidad, me encuentro mejor si ayuno.

También tuve que pelearme con la idea de una dieta rica en grasas. Crecí escuchando que el beicon estaba reservado para las personas en cuidados paliativos. Nunca comíamos la yema del huevo, solo la clara. Los aguacates estaban prohibidos, y no recuerdo ver mantequilla en mi casa, solo margarina. Me llevó un tiempo hacerme a la idea de comer más grasas naturales, pero cuanto más comía, mejores eran los resultados.

Tampoco resultó fácil reducir los carbohidratos. Tuve dolores de cabeza, náuseas y temblores, pese a los valores normales de azúcar y presión arterial. Me metía en mi coche durante las pausas para comer porque me sentía como si me estuviera desenganchando de la heroína y las paredes se me echaran encima. Tenía miedo de ir a un supermercado y verme rodeada de comida rápida. Sentía como si la entrada para coches del McDonald's intentara atraer mi coche hacia allá. Cada día al ir a trabajar evitaba tomar ciertas rutas. ¿Me estaba volviendo loca? Descubrí que comer más grasas naturales me ayudaba. Así que empecé a tomar cucharadas de aceite de coco y a comer medio aguacate los días que no ayunaba.

Resultados

Al cabo de tres de meses de empezar con mi plan había perdido quince kilos y alcanzado mi peso deseado. Unos meses después, había perdido veintisiete kilos y mantuve ese peso durante más de un año y medio sin dificultad. De hecho, perdí casi siete kilos más de grasa no saludable sin intentarlo siquiera, y además gané siete kilos y medio de músculo.

En marzo de 2016 mi HbA1c era del 4,7 por ciento, y se había mantenido por debajo de 5,0 por ciento desde febrero de 2013. Nunca me había sentido mejor ni en mejor forma.

En el pasado, había tomado medicamentos para la TDAH para realizar ciertas tareas, pero ahora no necesitaba nada. ¡Nunca en mi vida había sido capaz de concentrarme tan bien!

Sigo disfrutando de las fiestas y me dejo llevar en ocasiones especiales, pero he aprendido a equilibrar mi dieta. Si me relajo durante las vacaciones, luego lo compenso con ayuno cuando llego a casa. El domingo fui a ver un partido de los San Francisco Giants y me tomé un helado de chocolate Ghirardelli. A todos mis pacientes les digo que se tomen uno si alguna vez van a San Francisco. Mi peso subió el lunes, pero no me entró el pánico. Sabía que la mayor parte era agua. Ayuné el lunes, bebí mucha agua y añadí un poco de aceite de coco a mi té de por la mañana. No tuve dolor de cabeza, ni náuseas. El martes por la mañana mi peso estaba de nuevo como antes del helado. La vida es cuestión de encontrar el equilibrio. Comilonas y ayuno. Desde entonces no he tenido problemas para conservar el peso perdido y mantenerme sana.

Programa de Control Dietético Intensivo

Mi experiencia me ha permitido ayudar a nuestros pacientes a alcanzar sus propios objetivos. A lo largo de estos años he experimentado mucho conmigo misma, y no hay nada que les haga hacer a mis pacientes que no haya probado yo antes. Cada día aprendo algo de ellos.

Cada persona tiene una experiencia distinta con el ayuno. Cada persona tiene retos distintos. Nosotros trabajamos junto al paciente para averiguar qué es lo que le funciona. Algunos pacientes prefieren ayunar durante varios días seguidos y otros en días alternos. Algunas veces a los pacientes les entran ataques de pánico cuando piensan en ayunar durante más de un día. Yo ayudo a los pacientes a averiguar qué es lo que mejor funciona para su estilo de vida. Asesoro a los pacientes con su ayuno y soluciono cualquier problema que pueda surgir. Ayudo a los pacientes a lograr periodos de ayuno más largos, al igual que hice yo. Nosotros ajustamos la duración y la frecuencia del ayuno en función de sus objetivos y progreso.

La nutrición es un aspecto importante del programa. Nuestro objetivo es limitar la cantidad de insulina que el cuerpo necesita producir cada día. Esto es fácil los días de ayuno porque el cuerpo solo produce la cantidad de insulina necesaria para funcionar correctamente. Sin embargo, esto supone un reto algo mayor los días en los que se come. Ayudo a los pacientes a adoptar una dieta baja en carbohidratos, rica en grasas y moderada en proteínas. La mayoría de la gente se queda igual de perpleja que yo cuando se da cuenta de lo que puede comer una vez se reducen drásticamente los carbohidratos. Déjame que te diga que existen muchísimos alimentos que puedes comer y que te dejarán completamente saciado. Yo he aprendido a comer huevos de mil formas distintas. Como alitas de pollo y beicon con frecuencia. Puedes comer huevos y beicon sin sentirte culpable porque ahora sabes que estás haciendo algo realmente bueno para tu salud. Lo sé, suena muy extraño.

La mayoría de mis pacientes del programa tiene diabetes tipo 2 o prediabetes. Son frecuentes la enfermedad del hígado no alcohólico, la apnea del sueño y el síndrome del ovario poliquístico. Ofrecemos dos programas distintos para nuestros pacientes: nuestro programa a distancia y nuestro programa presencial. En ambos programas enseño a nuestros pacientes cómo ayunar y qué y cuándo comer. Nuestro programa presencial recibe a pacientes de todo Canadá. Algunas veces realizan el programa a distancia entre las visitas a la clínica. Vemos a los pacientes semanal, bisemanal o mensualmente a lo largo de todo el tiempo que dura el programa. Nuestro programa a distancia me permite ponerme en contacto con personas de todo el mundo y ofrecerles el mismo asesoramiento.

El programa a distancia me ha ayudado a ampliar mis conocimientos sobre nutrición y alimentación a través de una gran variedad de culturas. Precisamente esta mañana he podido hablar con una mujer de Suecia y un hombre de Singapur. Tenemos pacientes en Francia, el Reino Unido, Sudáfrica, India, China, Nueva Zelanda, Australia y distintas partes de Norteamérica.

Ha sido un enorme honor poder observar la transformación de mis pacientes. Por primera vez a lo largo de mi carrera puedo ver cómo la gente mejora. Prácticamente, casi siempre que un paciente viene a vernos está mejor que la vez anterior. Ver esto de primera mano es una sensación increíble. Me siento muy orgullosa y agradecida de poder trabajar con un grupo tan increíble de pacientes que se esfuerza tanto y con tanta dedicación para conseguir un estilo de vida más sano.

Capítulo 7
AYUNAR PARA MANTENERNOS MÁS JÓVENES E INTELIGENTES

Los beneficios más evidentes del ayuno son que ayuda a perder peso y a revertir la diabetes tipo 2, pero existen muchos otros beneficios, entre ellos la autofagia (un proceso de limpieza celular), la lipolisis (quema de grasas), efecto antienvejecimiento y beneficios neurológicos. En otras palabras, ayunar puede beneficiar a tu cerebro y ayudar a tu cuerpo a mantenerse más joven.

Estimular la capacidad del cerebro

Los mamíferos, en general, responden a una privación importante de calorías reduciendo el tamaño de los órganos, con dos importantes excepciones: el cerebro y, en los machos, los testículos. La función reproductiva se preserva para asegurar la propagación de las especies, pero la función cognitiva es igualmente importante y también se preserva a costa de todos los demás órganos.

Esto tiene mucho sentido desde el punto de vista evolutivo. Supongamos que la comida escasea y resulta difícil de encontrar. Si la función cognitiva empezase a empeorar, la confusión mental haría que fuese todavía mucho más difícil encontrar comida. Nuestra capacidad mental, una de las mayores ventajas que tenemos en el mundo natural, se echaría a perder. Entonces ¿qué es lo que sucede realmente durante la privación de calorías si el cerebro mantiene o, incluso, aumenta sus habilidades? El libro *Invencible*, de Laura Hillenbrand, describe las experiencias de prisioneros de guerra estadounidenses en Japón durante la Segunda Guerra Mundial. Durante la extrema hambruna que pasaron, los prisioneros experimentaron una asombrosa claridad mental que ellos mismos entendían que se debía a los efectos de la inanición. Un hombre fue capaz de aprender noruego en menos de una semana. Otro de ellos era capaz de «recitar» libros enteros de memoria.

Los humanos, al igual que todos los mamíferos, experimentan un aumento de la actividad mental cuando tienen hambre y un descenso cuando están saciados. Todos sabemos lo que es el «coma alimenticio» (piensa en cómo te sientes después de una buena comida de Navidad, rematada con postre y mazapanes. ¿Estás ágil mentalmente? ¿O más bien aturdido? A pesar de la creencia popular, no es el triptófano de la carne lo que causa esta somnolencia posprandial, sino la cantidad de comida en sí. Conforme aumenta la cantidad de sangre que se dirige al aparato

ABEL JAMES — ESTRELLAS DEL AYUNO

> Al principio, me interesé por el ayuno porque las investigaciones demostraban una reducción de las inflamaciones y un aumento en la producción de la hormona del crecimiento. Sin embargo, cuando comencé a ayunar por las mañanas enseguida noté un aumento significativo de la concentración mental, la energía y la productividad. Como friki de la ciencia cerebral, me quedé impresionado por los beneficios mentales del ayuno intermitente.

digestivo para hacer frente a toda esa comida, la sangre disponible para el cerebro disminuye. Prácticamente, el único reto mental que somos capaces de afrontar después de tal comilona es sentarnos en el sofá a ver la tele.

¿Y en la situación opuesta? Piensa en ese momento en el que tienes hambre de veras. ¿Te sientes cansado y perezoso? Lo dudo. Probablemente estés hiperalerta y tengas los sentidos afilados como agujas. Los animales que son agudos mentalmente y ágiles físicamente en épocas de escasez de comida tienen una clara ventaja cuando se trata de sobrevivir. Si saltarnos una sola comida redujera nuestra energía o agudeza mental, tendríamos más problemas para encontrar comida, lo que haría más probable que volviéramos a tener hambre y nos conduciría a un círculo vicioso que terminaría con nuestra muerte. Naturalmente, eso no es lo que sucede. Nuestros antepasados evolucionaron para volverse cada vez más alertas y activos cuando tenían hambre y poder, así, encontrar comida la próxima vez; lo mismo sucede con nosotros.

> Soy una mujer de 58 años. Ayuno de forma intermitente casi todos los días durante 16-18 horas. Me encuentro con más energía para hacer ejercicio cuando estoy en ayuno. También tengo mayor claridad mental.
>
> — Diane Z.,
> Chicago, Illinois

Incluso nuestro lenguaje refleja la relación entre el hambre y la agudeza mental. Cuando decimos que tenemos hambre de algo (hambre de poder, hambre de éxito) ¿Significa que estamos perezosos o adormecidos? No, significa que tenemos los pies en suelo y estamos alerta y preparados para actuar. El ayuno y el hambre nos dan energías y nos activan para avanzar hacia nuestro objetivo, a pesar de la tendencia popular a pensar lo contrario.

En un estudio sobre la agudeza mental y el ayuno, ninguno de los factores que se midieron (entre ellos la atención continua, la focalización de la atención, el tiempo de reacción y la memoria inmediata) se vio mermado. Otro estudio de dos días con privación casi total de calorías no reveló ningún efecto negativo sobre la función cognitiva, la actividad, el sueño o el estado de ánimo.

> He pasado 6 meses haciendo ayuno intermitente, así como ayunos de 1-5 días. El primer día es el más duro, pero me siento tan concentrada los días de ayuno que merece la pena.
>
> – Scott J.,
> Minneapolis, MN

Eso es lo que le sucede a nuestro cerebro cuando ayunamos. No obstante, los beneficios neurológicos de ayunar no se limitan a los momentos en los que no estamos consumiendo comida. Los estudios con animales demuestran que el ayuno tiene un futuro prometedor como herramienta terapéutica. Ratas de edad avanzada que empezaron un régimen de ayuno intermitente mejoraron significativamente su coordinación motora, su memoria y su aprendizaje. Se cree que una proteína llamada factor neurotrófico derivado del cerebro (BNDF, según sus siglas en inglés), que estimula el crecimiento de neuronas y es importante para la memoria a largo plazo, es responsable de algunos de estos beneficios. En los animales, tanto el ayuno como el ejercicio aumentan considerablemente los efectos beneficiosos de la BDNF en varias áreas del cerebro. Comparados con los ratones normales, los ratones bajo un régimen de ayuno intermitente mostraban menos deterioro neuronal relacionado con la edad y menos síntomas de Alzheimer, Párkinson y la enfermedad de Huntington.

Los estudios sobre la reducción calórica en humanos han hallado beneficios neurológicos similares; y dado que el ayuno restringe las calorías, esta es una de las áreas en las que el ayuno y la reducción de calorías aportan beneficios similares. Reducir un 30 por ciento la cantidad de calorías que se consumen mejora significativamente la memoria y aumenta la actividad eléctrica y sináptica del cerebro.

Además, los niveles de insulina tienen una correlación inversa respecto a la memoria, es decir, cuanto menor sea el nivel de insulina, mejor es la memoria. Por otra parte, un mayor índice de masa corporal está relacionado con un descenso de las habilidades mentales y un descenso del riego sanguíneo hacia aquellas áreas del cerebro implicadas en la atención, la concentración, el razonamiento y el pensamiento abstracto. De modo que el ayuno aporta beneficios neuronales en dos sentidos: reduce la insulina y conduce a una pérdida de peso constante y duradera.

Figura 7.1. Los múltiples efectos beneficiosos del ayuno en distintas partes del cuerpo.

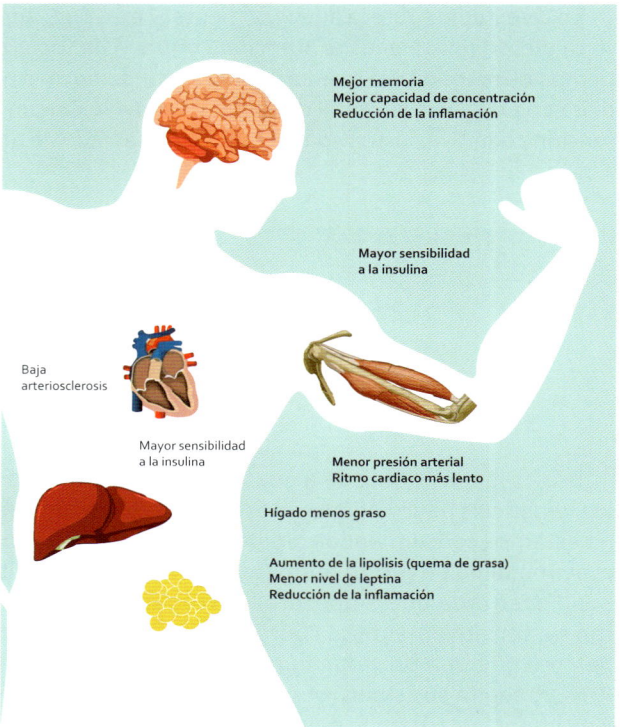

Fuente: Longo y Mattson, «Fasting: Molecular Mechanisms and Clinical Applications».

Ralentización del envejecimiento

Cuando uno se compra un coche nuevo, todo funciona genial, pero al cabo de unos años empieza a estar un poco machacado y cada vez necesita mayor mantenimiento. Hay que sustituir la batería, después las pastillas de freno, y luego más y más partes. Al final, el coche se avería constantemente y cuesta mucho dinero mantenerlo. ¿Merece la pena? Probablemente, no. Así que nos deshacemos de él y nos compramos uno nuevo.

En este sentido, las células del cuerpo son como coches. Según van envejeciendo, algunas partes subcelulares necesitan ser eliminadas y sustituidas hasta que, finalmente, una célula se vuelve demasiado vieja para ser reparada y hay que destruirla para hacer sitio a una nueva célula.

Es un proceso denominado apoptosis, también conocido como muerte celular programada, donde las células que alcanzan cierta edad son programadas para suicidarse. Aunque al principio esto pueda sonar un poco macabro, este proceso renueva constantemente la población celular y es esencial para una buena salud. Cuando son solo algunos componentes de la célula los que tienen que ser sustituidos entra en juego un proceso denominado autofagia.

ESTRELLAS DEL AYUNO — ROBB WOLF

> Hay estudios que parecen apuntar a una importante reducción de las inflamaciones, mejoras en la señalización de la insulina y un «restablecimiento» casi total de la función inmunológica con ayunos de 3-5 días. Las células anormales o precancerosas parecen ser empujadas hacia la apoptosis, donde básicamente se seleccionan las células que no están sanas. Esto describe un proceso que (en teoría) debería revertir muchos de los síntomas y señales del envejecimiento a la vez que reduce los procesos que parecen jugar un papel en la autoinmunidad y el cáncer.

La palabra *autofagia*, acuñada por el ganador del premio Nobel de Ciencia Christian de Duve, deriva del griego *auto* («propio») y *phagein* («comer»). Así que la palabra literalmente significa «comerse a uno mismo». La autofagia es una forma de depuración celular: es un proceso ordenado y regulado de descomposición y reciclaje de componentes celulares cuando ya no hay energía suficiente para mantenerlos. Una vez se han depurado todas las partes enfermas o averiadas de la célula, el organismo puede empezar el proceso de renovación. Se forman nuevos tejidos y células para reemplazar aquellos que se han destruido. De esta forma, el cuerpo se autorenueva. Pero solo funciona si las partes viejas primero son descartadas.

Nuestro cuerpo está en constante estado de renovación. Solemos centrarnos en el crecimiento de células nuevas y algunas veces olvidamos que el primer paso para la renovación es destruir la maquinaria celular vieja que ya no funciona correctamente. Tanto la autofagia como la apoptosis son necesarias para que nuestro organismo siga funcionando bien. Cuando estos procesos se alteran, aparecen enfermedades como el cáncer, y la acumulación de componentes celulares viejos puede ser responsable de muchos de los efectos del envejecimiento. Estos componentes celulares que ya no queremos se van acumulando con el paso del tiempo cuando los procesos autofágicos no se activan habitualmente.

Los niveles elevados de glucosa, insulina y proteínas desactivan la autofagia; y no hace falta demasiado. Tan solo 3 gramos del aminoácido leucina pueden interrumpir la autofagia. Así es como funciona: la vía molecular de la diana de rapamicina en células de mamífero o mTOR, según sus siglas en inglés, es un importante sensor de la disponibilidad de nutrientes. Cuando comemos carbohidratos o proteínas se segrega insulina y los niveles elevados de esta, o incluso los aminoácidos que aparecen tras la descomposición de esta, activan la vía mTOR. El cuerpo recibe la señal de que hay comida disponible y decide que, puesto que hay mucha energía, no es necesario eliminar la vieja maquinaria celular. El resultado final es la supresión de la autofagia. En otras palabras, la ingesta continua de comida, como cuando estamos todo el día picando algo, suprime la autofagia.

En cambio, cuando la mTOR está inactiva (cuando no se activa por los niveles elevados de insulina o de aminoácidos procedentes de la comida ingerida), se estimula la autofagia. Dado que el organismo percibe la falta temporal de nutrientes este debe decidir qué partes celulares mantener. Las partes celulares más viejas y gastadas son descartadas y los aminoácidos procedentes de la descomposición de las partes celulares se envían al hígado, donde son empleados para fabricar glucosa durante la gluconeogénesis. También pueden pasar a formar parte de nuevas proteínas. Es importante señalar que la inactividad de la mTOR solo está relacionada con la disponibilidad de nutrientes a corto plazo y no con la presencia de energía almacenada, como el glucógeno del hígado o la grasa corporal. Para la mTOR y, por tanto, para la autofagia, es irrelevante el hecho de que el cuerpo tenga energía almacenada.

Ese es el motivo por el cual el estímulo más potente para la autofagia es el ayuno, y de por qué solo el ayuno, único entre todas las dietas, estimula la autofagia; la simple restricción calórica no basta. Cuando comemos constantemente, desde que nos levantamos hasta que nos acostamos, evitamos la activación de la vía de depuración de la autofagia. Dicho de una manera sencilla: el ayuno limpia el organismo de residuos celulares perjudiciales o innecesarios. Esta es la razón por la que los ayunos prolongados solían llamarse depuraciones o desintoxicación.

Al mismo tiempo, el ayuno también estimula la producción de la hormona del crecimiento, que se encarga de enviar señales para la producción de algunas partes celulares nuevecitas, lo que permite a nuestro cuerpo renovarse por completo. Dado que estimula tanto la descomposición de partes celulares viejas como la creación de nuevas, el ayuno puede considerarse uno de los métodos antienvejecimiento más eficaces que existe.

La autofagia también desempeña un papel importante en la prevención del Alzheimer. Esta enfermedad se caracteriza por la acumulación anormal de proteínas betaamiloides (Aβ) en el cerebro, y se cree que esta acumulación termina por destruir las conexiones sinápticas de las áreas de la memoria y cognitivas del cerebro. Normalmente, las acumulaciones de la proteína Aβ se eliminan mediante la autofagia; la célula cerebral activa el autofagosoma, el camión de la basura

ABEL JAMES — ESTRELLAS DEL AYUNO

Para las personas con una afección inflamatoria o neurológica crónica, el ayuno puede ayudar a acelerar la autofagia y la eliminación del tejido viejo y dañado del cuerpo. El cuerpo está permanentemente «haciendo las tareas de la casa», pero cuando puede descansar de la constante digestión de grandes cantidades de comida, puede dedicar más energía a la reparación y restauración.

> **ESTRELLAS DEL AYUNO** — ROBB WOLF
>
> El ayuno puede limitar el crecimiento de los tumores dependientes de la glucosa. Asimismo, puede actuar contra la inflamación que contribuye al inicio y la progresión de los tumores.
>
> Hemos demostrado que el ayuno o la restricción calórica pueden reducir significativamente la invasión tumoral distal en nuestros modelos preclínicos de cáncer cerebral.

interno de las células, que se traga la proteína Aβ seleccionada para su eliminación y la expulsa, de forma que puede ser eliminada a través de la sangre y reciclada en otra proteína o transformada en glucosa en función de las necesidades de nuestro cuerpo. Pero en la enfermedad de Alzheimer, la autofagia está dañada y los restos de proteína Aβ permanecen dentro de la célula cerebral, donde su acumulación provoca, finalmente, los síndromes clínicos del Alzheimer.

El cáncer es otra enfermedad que puede ser consecuencia de un desorden en el proceso de autofagia. Estamos aprendiendo cómo la mTOR juega un papel en la biología del cáncer y la Agencia de Alimentos y Medicamentos ha aprobado el uso de inhibidores de la mTOR para el tratamiento de distintos cánceres. De hecho, algunos científicos destacados, como el Doctor Thomas Seyfried, profesor de biología en la Universidad de Boston, han propuesto realizar un ayuno anual de siete días solo a base de agua por este motivo.

Bibliografía

Anne M. Cataldo, Corrinne M. Peterhoff, Juan C. Troncoso, Teresa Gomez-Isla, Bradley T. Hyman y Ralph A. Nixon, «Endocytic Pathway Abnormalities Precede Amyloid β Deposition in Sporadic Alzheimer's Disease and Down Syndrome», *American Journal of Pathology* 157, n. 1 (2000); 277–86.

Anne M. Cataldo, Deborah J. Hamilton, Jody L. Barnett, Peter A. Paskevich y Ralph A. Nixon, «Properties of the Endosomal-Lysosomal System in the Human Central Nervous System: Disturbances Mark Most Neurons in Populations at Risk to Degenerate in Alzheimer's Disease», *Journal of Neuroscience* 16, n. 1 (1996): 186–99.

A. V. Witte, M. Fobker, R. Gellner, S. Knecht y A. Flöel, «Caloric Restriction Improves Memory in Elderly Humans», *Proceedings of the National Academy of Sciences of the United States of America* 106, n. 4 (2009): 1255–60.

Danielle Glick, Sandra Barth y Kay F. Macleod, «Autophagy: Cellular and Molecular Mechanisms», *Journal of Pathology* 221, n. 1 (2010): 3–12.

Erin L. Glynn, Christopher S. Fry, Micah J. Drummond, Kyle L. Timmerman, Shaheen Dhanani, Elena Volpi yBlake B. Rasmussen, «Excess Leucine Intake Enhances Muscle Anabolic Signaling But Not Net Protein Anabolism in Young Men and Women», *Journal of Nutrition* 140, n. 11 (2010): 1970–6.

Harris R. Lieberman, Christina M. Caruso, Philip J. Niro, Gina E. Adam, Mark D. Kellogg, Bradley C. Nindl y F. Matthew Kramer, «A Double-Blind, Placebo-Controlled Test of 2 D of Calorie Deprivation: Effects on Cognition, Activity, Sleep, and Interstitial Glucose Concentrations», *American Journal of Clinical Nutrition* 88, n. 3 (2008): 667–76.

Helena Pópulo, Jose Manuel Lopes y Paula Soares, «The mTOR Signalling Pathway in Human Cancer», *International Journal of Molecular Sciences* 13, n. 2 (2012): 1886–1918.

Kristen C. Willeumier, Derek V. Taylor y Daniel G. Amen, «Elevated BMI Is Associated with Decreased Blood Flow in the Prefrontal Cortex Using SPECT Imaging in Healthy Adults», *Obesity* 19, n. 5 (2011): 1095–7.

Mark P. Mattson, «Energy Intake and Exercise as Determinants of Brain Health and Vulnerability to Injury and Disease», *Cell Metabolism* 16, n. 6 (2012): 706–22.

Melanie M. Hippert, Patrick S. O'Toole y Andrew Thorburn, «Autophagy in Cancer: Good, Bad, or Both?», *Cancer Research* 66, n. 19 (2006): 9349–51.

Michael W. Green, Nicola A. Elliman, Peter J. Rogers, «Lack of Effect of Short-Term Fasting on Cognitive Function», *Journal of Psychiatric Research* 29, n.3 (1995): 245–53.

Noboru Mizushima, «Autophagy: Process and Function», *Genes & Development* 21, n. 22 (2007): 2861–73.

Per Nilsson, Krishnapriya Loganathan, Misaki Sekiguchi, Yukio Matsuba, Kelvin Hui, Satoshi Tsubuki, Motomasa Tanaka, Nobuhisa Iwata, Takashi Saito y Takaomi C. Saido, «Aβ Secretion and Plaque Formation Depend on Autophagy», *Cell Reports* 5, n. 1 (2013): 619–69.

Valter D. Longo y Mark P. Mattson, «Fasting: Molecular Mechanisms and Clinical Applications», *Cell Metabolism* 19, n. 2 (2014): 181–92.

Zhineng J. Yang, Cheng E. Chee, Shengbing Huang y Frank A. Sinicrope, «The Role of Autophagy in Cancer: Therapeutic Implications», *Molecular Cancer Therapeutics* 10, n. 9 (2011): 1533–41.

Capítulo 8
AYUNAR PARA MEJORAR LA SALUD CARDIOVASCULAR

Un poco de hambre, realmente, puede hacer más por el enfermo común que las mejores medicinas y los mejores médicos.
— **Mark Twain**

El colesterol alto en sangre está considerado un factor de riesgo tratable para las enfermedades cardiovasculares, entre ellas los ataques al corazón y los derrames. Esto llevó a la creencia popular de que el colesterol es una especie de veneno, pero esto dista mucho de ser cierto. El colesterol se usa para reparar las paredes celulares, así como para fabricar ciertas hormonas. Es tan esencial para la salud humana que prácticamente todas las células del cuerpo tienen la habilidad de fabricar colesterol en caso necesario.

Normalmente, los análisis de sangre miden la lipoproteína de baja densidad (LDL) o colesterol «malo», y la lipoproteína de alta densidad (HDL) o colesterol «bueno». El colesterol viaja a través del torrente sanguíneo unido a proteínas, que pasan a ser denominadas lipoproteínas. Dependiendo de qué lipoproteínas se asocien con la molécula de colesterol, la unión será LDL o HDL, pero la molécula de colesterol, en sí, es la misma.

Lo que llamamos «colesterol alto» hace referencia al colesterol LDL. Muchos estudios epidemiológicos han asociado los niveles elevados de LDL con un elevado riesgo de sufrir una enfermedad cardiovascular. Determinados medicamentos, sobre todo las estatinas, pueden reducir significativamente el nivel de LDL, pero ¿qué es lo que hizo que subiera? Esta pregunta sigue sin tener una respuesta satisfactoria. No obstante, la hipótesis inicial era que debe de tratarse de un problema nutricional. Pero resulta que, tal y como veremos a continuación, ese no es el caso.

Otro factor de riesgo para las enfermedades cardiovasculares es un tipo de grasa llamada triglicéridos. Cuando los depósitos de glucógeno del hígado están llenos, el hígado empieza a transformar el exceso de carbohidratos en triglicéridos, en lugar de glucógeno. Estos triglicéridos salen después del hígado como lipoproteínas de densidad muy baja (VLDL). El VLDL se usa para formar LDL.

Los niveles elevados de triglicéridos en sangre están muy asociados a las enfermedades cardiovasculares. Se trata de un factor de riesgo tan importante como el colesterol LDL, que es el que suele preocupar más a médicos y pacientes. Los niveles elevados de triglicéridos en sangre, independientemente del LDL, aumentan hasta un 61 por ciento el riesgo de sufrir una enfermedad cardiovascular. Esto es algo preocupante, ya que el nivel de triglicéridos medio en los Estados Unidos no ha dejado de aumentar desde 1976, junto con la diabetes tipo 2, la obesidad, y la resistencia a la insulina. Se calcula que en la actualidad un 31 por ciento de los estadounidenses adultos tiene niveles de triglicéridos elevados, a la par que aumenta el consumo de carbohidratos.

Afortunadamente, los triglicéridos altos se pueden tratar con una dieta baja en carbohidratos, lo que reduce el ritmo al que el hígado crea triglicéridos. Sin embargo, mientras los triglicéridos responden a la dieta, no puede decirse lo mismo del colesterol.

Hago ayuno intermitente cada dos días durante 20 horas. No tengo ningún problema para terminar mis ejercicios y otras actividades. A lo que más me ha ayudado es a la digestión. Ahora soy mucho más regular, y también puedo hacer más tiempo entre comidas. En un año mis triglicéridos han bajado de 135 a 120 y mi HDL ha subido un par de puntos hasta situarse en 60.

– Brian, W.,
Dayton, Ohio

El colesterol alto no es un problema nutricional

Si comer demasiado colesterol con nuestra dieta provoca que los niveles de colesterol suban, entonces, sería razonable pensar que comer menos colesterol haría que bajasen los niveles de colesterol. Durante los últimos treinta años los profesionales de la salud han exhortado a la gente a reducir el consumo de colesterol comiendo menos alimentos con alto contenido en colesterol, como la carne roja y la yema de huevo. Las recomendaciones nutricionales para los estadounidenses, desde su misma creación, dejaron muy claro que debíamos «evitar comer demasiada grasa, las grasas saturadas y el colesterol».

Desgraciadamente, esta idea es del todo errónea. Hace tiempo que la comunidad científica sabe que comer menos colesterol no hace que baje el nivel de colesterol. Nuestro hígado produce el 80 por ciento del colesterol que se encuentra en la sangre, de manera que comer menos colesterol apenas supone una diferencia. Del mismo modo, comer más colesterol no hace que suba el nivel de colesterol de una manera significativa. Si comemos menos colesterol, nuestro hígado simplemente lo compensa fabricando más, así que el efecto al final es insignificante. Es más, la partícula de colesterol no es en sí misma la causa (recuerde que es idéntica en el LDL y el HDL). Son las lipoproteínas que se transportan junto con la partícula de colesterol las que determinan si este es bueno o malo. Hace mucho tiempo que se demostró que reducir la cantidad de colesterol en la comida no supone apenas cambios fisiológicos.

Nuestro miedo irracional al colesterol comenzó en 1913. Las placas arterioscleróticas, las obstrucciones en las arterias que causan los ataques al corazón y los derrames, están compuestas principalmente de colesterol, y se pensaba que estas placas se formaban porque comíamos demasiado colesterol. Esto tiene tanto sentido como suponer que si comemos corazón de vaca nuestro corazón será más fuerte, pero recordemos que estábamos en 1913. Ese año el científico ruso Nikolai Anichkov descubrió que alimentar a conejos con colesterol les provocaba arteriosclerosis. Sin embargo, los ratones son herbívoros y no están hechos para comer alimentos que contengan colesterol. Alimentar a un león con heno también provocaría daños en su salud. Desgraciadamente, este hecho fundamental no se tuvo en cuenta debido a las prisas por hallar un responsable de las placas.

Ya a principios de la década de los años 50 Ancel Keys confirmó que el colesterol en la dieta no suponía un problema. Uno de los investigadores nutricionales más destacados de su época, Keys alimentó a sujetos humanos con cantidades de colesterol cada vez mayores para ver si esto provocaba un aumento de sus valores de colesterol en sangre. No fue así. Su estudio de los siete países, uno de los mayores trabajos epidemiológicos sobre dieta y nutrición jamás realizados, también determinó que el consumo de colesterol no provoca un aumento del nivel de colesterol en sangre.

Cuando el colesterol en la dieta fue absuelto, la grasa dietética se convirtió en el principal sospechoso (tal vez se pasó a creer que un consumo elevado de grasa, de algún modo, conduce a un aumento del los niveles de colesterol). Esto ya hace tiempo que también se ha demostrado que es falso, principalmente por los estudios Framingham. En 1948 los habitantes de Framingham, en Massachusetts, participaron en una serie de estudios a largo plazo que seguía todos los aspectos de sus vidas, entre ellos la dieta, para establecer qué factores son importantes en el desarrollo de las enfermedades cardiovasculares. Todavía hoy sigue en marcha, con la tercera generación de participantes. Se han escrito miles de documentos médicos sobre el Estudio Framingham del Corazón, pero la historia ha olvidado casi por completo el Estudio Framingham sobre la dieta.

Este ambicioso estudio, que se llevó a cabo entre 1957 y 1960 y en el que participaron miles de personas, intentó encontrar una conexión entre la grasa dietética y el colesterol en sangre (cosa que los investigadores creían que existía). Después de millones de dólares y años de meticulosa observación, los exasperados científicos no consiguieron hallar ninguna correlación apreciable entre la grasa dietética y los niveles de colesterol en sangre. Que la gente comiera mucha grasa o poca no suponía ninguna diferencia respecto al colesterol.

Estos hallazgos chocaban de lleno con las ideas hasta entonces prevalentes. Los investigadores tuvieron que tomar una decisión. Podían aceptar estos resultados y buscar una teoría nutricional más cercana a la verdad, o podían simplemente ignorarlos y continuar creyendo lo que se acababa de demostrar como falso. Desgraciadamente, tomaron esta última opción. Los resultados fueron anotados y, después, suprimidos sin llegar a ser nunca publicados. Aquellos que no se mos-

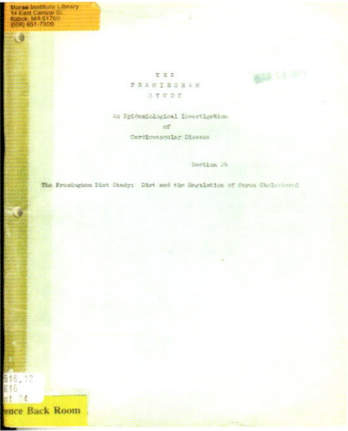

El Estudio Framingham original.
Fuente: Doctor Michael Eades.

traran conformes con la ortodoxia nutricional no iban a ser tolerados, da igual que tuvieran razón.

Décadas más tarde, el Doctor Michael Eades consiguió encontrar una copia perdida de este importante estudio. La estadística Tavia Gordon se lamentaba: «Desgraciadamente, estos datos nunca fueron incorporados a un informe definitivo por los investigadores originales, y con ello una gran cantidad de trabajo cuidadoso y concienzudo de los archivos Framingham ha quedado sin utilizar». El estudio reveló que «hay una relación ligeramente negativa entre la ingesta total de grasa diaria (también grasa animal) con el nivel de colesterol en suero». En otras palabras, cuanta más grasa dietética se come, menos colesterol en sangre. En un artículo de un periódico local de la ciudad de Framingham publicado en 1970 se afirmaba que «no existe relación apreciable entre el consumo reportado en el grupo de estudio y los niveles de colesterol en suero».

Pero la religión que aboga por un bajo consumo de grasas prevaleció y alimentos ricos en grasas, como las nueces, los aguacates y el aceite de oliva, fueron incriminados durante décadas. Sin embargo, la verdad no puede taparse para siempre y otros estudios siguieron confirmando que la dieta rica en grasa no aumenta el nivel de colesterol.

La conexión entre la grasa dietética y el colesterol también se estudió en la comunidad de Tecumseh, Michigan, en 1976. Se dividió a la población en tres grupos en función del nivel de colesterol (bajo, medio y alto). Los hábitos dietéticos de cada grupo fueron comparados y, para sorpresa de los investigadores, cada grupo comía la misma cantidad de grasas, grasas animales, grasas saturadas y colesterol. Una vez más, quedó claro que comer grasa no aumenta el nivel de colesterol en sangre.

En otro estudio un grupo de voluntarios siguió una dieta con un 22 por ciento de grasa y un segundo grupo una con un 39 por ciento de grasa. El colesterol de ambos grupos al inicio era de 173 mg/dl. Después de cincuenta días el nivel de colesterol del grupo que seguía la dieta baja en grasa cayó hasta... 173 mg/dl. Tampoco las dietas ricas en grasa hacen que suba mucho el nivel de colesterol. Al cabo de cincuenta días los niveles de colesterol en el segundo grupo habían subido tan solo hasta 177 mg/dl.

Ni siquiera el hecho de seguir una estricta dieta baja en grasa tiene efectos positivos sobre el colesterol en sangre. En otro estudio el LDL aumentó apenas un 5 por ciento; peor aún, el HDL también descendió un 6 por ciento; dado que tanto el colesterol «malo» como el «bueno» bajaron, el perfil de riesgo global no mejoró.

A pesar de todas las evidencias en contra, las recomendaciones nutricionales de los Estados Unidos y de Reino Unido se introdujeron en 1977 y en 1983 aconsejando el seguimiento de una dieta baja en grasa para reducir el riesgo de sufrir una enfermedad cardiovascular. Un análisis exhaustivo y sistemático realizado por Zoe Hardcombe confirmó que no había evidencia alguna de que estas recomendaciones fueran a ser eficaces, ni en el momento de su publicación ni a día de hoy.

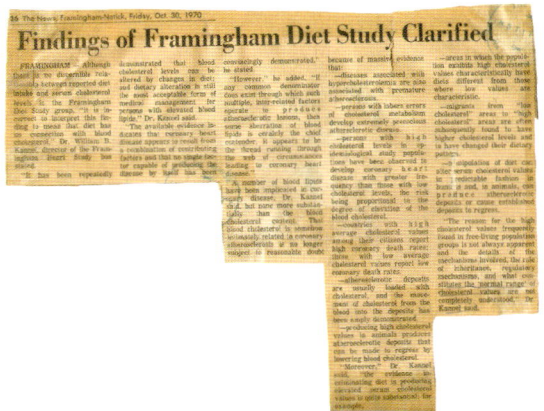

Un artículo publicado en 1970 en el Framingham-Natick señalaba que el estudio Framingham sobre la dieta mostraba que no había ninguna relación entre la dieta y los niveles de colesterol en sangre.

Fuente: Doctor Michael Eades.

Hay millones de personas que siguen una dieta baja en grasas y en colesterol porque creen que es bueno para su corazón, sin darse cuenta de que hace mucho tiempo que se demostró que estas medidas no eran eficaces. Frank Hu y Walter Willett, de la Escuela de Salud Pública de Harvard, escribieron en 2001: «Cada vez se viene reconociendo más que la campaña para comer alimentos bajos en grasa apenas está basada en evidencias científicas y puede haber tenido consecuencias para salud de forma no intencionada». ¿Significa esto que la única forma fiable de bajar el colesterol en sangre es tomando medicamentos? Para nada. Existe un método natural y sencillo para bajar el colesterol: el ayuno.

Realizo el protocolo de ayuno intermitente 16:8 y sigo una dieta baja en carbohidratos y rica en grasas entre las 10:00 y las 18:00 la mayoría de los días. Alrededor de una vez al mes subo el listón un poco más y realizo un «ayuno de grasas» durante 40 horas que consiste en agua con gas, café con mantequilla, nata, aceite de MCT y caldo de huesos. Como resultado, he perdido 18 kilos en 4 meses y he mejorado considerablemente mis marcadores de glucosa y lípidos.

– Robert H.,
Walnut Creek, California

Por qué el ayuno baja el colesterol

El hígado produce la inmensa mayoría del colesterol que se halla en la sangre. Comer menos colesterol apenas influye en la producción del hígado. De hecho, puede ser contraproducente. Dado que el hígado percibe que está entrando menos colesterol puede, sencillamente, aumentar su producción.

Entonces, ¿por qué el ayuno afecta a la producción de colesterol del hígado? Conforme los carbohidratos que comemos se reducen, el hígado reduce su síntesis de triglicéridos; dado que el exceso de carbohidratos se convierte en triglicéridos, la ausencia de carbohidratos supone menos triglicéridos. Recuerde que los triglicéridos salen del hígado en forma de VLDL, que es el precursor del LDL. Por tanto, una menor cantidad de VLDL acaba resultando en un menor nivel de LDL.

La única forma fiable de reducir los niveles de LDL es reduciendo su producción en el hígado. De hecho, hay estudios que demuestran que setenta días de ayuno en días alternos podrían reducir el LDL hasta un 25 por ciento. Esto supera de lejos lo que cualquier otra dieta puede conseguir y casi la mitad del efecto que se logra con estatinas, uno de los fármacos más potentes para reducir el colesterol. Los niveles de triglicéridos caen hasta un 30 por ciento, algo parecido a lo que se puede conseguir con una dieta muy baja en carbohidratos o con fármacos. No está mal para un método nutricional completamente natural y gratis.

Además, mientras que las estatinas conllevan el riesgo de diabetes y Alzheimer, el ayuno reduce el peso corporal, ayuda a conservar la masa magra y reduce el perímetro o contorno de la cintura. A su vez, el ayuno conserva el HDL, a diferencia de las dietas bajas en grasas, que tienden a reducir tanto el LDL como el HDL. En conjunto, el ayuno mejora significativamente múltiples factores de riesgo cardiacos. Para aquellas personas a las que les preocupa sufrir un derrame o un ataque al corazón la pregunta no es «¿Por qué ayuna?», sino «¿Por qué *no* ayuna?».

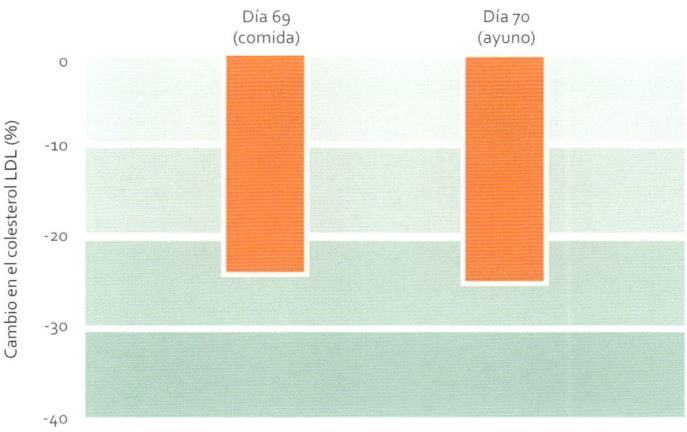

Figura 8.1. El ayuno en días alternos reduce el colesterol LDL.

Fuente: Bhutani et al., «Improvements in Coronary Heart Disease Risk Indicators by Alternate-Day Fasting Involve Adipose Tissue Modulations».

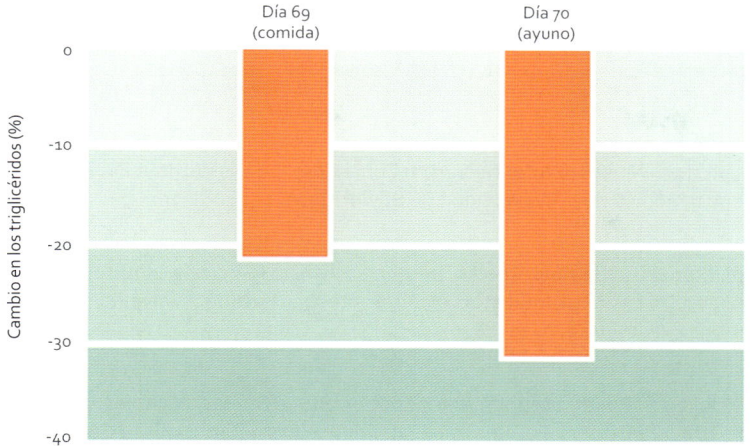

Figura 8.2. El ayuno en días alternos reduce los niveles de triglicéridos.

Fuente: Bhutani et al., «Improvements in Coronary Heart Disease Risk Indicators by Alternate-Day Fasting Involve Adipose Tissue Modulations».

Bibliografía

A. B. Nichols, C. Ravenscroft, D. E. Lamphiear y L. D. Ostrander Jr., «Daily Nutritional Intake and Serum Lipid Levels. The Tecumseh Study», *American Journal of Clinical Nutrition* 29, n. 12 (1976):1384–92.

Ancel Keys, «Atherosclerosis: A Problem in Newer Public Health», *Journal of Mount Sinai Hospital New York* 20, n. 2 (1953): 118–39.

F. Hu, J. Manson y W. Willet, «Type of Dietary Fat and Risk of Coronary Heart Disease: A Critical Review», *Journal of the American College of Nutrition* 20, n. 1 (2001): 5–19

Gary J. Nelson, Perla C. Schmidt y Darshan S. Kelley, «Low-Fat Diets Do Not Lower Plasma Cholesterol Levels in Healthy Men Compared to High-Fat Diets with Similar Fatty Acid Composition at Constant Caloric Intake», *Lipids* 30, n. 11 (1995): 969–76.

Gregory G. Schwartz, Markus Abt, Weihang Bao, David DeMicco, David Kallend, Michael Miller, Hardi Mundi y Anders G. Olsson, «Fasting Triglycerides Predict Recurrent Ischemic Events in Patients with Acute Coronary Syndrome Treated with Statins», *Journal of the American College of Cardiology* 65, n. 21 (2015): 2267–75.

Igor E. Konstantinov, Nicolai Mejevoi y Nikolai M. Anichkov, «Nikolai N. Anichkov and His Theory of Atherosclerosis», *Texas Heart Institute Journal* 33, n. 4 (2006): 417–23.

Michael Eades, «Framingham Follies» *The Blog of Dr. Michael R. Eades, M.D.*, 26 septiembre, 2006, https://proteinpower.com/ drmike/2006/09/26/framingham-follies/.

Michael Miller, Neil J. Stone, Christie Ballantyne, Vera Bittner, Michael H. Criqui, Henry N. Ginsberg, Anne Carol Goldberg, et al., «Triglycerides and Cardiovascular Disease: A Scientific Statement from the American Heart Association», *Circulation* 123, n. 20 (2011): 2292–333.

R. L. Rosenthal, «Effectiveness of Altering Serum Cholesterol Levels Without Drugs», *Proceedings* (Centro Médico de la Universidad de Baylor) 13, n. 4 (2000): 351–5.

Surabhi Bhutani, Monica C. Klempel, Reed A. Berger, and Krista A. Varady, «Improvements in Coronary Heart Disease Risk Indicators by Alternate-Day Fasting Involve Adipose Tissue Modulations», *Obesity* 18, n. 11 (2010): 2152–9.

Zoë Harcombe, Julien S. Baker, Stephen Mark Cooper, Bruce Davies, Nicholas Sculthorpe, James J. DiNicolantonio y Fergal Grace, «Evidence from Randomised Controlled Trials Did Not Support the Introduction of Dietary Fat Guidelines in 1977 and 1983: A Systematic Review and Meta-analysis», *Open Heart* 2, n. 1 (2015): e00196, doi: 10.1136/openhrt-2014-000196.

Capítulo 9
LO QUE NECESITAS SABER SOBRE EL HAMBRE

A largo de los años que he hablado sobre el uso terapéutico del ayuno para la obesidad y la diabetes tipo 2 con cientos de pacientes, la mayoría de ellos, si no todos, comprenden por qué este tratamiento es innegablemente eficaz: si no comes, adelgazas. Si no comes, el nivel de azúcar en sangre desciende. Aun así, al principio sigue existiendo una resistencia generalizada a la idea siquiera de incorporar el ayuno a tu vida. ¿Por qué? Hay un miedo que se eleva como un coloso por encima de todos los demás: el hambre.

Sin duda, el hambre descontrolada es una de las cosas que más preocupa del ayuno. Hasta hay algunos expertos que sostienen (¡equivocadamente!) que esto te llevará a comer en exceso una vez termines el ayuno. Dicen: «No se salte ni una sola comida; si no, tendrá tanta hambre que se pondrá hasta arriba de donuts de chocolate». A la mayoría de la gente le preocupa ser incapaces de continuar con el ayuno porque tengan un hambre desmedida.

Sin embargo, de forma sorprendente, la experiencia práctica con cientos de pacientes muestra que, mientras siguen un régimen de ayuno intermitente, la mayoría de ellos ve *disminuir* su hambre, no aumentar. Suelen comentar que, pese a lo que ellos mismos esperaban, están comiendo menos de la mitad de comida que normalmente y, aun así, se sienten completamente llenos. Para la mayoría de la gente, esta es la sorpresa más agradable del ayuno.

Empezamos a sentir retortijones de hambre alrededor de cuatro horas después de nuestra última comida. De modo que imaginamos que si ayunamos durante veinticuatro horas eso creará una sensación de hambre seis veces mayor, y no podríamos soportarlo. Pero esto *no* sucede. A veces superar el hambre parece una tarea abrumadora, pero eso forma parte de una malinterpretación fundamental de la naturaleza del hambre.

El hambre empieza en la mente

A menudo pensamos que el hambre no es más que una reacción fisiológica al hecho de no comer, tan inevitable como la lluvia. Tenemos la imagen mental de que según nuestro estómago se va llenando de comida le va enviando señales a nuestro cerebro de que está lleno. Nos imaginamos que cuando nuestro estómago se vacía y cae por debajo de su umbral crítico nuestro cerebro nos envía señales para que comamos. Pero esto no es del todo cierto. Distintos estudios del ritmo circadiano confirman que para la mayoría de la gente, el hambre es muy baja a primera hora de la mañana, incluso cuando han pasado doce o catorce horas desde nuestra última comida. Por el contrario, a la hora de la cena el hambre suele ser muy intensa, incluso cuando apenas hace seis horas que hemos comido.

> Los primeros tres días pedía a gritos algo que llevarme a la boca y tomaba varias tazas de caldo para ayudarme a quitar la sensación de hambre. Al cuarto día se fue; no pasó nada. He usado el ayuno para perder los últimos cuatro kilos y medio que se me resistían, y ahora ayuno una vez al mes para mantener el peso y controlar la insulina.
>
> – Gloria M.,
> Washington, D.C.

El hambre, obviamente, no es una reacción a la cantidad de comida que hay en nuestro estómago. El hambre es, en parte, un fenómeno aprendido. Incluso cuando no pensamos que tenemos hambre, el hecho de oler un filete y escuchar cómo chisporrotea puede hacer que nos entre un hambre voraz. Este tipo de estímulos relacionados con la comida no hace falta que se aprendan, son innatos en casi todos nosotros. Sin embargo, sí que podemos aprender a que nos entre hambre en situaciones que no están intrínsecamente relacionadas con la comida. Por ejemplo, el sonido de una campanilla puede crear hambre donde antes no existía. El poder de estos estímulos quedó demostrado en el famoso experimento del perro de Pavlov.

En los años 80 el científico ruso Ivan Pavlov estuvo estudiando la salivación en los perros. Los perros salivan cuando ven la comida y esperan comer. Esta relación se produce de forma natural y sin necesidad de entrenamiento. En sus experimentos, los asistentes de Pavlov eran los que daban de comer a los perros, y estos últimos enseguida empezaron a asociar la comida con las batas de laboratorio. No hay nada intrínsecamente ligado al apetito en una bata de laboratorio, pero debido a que los perros siempre eran alimentados por personas que vestían batas de laboratorio, la bata de laboratorio y la comida se asoció en la mente de los perros.

Al cabo de poco tiempo los perros empezaron a salivar cuando veían batas de laboratorio, incluso cuando no había comida presente. Ivan Pavlov, genio como era, se dio cuenta de esta asociación y, en un abrir y cerrar de ojos estaba haciendo las maletas camino de Estocolmo para recibir el Premio Nobel.

La aplicabilidad de sus 101 lecciones de psicología sobre el hambre es evidente. Puede entrarnos hambre por muchos motivos. Algunos estímulos, como el olor y el sonido de un filete haciéndose en la sartén nos dan hambre de forma natural. Otros estímulos, sin embargo, es necesario que se vayan asociando de forma constante con la comida para poder provocar hambre por sí mismos.

Estas respuestas condicionadas pueden ser muy potentes. De hecho, existen reacciones físicas a la mera sugestión de la comida que pueden medirse. La salivación, la secreción de fluidos pancreáticos y la producción de insulina aumentan de inmediato ante la *expectativa* de comida, no hace falta que haya comida presente. Esto ayuda a sincronizar la respuesta en el intestino con la comida que llega, y se conoce como respuesta de fase cefálica.

La razón por la que los mejores restaurantes dedican tanto tiempo y esfuerzo a emplatar la comida es porque entienden que nuestro disfrute no comienza con el primer bocado, sino cuando vemos la comida. Un plato servido de forma atractiva nos da más hambre que la misma comida servida de cualquier modo en un cuenco para perros. El hambre, en este caso, empieza por los ojos. No obstante, existen infinitas asociaciones posibles con la comida que pueden darnos hambre.

Si comemos siempre a las 7 de la mañana, entonces desarrollamos una respuesta condicionada a esa hora y nos entra hambre a las 7, incluso si hemos cenado abundantemente la noche anterior. Lo mismo es aplicable al almuerzo y la cena. Nos entra hambre simplemente por la hora que es, pero no se trata de un hambre verdaderamente intrínseca. Esto solo se aprende a lo largo de décadas de asociación. Los niños, por otro lado, suelen rechazar la comida por la mañana temprano porque no tienen hambre.

De forma parecida, el hecho de asociar el cine con palomitas y refrescos hace que el simple hecho de pensar en ir a ver una película haga que nos entre hambre. Las empresas de comida, naturalmente, gastan miles de millones de dólares tratando de condicionarnos para que hagamos estas asociaciones. ¡Comida en el fútbol! ¡Comida en el cine! ¡Comida mientras vemos la tele! ¡Comida en el descanso del partido de nuestro hijo! ¡Comida mientras asistimos a una conferencia! Todo ello son respuestas condicionadas. Existen infinitas posibilidades.

En cada esquina podemos encontrar un restaurante de comida rápida o una cafetería. Hay máquinas expendedoras de comida en todos los rincones de cada edificio de Norteamérica. Si empezamos a salivar como el perro de Pavlov es simplemente porque el reloj dice que es la hora de comer y estamos condicionados a asociar la visión de los arcos dorados a la comida; no es de extrañar que cada vez sea más difícil resistirse a McDonald´s. Cada día nos bombardean con imágenes y referencias a la comida. La combinación de su comodidad y nuestra respuesta pavloviana es letal. ¿Cómo podemos luchar contra esto?

Derrotar al condicionamiento del hambre

El ayuno intermitente ofrece una solución única. Saltándonos comidas de forma aleatoria y variando las horas en las que comemos podemos romper nuestra costumbre de hacer tres comidas al día, pase lo que pase. Ya no tenemos una respuesta condicionada de hambre cada entre tres o cinco horas. Ya no tenemos hambre simplemente porque es mediodía o estamos en el cine. Eso no quiere decir que no nos entre hambre en absoluto; sí que nos entra, pero no porque tengamos una respuesta condicionada a cierta

El hambre empieza en la mente.

hora o situación. En lugar de eso, *nos entra hambre porque tenemos hambre*. Permitimos que sea nuestro cuerpo y no el reloj el que nos diga cuándo necesita alimentarse. ¿Alguna vez has estado tan ocupado en el trabajo o en la universidad que olvidaste desayunar o almorzar? Estabas demasiado centrado en la tarea en cuestión como para prestarle atención a cualquiera de las señales del hambre. Tu cuerpo lo único que hizo es usar parte de la energía almacenada como grasa corporal como combustible.

Esta es la manera más sencilla de romper las asociaciones entre la comida y cualquier otra cosa: comer solo en la mesa. No comas mientras estás con el ordenador. No comas en el coche. No comas en el sofá. No comas en la cama. No comas en clase. No comas en los eventos deportivos. Intenta evitar comer de forma desmesurada. Toda comida debería disfrutarse como una comida, no como algo que se come mientras se ve una película. De esta forma, la comida solo se asocia con la cocina y la mesa. Evidentemente, esto no es nada nuevo; es simplemente el sentido común de la generación de nuestras abuelas.

A la hora de romper con hábitos, hacerlo de golpe no suele salir bien. En lugar de eso, resulta mejor sustituir un hábito con otro menos lesivo. Esta es, evidentemente, la razón por la que la gente que intenta dejar de fumar, a menudo, masca chicle. Si tu hábito es comer demasiadas chucherías mientras ves la televisión, dejarlo de golpe te hará sentir como si te faltara algo. Es mejor sustituir las chucherías por un té verde u otra infusión. Lo sé, al principio puede resultar extraño, pero te dará menos la sensación de que te falta algo. En definitiva, sustituir un hábito por otro es una estrategia mucho más eficaz.

También resulta de ayuda eliminar los edulcorantes artificiales. Aun cuando no contengan calorías, puede que inicien la respuesta de fase cefálica estimulando, así, el hambre y la producción de insulina. Yo no recomiendo los edulcorantes artificiales mientras se ayuna por este motivo. Hay estudios recientes que confirman que los refrescos *light*, generalmente, no ayudan a perder peso probablemente porque, aunque no la satisfacen, sí estimulan el hambre.

AMY BERGER — ESTRELLAS DEL AYUNO

Para la mayoría de la gente, los mayores problemas a la hora de ayunar son psicológicos, más que fisiológicos. En el mundo actual industrializado, estamos acostumbrados a comer a todas horas. Comemos cuando estamos contentos, tristes, aburridos, entretenidos, estresados, cuando nos sentimos solos, cuando vemos la televisión, cuando celebramos algo, y casi por cualquier motivo u ocasión.

Para poder ayunar con éxito, intenta alejarte de la idea de que «se supone» que tienes que comer varias veces al día. Es bueno (incluso, beneficioso) volver a rencontrarse con la sensación de hambre. De hecho, resulta agradable volver a rencontrarse con las señales que nos envía nuestro cuerpo...
Estamos diseñados para comer y ayunar, no para comer, comer y comer.

Manejar el condicionamiento del hambre mientras se ayuna

Nuestra respuesta condicionada para sentir hambre ante determinados estímulos y la respuesta de fase cefálica suponen que hay ciertas cosas que podemos hacer para que el ayuno nos resulte más fácil. Por supuesto, hay muchos estímulos naturales relacionados con el hambre que no podemos eliminar por completo. Sin embargo, si seguimos ciertas reglas sencillas, podremos manejar el hambre mucho mejor.

En primer lugar, tal y como mencionamos antes, los edulcorantes artificiales pueden estimular el hambre y la producción de insulina, así que yo recomiendo evitarlos durante el ayuno. Es cierto que hay personas que piensan que añadir edulcorantes al café les ayuda a perder peso al aumentar su compromiso con el ayuno y, si les funciona, genial. Sin embargo, yo te recomiendo que intentes ayunar sin recurrir a los edulcorantes. Si no eres capaz, entonces, añádele una pequeña cantidad. No obstante, si eso te hace más difícil el ayuno o evita que veas resultados, entonces, para.

En segundo, intenta apartarte de todos los estímulos relacionados con la comida durante el ayuno. Cocinar o siquiera ver u oler comida mientras se ayuna puede resultar, prácticamente, insoportable. No se trata de una mera cuestión de fuerza de voluntad. Las respuestas de fase cefálica están plenamente activas y el hecho de sentir estas respuestas sin comer es como intentar evitar que las pirañas se den un festín. Este, naturalmente, es el mismo motivo por el que debería mantener los aperitivos guardados en la despensa y evitar ir a hacer la compra cuando tenga hambre.

El simple hecho de romper el hábito de comer a ciertas horas puede resultar difícil. Puedes intentar acostumbrarte a beber una buena taza de café o té con el desayuno los días que no ayunes. Los días de ayuno seguirás echando de menos la comida, pero tomar tu taza diaria de café te hará más llevadero el hecho de no comer (no dejarás el hábito de tomar algo por la mañana). También puedes tomarte un tazón de caldo casero a la hora de cenar los días de ayuno. A la larga, te ayudará a que el ayuno le resulte más fácil.

Uno de los consejos más importantes para ayunar es *mantenerse ocupado*. Trabajar a la hora del almuerzo y mantenerse ocupado supone, a veces, no acordarse siquiera de que tenemos hambre. La respuesta de fase cefálica no se activa. Si alguien me pusiera comida delante me sería difícil resistirme, pero si lo único que tengo delante es una pila de trabajo, simplemente, me pongo con ello y me olvido de que tengo hambre.

ESTRELLAS DEL AYUNO   ABEL JAMES

El ayuno puede ser una poderosa herramienta para recalibrar tu relación con los hábitos alimentarios y la sensación de hambre. La verdadera hambre, generalmente, se experimenta en el cuerpo y en la mente, no en el estómago. Puede requerir algo de práctica, pero una vez que reconectas con la sensación de verdadera hambre, puedes seguir a tu cuerpo y comer cada vez que te golpee esa sensación.

La realidad del hambre: Bajarse de la ola

Nadie niega que no vayas a tener hambre durante el ayuno, pero es importante recordar que el hambre no es una experiencia tan terrible como uno espera. A menudo, nos imaginamos que el hambre irá aumentando sin parar hasta hacerse insoportable y necesitemos atiborrarnos de donuts. Sin embargo, esto no es para nada así. El secreto es comprender que el hambre viene en *oleadas*. Solo hace falta bajarse de la ola.

Trata de recordar alguna ocasión en la que te saltaras el almuerzo. Tal vez tuviste que asistir a una reunión de la que no podías escaparte. Al principio, te entró hambre. El hambre crecía y crecía, pero no había nada que pudieras hacer. ¿Qué sucedió al cabo de una hora o así? El hambre desapareció por completo. La ola había pasado.

¿Cuál es la mejor forma de soportar estas oleadas de hambre durante el ayuno? Suele bastar con beber té o café. Para cuando te lo has acabado, el hambre ya ha pasado y ya estás ocupado con otra cosa. El hambre no es un fenómeno que vaya creciendo constantemente. Se va formando, alcanza su punto máximo y luego desaparece; lo único que debes hacer es ignorarla. Seguro que regresa, pero una vez que ya sabes que volverá a desaparecer, esto te da fuerzas y seguridad para manejarla.

Esto también es aplicable a periodos largos de ayuno. El hambre aparece con bastante fuerza el primer o el segundo día de ayuno, generalmente alcanza su punto más alto el segundo día. Después, el hambre va remitiendo hasta que desaparece. Algunas personas sostienen que las cetonas que se generan con la quema de grasa reprimen el apetito. El Doctor Ian Gilliland, experto en endocrinología, escribió sobre su experiencia con pacientes que hacían ayuno: «Ciertamente, se genera una sensación de bienestar... que puede llegar a la euforia. Tras el primer día nadie se queja de hambre». La gente no tenía hambre y, de hecho, se sentía «eufórica» durante los catorce días de ayuno. Algunas personas se sentían tan bien que querían seguir con el ayuno pasados los catorce días. De hecho, la ausencia de hambre durante el ayuno prolongado es algo que se repite a lo largo de toda la literatura sobre el ayuno, así como en el programa de control dietético intensivo.

Una de las cosas más importantes que aprendí durante el ayuno prolongado es a estar preparado para el hambre durante los primeros días haciendo una lista de cosas para hacer a modo de distracción. Puse la lista en la puerta del frigorífico y, cada vez que me acercaba a él para comer algo me detenía y elegía algo de la lista para hacer en su lugar. Entre esta lista de distracciones estaban pasear, limpiar los cajones o el escritorio, beber un vaso de agua, y cualquier otra cosa que se me pudiera ocurrir. Funciona, y para cuando terminaba con la tarea el hambre ya se había pasado.

– Kimberly H.,
Sacramento, California

Cuando la gente piensa que no va a ser capaz de aguantar más de veinticuatro horas de ayuno, a veces, les aconsejamos que hagan entre tres y siete días completos de ayuno. Esto suena completamente ilógico. Si no puedes aguantar un día, ¿cómo vas a aguantar siete? Este «truco» funciona porque el ayuno prolongado le da a la gente la oportunidad de experimentar cómo, una vez el cuerpo aprende a metabolizar su propia grasa, el hambre desaparece sin necesidad de comer. El largo ayuno enseguida aclimata a su cuerpo al ayuno. Una vez superan los primeros dos días, el hambre empieza a desaparecer y se sienten seguros de que el hambre no los va a desbordar. Forma parte del ayuno, pero no es insuperable.

¿Cómo puede ayunar la gente durante días sin tener hambre? Todo se reduce al hecho de que el hambre no está determinada por el hecho de no comer durante un cierto tiempo. Más bien, se trata de una señal hormonal. No surge simplemente porque el estómago esté vacío. Cuando se evitan los estímulos naturales relacionados con el hambre, como la visión o el olor de la comida, así como los estímulos condicionados del hambre (comer a horas concretas, el cine, el partido de fútbol, y cualquier situación en la que normalmente comemos y hemos aprendido a esperar comida) se ayuda a evitar esa señal hormonal.

El ayuno nos ayuda a romper todos esos estímulos condicionados y, de esta forma, a *reducir* y no acrecentar el hambre.

El hambre es un estado mental, no un estado del estómago.

He revertido mi resistencia a la insulina con ayunos de 18 horas durante cinco días seguidos de 2 días de ayuno solo a base de agua. También hago ayuno de agua durante 10-18 días consecutivos cada dos meses. Después del tercer día el hambre disminuye, las cetonas se disparan y entonces es cuando me siento invencible. Me siento mejor con 51 años de lo que jamás me sentí con 21.

— Debbie F.,
Knoxville, Iowa

Bibliografía

A. M. Johnstone, P. Faber, E. R. Gibney, M. Elia, G. Horgan, B. E. Golden y R. J. Stubbs, «Effect of an Acute Fast on Energy Compensation and Feeding Behaviour in Lean Men and Women», *International Journal of Obesity* 26, n. 12 (2002): 1623–28.

Ameneh Madjd, Moira A. Taylor, Alireza Delavari, Reza Malekzadeh, Ian A. Macdonald y Hamid R. Farshchi, «Effects on Weight Loss in Adults of Replacing Diet Beverages with Water During a Hypoenergetic Diet: A Randomized, 24-wk Clinical Trial», *American Journal of Clinical Nutrition* 102, n. 6: 1305–12. doi: 10.3945/ ajcn.115.109397.

I. C. Gilliland, «Total Fasting in the Treatment of Obesity», *Postgraduate Medical Journal* 44, n. 507 (1968): 58–61.

DARRYL

HISTORIA DE ÉXITO CON EL AYUNO

Darryl, un hombre de sesenta y seis años, fue derivado a mí en noviembre de 2015 para tratar su diabetes tipo 2 con la que llevaba once años. También tenía el colesterol y la presión arterial elevados, y solo tenía un riñón. Llevaba tiempo padeciendo dolores lumbares causados, en parte, por su obesidad abdominal. Cargar con todo ese peso extra alrededor de su abdomen le había sacado de su equilibrio y había sobreexigido su región lumbar. Al final, esto le provocó artritis en la columna y un dolor en la zona lumbar que le dejaba paralizado.

Le enviaron a un especialista del dolor quien, inmediatamente, reconoció los rasgos típicos del síndrome metabólico y sabía que perder peso le ayudaría considerablemente con su dolor.

El de Darryl era el típico historial de diabetes. Había empezado con una pequeña dosis de un único medicamento, pero con los años, esta no había dejado de aumentar hasta el punto de tomar 70 unidades de insulina al día solo para mantener a raya su azúcar en sangre. Empezamos por una dieta baja en carbohidratos y rica en grasas y añadimos algo de ayuno intermitente. Ayunaba veinticuatro horas seguidas, tres veces a la semana.

Los resultados llegaron de inmediato. Su peso y su cintura empezaron a reducirse. En tan solo dos semanas dejó de tomar insulina porque sus niveles de azúcar en sangre se mantenían de forma constante en rangos normales. Desde entonces ha dejado de tomar todos los medicamentos para la diabetes y su último análisis de HbA1C dio 5,9 por ciento, cuando antes de empezar nuestro programa estaba en 6,8. En otras palabras, a pesar de dejar la insulina, sus niveles de azúcar eran mejores que nunca. De hecho, ya no le clasificarían como diabético nunca más. Su diabetes había desaparecido por completo.

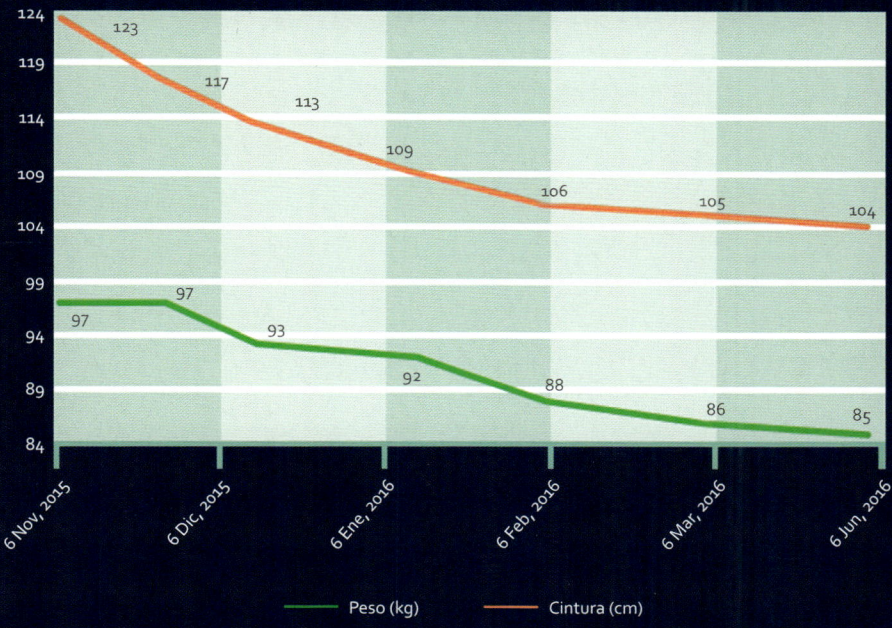

Imagínatelo. Darryl había sufrido diabetes durante once años y, en cualquier momento, una dieta apropiada podría haber acabado por completo con su diabetes. Darryl podría haber pasado los siguientes veinte años inyectándose insulina y no habría solucionado el problema de fondo pero, en lugar de eso, solo con seguir una serie de sencillas normas dietéticas, curó su diabetes tipo 2.

Capítulo 10
QUIÉNES NO DEBERÍAN AYUNAR

Ahora que ya hemos hablado de los muchos beneficios del ayuno, tenemos que añadir una importante advertencia: el ayuno no es para todo el mundo. Conlleva ciertos riesgos y no se toman las cantidades normales de vitaminas, minerales y otros nutrientes esenciales. Hay algunas personas que no deberían, en absoluto, intentar el ayuno terapéutico, entre ellas:

- Aquellas con un peso muy bajo o problemas graves de desnutrición
- Niños menores de dieciocho años
- Mujeres embarazadas
- Mujeres que estén dando el pecho

Hay otras que deberían tener cuidado a la hora de ayunar, pero que no tienen necesariamente por qué evitarlo. En las siguientes situaciones lo más inteligente es recurrir al consejo de un profesional de la salud antes de intentar el ayuno terapéutico:

- Si tienes gota
- Si estás tomando algún tipo de medicación
- Si tienes diabetes tipo 1 o 2
- Si tienes la enfermedad del reflujo gastroesofágico

No ayunes en absoluto si:
Tienes un peso muy bajo o problemas graves de desnutrición

Cuando la desnutrición es un problema, es obvio que no resulta inteligente ni deseable restringir deliberadamente los nutrientes y las calorías.

Cuando la grasa corporal cae por debajo del 4 por ciento, el cuerpo se ve obligado a usar proteínas para alimentarse a sí mismo. (Como comparación, sirva que el promedio de grasa corporal se sitúa en el 25 por ciento en los hombres y el 35 por ciento en las mujeres. Esto es solo un promedio; en una persona obesa el porcentaje de grasa corporal es mucho mayor. Un maratoniano, pese a parecer muy flaco, puede tener un 8 por ciento de grasa corporal). La energía almacenada en forma de grasa se ha agotado y el cuerpo debe quemar ahora tejido funcional para sobrevivir. Este síndrome se llama consunción y no es ni saludable ni beneficioso de ningún modo.

El índice de masa corporal (IMC) se calcula tomando el peso en kilos y dividiéndolo entre la altura en metros al cuadrado: kg/m². Una definición bastante aceptada de *peso por debajo del apropiado* es un IMC inferior a 18,5. Para un hombre que mida 1,78 se correspondería con un peso de 58 kilos y medio. Yo, por lo general, desaconsejo cualquier clase de ayuno con un IMC inferior a 20, ya que el riesgo de complicaciones aumenta considerablemente, pero es especialmente importante evitar los ayunos prolongados.

AMY BERGER — ESTRELLAS DEL AYUNO

No me gusta que la gente utilice el ayuno como excusa para comer lo que quieran en cantidades excesivas cuando no están ayunando. Tampoco debería emplearse como castigo por haber comido en exceso, «hacer trampas» o «saltarse» una determinada dieta que alguien esté siguiendo. Puede usarse como una especie de calibración o reajuste si alguien piensa que se beneficiará de ello, pero no debería emplearse como un remedio rápido para expiar los pecados nutricionales.

Menores de dieciocho años

En el caso de los niños, un crecimiento adecuado supera el resto de preocupaciones relacionadas con la salud; una nutrición adecuada es un requisito previo para un crecimiento normal. Restringir las calorías, por tanto, es una forma de restringir los nutrientes esenciales necesarios para un crecimiento adecuado y el desarrollo de los órganos vitales, sobre todo el cerebro. El crecimiento normal se dispara durante la pubertad, y requiere una cantidad tremenda de nutrientes. Una alimentación insuficiente durante este periodo puede provocar retraso en el crecimiento, el cual puede ser irreversible. En todos los niños menores de dieciocho años el riesgo de desnutrición durante el ayuno es inaceptablemente elevado.

Eso no quiere decir que saltarse una comida sea perjudicial para la salud de los niños, pero el ayuno prolongado más allá de veinticuatro horas no es aconsejable. Esto es algo que hace mucho tiempo ha sido reconocido por casi todas las culturas del mundo. Los niños siempre han sido excluidos de todo ayuno cultural o religioso para evitar el desarrollo involuntario de desnutrición en una época vital para el desarrollo.

¿EL AYUNO PROVOCA ANOREXIA?

Los pacientes que sufren anorexia nerviosa no deberían realizar ayuno dado que ya sufren una importante desnutrición. Además, el ayuno podría potenciar directamente las manifestaciones de la anorexia nerviosa. La comida es la medicina habitual para la anorexia nerviosa, de modo que negarla está desaconsejado. No obstante, ¿*provoca* anorexia el ayuno?

La respuesta es no. La anorexia es un trastorno psiquiátrico de una imagen distorsionada del cuerpo. Los pacientes perciben su cuerpo como si tuvieran sobrepeso, aunque puedan estar muy por debajo de su peso normal. Es una enfermedad psicológica, no una enfermedad provocada por no comer. Este es el síntoma, no la causa. Normalmente, ayunar no es algo divertido y hay muy poco riesgo de que alguien se enganche a ello. Desde luego no resulta adictivo de la manera en la que la cocaína puede hacerlo.

Argumentar que el ayuno provoca anorexia es como decir que lavarse las manos provocará un trastorno obsesivo-compulsivo. Lavarse las manos en exceso es el síntoma del trastorno, no su causa.

Es más, el ayuno se ha venido practicando de forma segura desde hace miles de años por millones de personas en todo el mundo, sin embargo, la anorexia nerviosa es un fenómeno muy reciente. Si el ayuno provocase anorexia, habría sido descrito hace miles de años y afectaría a los hombres igual que a las mujeres. Esto desmiente la idea de que el ayuno pueda ser causa de la anorexia. ¿Conclusión? El ayuno no *provoca* anorexia, pero no debería intentarse por personas que padezcan anorexia.

Es más importante enseñarles a los niños a escoger bien la comida. Elegir alimentos de granos enteros, naturales y sin procesar es un buen comienzo. Evitar los cereales muy procesados y, sobre todo, reducir la cantidad de azúcar también ayuda a prevenir la obesidad y fomenta la buena salud.

Embarazadas

Ayunar durante el embarazo presenta similares problemas en relación con el correcto desarrollo del feto. El desarrollo del feto requiere de los nutrientes adecuados para un crecimiento óptimo, y un déficit de nutrientes puede provocar un daño irreversible durante esta fase crucial. Por este motivo, muchas mujeres toman complejos multivitamínicos durante el embarazo. Es muy importante el suplemento de ácido fólico, ya que un déficit de este puede conducir a un riesgo elevado de sufrir defectos neuronales (por ejemplo, espina bífida). Las reservas de ácido fólico en los humanos solo duran unos pocos meses, así que un déficit prolongado puede suponer un riesgo enorme para el feto que se está desarrollando.

Dado que el embarazo se limita a nueve meses, no hay motivo para ayunar durante este tiempo. Puede dejarse para un momento más oportuno, una vez el embarazo y la lactancia hayan terminado. Una vez más, las culturas de todo el mundo reconocen el peligro inherente del ayuno en este periodo y eximen a las mujeres embarazadas del ayuno cultural y religioso.

Lactancia

El bebé que está desarrollándose recibe todos sus nutrientes de la madre a través de la leche materna. Si la madre tiene un déficit de vitaminas y minerales, entonces, el bebé también lo tendrá. El resultado puede provocar un retraso irreversible del crecimiento. Por este motivo, yo no recomiendo a nadie que esté dando el pecho que haga ayuno. Saltarse una comida de vez en cuando no es perjudicial, pero no se recomienda el ayuno prolongado de forma deliberada.

De nuevo, dado que la lactancia se limita por lo general a meses y no a años, no hay motivo para ayunar. Una vez hayas acabado la lactancia, se puede ayunar sin miedo a dañar al bebé.

El ayuno es una actividad que puede realizarse sin peligro durante la *mayor parte* de la vida adulta, de modo que es una tontería hacerlo, precisamente, en esas pocas ocasiones en las que supone un riesgo para tu salud o la salud de tu bebé. No hay ninguna razón para tener prisa en hacerlo. Siempre va a haber tiempo para ayunar más adelante, cuando sea seguro hacerlo.

Consulta a tu médico si:

Tienes gota

La gota es una artritis inflamatoria causada por el exceso de cristales de ácido úrico en las articulaciones. Los niveles elevados de ácido úrico son uno de los factores que más contribuyen a esta enfermedad, y los medicamentos para hacer descender el nivel de ácido úrico en sangre algunas veces se prescriben para reducir las posibilidades de que reaparezca.

La eliminación de ácido úrico a través de la orina se reduce durante el ayuno, lo que aumenta el nivel de ácido úrico. En teoría, estoy podría empeorar la gota. En un estudio con cuarenta y dos pacientes obesos que ayunaron, el ácido úrico aumentó en todos ellos, pero ninguno desarrolló gota.

La mayoría de los pacientes con un historial de gota toleran el ayuno sin dificultad. No obstante, es importante conocer el riesgo potencial y, si tienes alguna duda, habla con tu médico antes de empezar un régimen de ayuno.

Estás tomando algún tipo de medicación

Cualquier persona que esté tomando medicamentos de forma habitual para cualquier afección *debe* consultar con su médico antes de empezar cualquier tipo de dieta o programa de ayuno. Hay determinados medicamentos que es mejor tomarlos con comida, lo que obviamente no es posible durante el ayuno. Los medicamentos que suelen causar más problemas durante el ayuno son la aspirina, la metformina, y los suplementos de hierro y magnesio. Pero, a menudo, es posible organizar el ayuno para adecuarse a estos medicamentos.

La aspirina se suele utilizar como anticoagulante en personas con enfermedades cardiovasculares. Un efecto secundario habitual es la gastritis; la irritación del revestimiento del estómago. En casos graves puede provocar que se formen úlceras en el estómago y en el intestino delgado. Para reducir el riesgo de estas complicaciones, la aspirina suele tomarse con comida. Muchos comprimidos de aspirina vienen ahora recubiertos con una película protectora para proteger el revestimiento del estómago, pero esto tan solo reduce el riesgo de gastritis y úlceras, no lo elimina. Tomar aspirina sin comida aumenta el riesgo de irritación de estómago.

La metformina es el medicamento más recetado en el mundo para la diabetes tipo 2. Este fármaco para reducir el azúcar en sangre se viene utilizando desde los años 50 y también suele prescribirse para el síndrome del ovario poliquístico. Uno de los principales efectos secundarios es el malestar gastrointestinal, que puede empeorar si tenemos el estómago vacío. Los síntomas que con más frecuencia se describen son diarrea, náuseas y vómitos.

Los suplementos de hierro suelen recetarse para recuentos bajos de glóbulos rojos debido a una pérdida crónica de sangre, también llamada *anemia ferropénica*. Por ejemplo, muchas mujeres tienen menstruaciones muy fuertes que provocan niveles bajos de hierro. Entre los efectos secundarios más frecuentes de estos suplementos de hierro están el estreñimiento y el dolor abdominal, que pueden empeorar con el ayuno.

El magnesio es un mineral que se almacena en los huesos en grandes cantidades. Los suplementos se suelen tomar para tratar calambres en las piernas, migrañas y el síndrome de las piernas inquietas. También se emplea como antiácido y laxante. Los suplementos de magnesio se toman por vía oral y, a menudo, no se absorben muy bien en el intestino, lo que provoca diarrea. Tomar el magnesio con comida suele reducir estos síntomas. Los niveles bajos de magnesio son especialmente frecuentes en la diabetes tipo 2.

Como alternativa, el magnesio puede absorberse a través de la piel mediante las sales de Epson, cristales de sulfato de magnesio. Puedes disolver una taza de sales de Epson en una bañera con agua caliente y bañarte durante 30 minutos. El magnesio se absorberá a través de la piel. Se trata de un remedio tradicional para muchas cosas, como los calambres musculares, el estreñimiento, y los problemas de piel. También existen preparados de aceite de magnesio o geles de magnesio que pueden aplicarse sobre la piel.

Tienes diabetes

Si tienes diabetes tipo 1 o 2, es fundamental que tengas mucho cuidado mientras ayunes o, incluso, cuando cambies tus hábitos alimentarios. Esto es especialmente importante en el caso de que estés tomando algún tipo de medicación. Si mantienes la misma dosis de medicación pero reduces la cantidad de comida que comes existe el riesgo de que tus niveles de azúcar caigan en exceso; una situación clínica denominada *hipoglucemia*.

Entre los síntomas de la hipoglucemia se cuentan temblores, sudores, irritabilidad o nerviosismo, sensación de mareo, hambre y náuseas. Otros síntomas más graves pueden ser confusión, delirios y convulsiones. Si no se trata la hipoglucemia puede llegar a ser mortal. Los síntomas pueden aparecer muy deprisa y, si lo hacen, hay que tomar inmediatamente alguna bebida o alimento azucarado para revertir la situación.

Debes consultar con un médico para ajustar la dosis de insulina o de la medicación para la diabetes antes de empezar cualquier programa nutricional. Es de vital importancia hacer un seguimiento de los niveles de azúcar. Si no puedes hacer esto, entonces, no deberías tratar de ayunar. (Para más información sobre el ayuno con diabetes véase la página 128).

Tienes la enfermedad del reflujo gastroesofágico

En la enfermedad del reflujo gastroesofágico (ERGE), comúnmente conocida como acidez gástrica, los ácidos del estómago suben por el esófago provocando daños en los sensibles tejidos de este. La sensación es como un dolor sordo en la parte inferior del pecho o la parte superior del abdomen y, a menudo, suele empeorar cuando nos tumbamos. La gente suele describir que siente como si el contenido de su estómago «volviese hacia arriba».

El exceso de grasa abdominal aumenta la presión sobre el estómago y hace que la comida y los ácidos del estómago asciendan hacia el esófago. Esto, en ocasiones, puede empeorar con el ayuno, ya que no hay nada en el estómago que absorba los ácidos del estómago. (Resulta irónico, ya que el ayuno a menudo se realiza para perder peso, lo que en última instancia debería mejorar la acidez). Una vez se consigue perder peso, la acidez suele desaparecer. Algunas veces el ayuno mejora los síntomas de la acidez ya que la comida puede estimular la producción de los ácidos del estómago, y el ayuno la reduce.

Estas son algunas técnicas sencillas para reducir los síntomas del ERGE:

- Evita las comidas que aumenten el reflujo (chocolate, cafeína, alcohol, fritos y cítricos). La cafeína relaja el esfínter esofágico, lo que puede agravar el reflujo.
- Termina de comer, al menos, tres horas antes de acostarte.
- Camina después de cenar.
- Eleva la posición de la cabeza en la cama mediante almohadones.
- Trata de beber agua alcalina o agua con limón.
- Toma medicamentos para los que no hace falta receta como antiácidos, soluciones de bismuto o ranitidina (Zantac).
- Pregunta a tu médico sobre otros medicamentos más fuertes, como los inhibidores de la bomba de protones.

Si esto no funciona, también es posible modificar el régimen de ayuno para evitar la acidez. Por ejemplo, en lugar de hacer verdadero ayuno, prueba a comer un puñado de hojas verdes de ensalada en intervalos regulares. Esto conserva la mayoría de los beneficios del ayuno a la vez que alivia los síntomas de la acidez. Un «ayuno de grasa» en el que solo se come grasa durante el periodo de ayuno también puede resultar efectivo. (Véase página 176).

¿Deberían ayunar las mujeres?

A menudo me preguntan si las mujeres deberían ayunar. No sé muy bien dónde empezó el rumor de que las mujeres *no deberían* ayunar, pero lo he escuchando suficientes veces como para abordar la cuestión.

Existe cierta preocupación constante respecto a que las mujeres puede que no experimenten los mismos beneficios del ayuno que los hombres. Prácticamente todos los estudios confirman que tanto los hombres como las mujeres se benefician del ayuno. Es más, no existe ninguna diferencia en relación con su eficacia entre los dos sexos.

Mi propia experiencia clínica así lo confirma. A lo largo de los últimos cinco años he ayudado a cientos de hombres y mujeres a ayunar, y no he visto diferencia alguna entre sexos. En todo caso las mujeres tienden a hacerlo mejor. Muchos de los protagonistas de nuestras historias de éxito con el ayuno son mujeres. Megan, la directora del programa, mejoró tanto su salud con el ayuno que dejó su carrera como investigadora médica para ayudar a otros con el ayuno. Puede que las mujeres, naturalmente, tengan problemas durante el ayuno, pero los hombres a menudo tienen los mismos problemas. Es curioso que la tasa más alta de éxito se dé entre maridos y esposas que ayunan juntos; el apoyo mutuo es una gran ayuda y hace el ayuno mucho más llevadero.

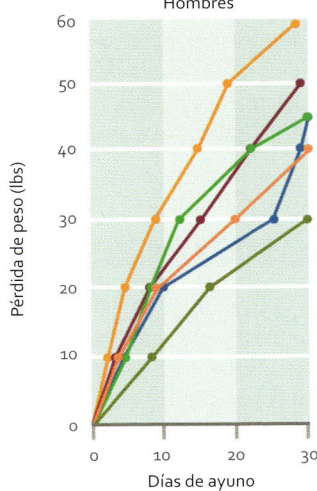
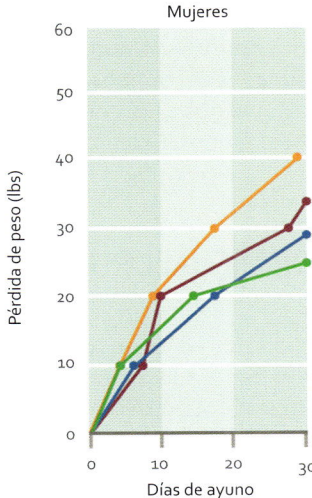

Fuente: Drenick, Hunt y Swendseid, «Influence of Fasting and Refeeding on Body Composition».

Figura 10.1. Los hombres y las mujeres tienen índices similares de pérdida de peso durante el ayuno.

El ayuno ha formado parte de la cultura humana desde hace, al menos, dos mil años.

¿Están exentas de ayunar las mujeres musulmanas? ¿Están exentas las mujeres budistas? ¿Están exentas las mujeres católicas? ¡No! Con una tradición que se remonta miles de años, ninguna de estas religiones hace distinción entre hombres y mujeres adultos a la hora de ayunar, tan solo las mujeres que están embarazadas o dando el pecho.

Algo que suele preocupar mucho es que el ayuno pueda afectar a las hormonas reproductivas. Ciertamente, las mujeres con desnutrición no deberían ayunar dado que una cantidad demasiado baja de grasa corporal puede provocar amenorrea (pérdida del ciclo menstrual) y dificultad para concebir. Pero en las mujeres con un peso normal no se aprecia una diferencia significativa en su perfil de hormonas sexuales durante el ayuno. Un estudio examinó el efecto de tres días de ayuno en las hormonas reproductivas durante distintos momentos del ciclo menstrual. Los niveles de glucosa e insulina se mantuvieron bajos, como es normal en el ayuno, pero todas las hormonas reproductivas permanecieron dentro de sus límites normales. Los ultrasonidos también mostraron un crecimiento normal del folículo dominante, y los ciclos menstruales se mantuvieron inalterados. Los problemas de la amenorrea y de los ciclos anovulatorios (ciclos menstruales en los que no hay ovulación) surgen cuando el porcentaje de grasa corporal cae demasiado bajo. No obstante, las mujeres con un porcentaje de grasa corporal demasiado baja no deberían ayunar de por sí (tampoco los hombres). Si durante el ayuno aparece amenorrea o cualquier otro problema menstrual, déjalo inmediatamente.

Las mujeres embarazadas o que están dando el pecho, como hemos señalado antes, no deberían ayunar. Se trata de situaciones en las que es indispensable obtener los nutrientes adecuados para el crecimiento.

Dejémoslo bien claro. Existen ciertos problemas a los que las mujeres pueden tener que enfrentarse durante el ayuno, pero todos estos problemas también aparecen en los hombres. Algunas veces las mujeres no pierden peso como ellas quieren, y algunas veces tampoco los hombres. A veces a las mujeres les resulta difícil ayunar; al igual que a los hombres. Todos los estudios sobre el ayuno, muchos de los cuales se remontan cientos de años, muestran que es seguro para ambos sexos.

DOCTOR MICHAEL RUSCIO — ESTRELLAS DEL AYUNO

Es importante hacer un seguimiento de los síntomas principales; cualquiera que estos sean. También es importante valorar si creemos que estamos mejorando o empeorando con el paso de los días. Si, en general, te vas encontrando mejor, entonces, sigue con ello. Si por el contrario consideras que, en general, te encuentras peor, entonces, puede que el enfoque que estés siguiendo no sea el adecuado para ti y debas probar otra forma de ayuno.

Lo más importante es recordar siempre que si *de algún modo* te encuentras mal, seas hombre o mujer, debes dejar de ayunar inmediatamente y ponerte en contacto con tu médico.

Bibliografía

D. A. Johnston y K. G. Wormsley, «The Effects of Fasting on 24-h Gastric Secretion of Patients with Duodenal Ulcers Resistant to Ranitidine» *Alimentary Pharmacology and Therapeutics* 3, n. 5 (1989): 471–9, doi: 10.1111/j.1365-2036.1989.tb00238.x.

E. J. Drenick, I. F. Hunt y M. E. Swendseid, «Influence of Fasting and Refeeding on Body Composition» *American Journal of Public Health* 58, n. 3 (1968): 477–84.

I. C. Gilliland, «Total Fasting in the Treatment of Obesity» *Postgraduate Medical Journal* 44, n. 507 (1968): 58–61.

J. Runcie y T. J. Thomson, «Total Fasting, Hyperuricaemia and Gout», *Postgraduate Medical Journal* 45, n. 522 (1969): 251–3.

Kristin K. Hoddy, Cynthia M. Kroeger, John F. Trepanowski, Adrienne R. Barnosky, Surabhi Bhutani y Krista K. Varady, «Safety of Alternate Day Fasting and Effect on Disordered Eating Behaviors», *Nutrition Journal* 14, n. 44 (2015), doi: 10.1186/s12937-015-0029-9.

M. R. Soules, M. C. Merriggiola, R. A. Steiner, D. K. Clifton, B. Toivola y W. J. Bremner, «Short-Term Fasting in Normal Women: Absence of Effects on Gonadotrophin Secretion and the Menstrual Cycle», *Clinical Endocrinology* 40, n. 6 (1994): 725–31.

Segunda Parte

CÓMO AYUNAR

Capítulo 11
TIPOS DE AYUNO Y MEJORES PRÁCTICAS

Resulta útil clasificar los ayunos en función de dos características: lo que se permite tomar durante el ayuno y el tiempo o la frecuencia con la que se ayuna. Abordaremos la cuestión del tiempo y la frecuencia en los capítulos 12, 13 y 14, pero primero echemos un vistazo a los distintos tipos de ayuno en función de lo que se puede comer y beber.

La mayoría de ayunos solo permiten bebidas no calóricas. Es decir, se permiten el agua, el té y el café solo durante el ayuno, pero no el azúcar, la fructosa, el néctar de agave y cualquier otro tipo de azúcar. Existe cierto desacuerdo respecto a los edulcorantes artificiales, como la stevia, el aspartamo y la sucralosa. Dado que estos no contienen calorías, técnicamente, podrían permitirse. No obstante, el uso de químicos en estos edulcorantes artificiales va en contra del espíritu del ayuno, que es el de limpiar o purificar el cuerpo, no solo de azúcares y grasas que no deseamos, sino también de sustancias químicas y otros agentes artificiales. El mismo argumento es aplicable a los sabores artificiales, como las pastillas de caldo o los preparados en polvo saborizados para preparar bebidas.

El ayuno de agua es una variante clásica y tradicional; no se permite ninguna otra bebida ni aditivos durante el periodo de ayuno. Es importante señalar que este ayuno, generalmente, no incluye nada de sal. Sin sal, el cuerpo no puede retener el agua y, por tanto, existe cierto riesgo de deshidratación. Algunas variantes del ayuno de agua permiten beber agua con sal, aunque puede ser difícil de beber. No obstante, el cuerpo tiene una capacidad extraordinaria para retener la sal cuando no puede obtenerla directamente de la dieta. Esto significa que, siempre y cuando el ayuno de agua se limite a un tiempo máximo, sus necesidades de sal serán muy bajas, de modo que un déficit de sal no debería suponer un problema.

El ayuno con zumos permite el consumo de estos, además de agua. Dado que los zumos contienen azúcar y calorías de forma natural, esto, técnicamente, no puede considerarse un verdadero ayuno, pero la palabra suele usarse en este contexto. Los resultados que pueden obtenerse con este ayuno variarán dependiendo del tipo y la cantidad del zumo consumido. Los zumos de frutas tienden a tener un alto contenido en azúcar y, por tanto, no suelen producir tan buenos resulta-

He perdido casi 23 kilos (de 97,5 a 75) y lo mantengo. Sigo una dieta baja en carbohidratos y rica en grasas y hago ayuno intermitente durante un mínimo de 18 horas; hago un ayuno de agua durante 2 o 3 días a la semana. No puedo decir que disfrute con los ayunos de agua, pero no puedo negar que me han ayudado a ir más allá en mi pérdida de peso. Creo que mantenerse ocupado es la mejor manera de superar un ayuno de agua.

– Philip M.,
Bellaire, Tejas

Agua

Asegúrate de estar bien hidratado durante el ayuno. El agua, tanto sin gas como con gas es siempre una buena elección. Procura beber dos litros de agua u otros líquidos cada día. Para asegurar una buena hidratación es recomendable empezar el día con 250 mililitros de agua fresca. Si lo deseas, puedes añadir el jugo de un limón o de una lima para darle sabor. También puedes añadir unas rodajas de naranja, frutos rojos o rodajas de pepino a una jarra de agua para darle sabor. Diluir vinagre de manzana en agua puede ayudarte a bajar el nivel de azúcar en sangre. No obstante, los saborizantes y edulcorantes artificiales están prohibidos. Las bebidas en polvo como el Tang o el Kool-Aid *no* deben añadirse al agua.

Té

Cualquier tipo de té es una buena elección, ya sea té verde, negro, azul o de hierbas. El té verde resulta una elección especialmente buena durante el ayuno ya que se cree que las catequinas que contiene el té verde ayudan a eliminar el apetito. Se puede ir cambiando de té para variar y se puede tomar tanto frío como caliente.

Los tés de hierbas no son verdaderos tés, ya que no contienen hojas de té. No obstante, también resultan estupendos para ayunar. El té de canela y el té de jengibre se han utilizado por su poder para inhibir el apetito. El té de menta y el de camomila suelen emplearse por sus propiedades relajantes. Dado que los tés de hierbas no contienen cafeína estos pueden disfrutarse a cualquier hora del día o de la noche. Todos los tés, incluidos los de hierbas, pueden tomarse fríos o calientes.

Se puede añadir una pequeña cantidad de nata al té, pero el azúcar y los edulcorantes artificiales no están permitidos. No obstante, si crees que apenas está habiendo progresos puede que quieras eliminar todas las calorías durante el ayuno. Cuando nuestros pacientes se encuentran en un momento de estancamiento y no consiguen perder más peso, solemos recomendarles que retomen el clásico ayuno de agua.

Café

El café, tanto con cafeína como descafeinado, está permitido durante el ayuno. También se permite añadir una pequeña cantidad de nata o de aceite de coco al té o al café. Aunque, técnicamente, esto suponga que no es un verdadero ayuno, el efecto es tan pequeño que no parece que suponga una diferencia importante para el resultado final del ayuno. Es más, esta flexibilidad puede mejorar la capacidad para seguir con el programa de ayuno. Con una «pequeña cantidad» nos referimos a 1 o 2 cucharaditas de nata o de aceite de coco; para nada las enormes cantidades de grasa que se utilizan para el café a prueba de balas.

También pueden añadirse especias, como la canela o la nuez moscada, pero no edulcorantes, azúcar o saborizantes artificiales. Los días de mucho calor, el café helado es una gran alternativa. Simplemente, haz una cafetera como siempre y enfríala en el frigorífico. El café tiene muchos beneficios para la salud que están siendo reconocidos ahora; por ejemplo, puede reducir el riesgo de diabetes tipo 2 y es una gran fuente de antioxidantes.

Caldo de huesos

El caldo casero de huesos, hecho con huesos de ternera, cerdo, pollo o raspas de pescado, es una buena elección para los días de ayuno. Los huesos de animales se hierven junto a otras verduras y condimentos para largos periodos de tiempo (cualquiera entre ocho y treinta y seis horas (véase página 240 para consultar la receta). El caldo vegetal es una buena alternativa, aunque el caldo de huesos contiene más nutrientes. Cualquier verdura, hierba o especia es un buen complemento para el caldo de huesos, pero no le añadas pastillas de caldo, ya que estas contienen una gran cantidad de saborizantes artificiales y glutamato monosódico. Ten cuidado con los caldos preparados, se trata de malas imitaciones del caldo casero.

A menudo le recomendamos a la gente que añada una punta de sal al caldo de huesos. Durante los ayunos prolongados es posible que se dé un déficit de sal dado que esta no se ingiere ni con el agua, ni con el café, ni con el té, y un déficit de sal puede conducir a una deshidratación. La sal marina también contiene trazas de otros minerales, como potasio y magnesio, que pueden resultar muy beneficiosos durante el ayuno. (Para ayunos más cortos, cualquiera entre veinticuatro y treinta y seis horas, probablemente, no suponga ninguna diferencia).

El caldo de huesos también contiene una pequeña cantidad de proteínas y algunos minerales (calcio y magnesio), así que, técnicamente, cualquier ayuno que incluya caldo de huesos no es un verdadero ayuno. No obstante, la gente considera que el caldo de huesos les ayuda a hacer el ayuno prolongado mucho más llevadero. La gelatina y la proteína que contiene el caldo ayudan a disminuir los ataques de hambre. Además, al caldo de huesos se le atribuyen muchos otros beneficios, como efectos antiinflamatorios y beneficios para los huesos y las articulaciones.

Capítulo 12
AYUNO INTERMITENTE

En la primera parte te he dado argumentos de por qué en el mundo actual, donde hay un constante exceso de comida, el ayuno no es malo para ti; de hecho, forma parte de la humanidad desde hace miles de años y tiene beneficios para ciertos problemas de salud, sobre todo la obesidad y la diabetes tipo 2.

En las sociedades tradicionales de cazadores-recolectores, prácticamente, nunca se daba la obesidad ni la diabetes, ni siquiera en épocas de abundancia de comida. En la era previa a la agricultura se estima que la comida de origen animal aportaba dos tercios de las calorías a la dieta. De modo que, pese a todos los reparos actuales hacia la carne roja y las grasas saturadas, no parece que nuestros antepasados tuvieran problemas por el hecho de comerlas.

Hace alrededor de diez mil años, con la revolución agrícola y la mayor fiabilidad de comida que esta supuso, desarrollamos el hábito de hacer dos o tres comidas al día. Sin embargo, muchas de las primeras sociedades agrícolas seguían dietas basadas en los carbohidratos sin que por ello hubiera problemas de obesidad. Parece que esto es un problema actual.

Estos ejemplos nos permiten ver cómo es posible comer carne y carbohidratos sin que en la sociedad se desarrolle el problema de la obesidad y la diabetes. Lo más importante es nuestra respuesta insulínica a la comida, ya que la obesidad es un problema derivado del exceso de insulina y, cuando se trata de insulina, tal y como ya hemos comentado en los capítulos 5 y 6, el momento y la frecuencia de las comidas es tan importante como la composición de estas. Exactamente, la cuestión del *cuándo* comer es tan importante como el *qué* se come. Es aquí, precisamente, donde mejor puede ayudarnos el ayuno intermitente.

¿Qué es el ayuno intermitente?

El término *ayuno intermitente* significa, simplemente, que los periodos de ayuno se producen de forma regular entre periodos normales de comida. La duración de cada periodo de ayuno y del periodo de comida puede variar enormemente. Existen muchos regímenes distintos de ayuno, y no hay uno que sea *el mejor*. Todos funcionan en distinto grado para personas distintas. Puede que un régimen le funcione a una persona, pero que para otra sea completamente ineficaz. Puede que una persona prefiera los ayunos cortos, y que otra los prefiera largos. Ninguno de ellos es correcto o incorrecto. Todo es una cuestión de preferencias.

Los ayunos pueden ir desde doce horas hasta tres meses. Se puede ayunar una vez a la semana, o una vez al mes, o una vez al año. Los ayunos más cortos, generalmente, se hacen con más frecuencia, incluso a diario, mientras que los ayunos más largos (entre veinticuatro y treinta y seis horas es la duración más frecuente) suelen hacerse dos o tres veces por semana. El ayuno prolongado puede comprender desde una semana a un mes.

Yo clasifico los ayunos como cortos (menos de veinticuatro horas) o prolongados (más de veinticuatro horas), pero esto es, en cierto modo, arbitrario. En el programa IDM los regímenes más cortos, generalmente, se utilizan con aquellas personas que están más interesadas en perder peso que en tratar la diabetes tipo 2, la enfermedad del hígado graso u otras enfermedades metabólicas. No obstante, los ayunos más cortos y frecuentes también funcionan muy bien para estas afecciones.

Durante los ayunos de corta duración se sigue comiendo diariamente, lo que minimiza el riesgo de desnutrición. Los ayunos más cortos también son más fáciles de encajar en la rutina familiar y laboral.

Los ayunos con una duración mayor dan resultado antes, pero se suelen hacer con menor frecuencia. Puede que ayunar durante más de veinticuatro horas suene difícil pero, sorprendentemente, he conocido a muchos pacientes que prefieren ayunar más tiempo, pero con menos frecuencia. En los capítulos 13 y 14 hablaremos sobre los ayunos prolongados.

Recuerda, siempre se puede cambiar de un régimen a otro. Siempre hay una salida, pero ten en cuenta que los primeros periodos de ayuno siempre son difíciles y, desgraciadamente, no hay mucho que puedas hacer al respecto. Como todo en esta vida, el ayuno se hace más fácil con la práctica.

Regímenes de ayuno diarios y cortos

Ayuno de 12 horas

Antes, un periodo de ayuno diario de doce horas era considerado un patrón de comidas normal. Se comía tres veces al día, pongamos entre las 7 de la mañana y

---

AMY BERGER — **ESTRELLAS DEL AYUNO**

El ayuno intermitente me parece algo estupendo. Cuando se hace de forma habitual, el cuerpo se acostumbra y uno no tiene que pensárselo dos veces antes de hacerlo. Las señales de hambre se hacen más regulares, es decir, se ajustan al ayuno y el hambre te llega cuando tu cuerpo está preparado para comer, en lugar de esas «falsas» señales provocadas por las variaciones en la insulina, la glucosa en sangre y las hormonas del estrés.

las 7 de la tarde, y luego se ayunaba desde las 7 de la tarde hasta las 7 de la mañana del día siguiente. En ese momento el ayuno se interrumpía con el desayuno. Esto fue algo bastante habitual hasta los años 70, y tal vez no sea casualidad que entonces hubiera mucha menos obesidad.

A principios de 1977 se produjeron dos cambios nutricionales importantes. Ese año, con la publicación de las recomendaciones nutricionales para los estadounidenses, pasamos a una dieta más rica en carbohidratos y pobre en grasas.

Las dietas ricas en carbohidratos refinados estimulan la producción constante de grandes cantidades de insulina, lo que provoca que la gente gane peso y, finalmente, se vuelva obesa.

ESTRELLAS DEL AYUNO — DOCTOR BERT HERRING

> Un programa de ayuno no puede corregir de forma permanente el apetito; la corrección solo es eficaz cuando el programa de ayuno se mantiene; aunque un día o dos sin seguir el programa no supone que se pierda por completo el efecto de corrección del apetito.

El otro cambio nutricional, aunque rara vez admitido, fue el aumento paulatino de la frecuencia de las comidas. En 1977 las ocasiones para comer (tanto comidas como aperitivos) eran, de media, tres al día (desayuno, almuerzo y cena). En 2003 esa cifra está más cerca de seis al día. La gente come tres veces al día y pica algo otras tres veces al día, con lo que los niveles de insulina siempre están altos. Con el tiempo, la constante estimulación de insulina provoca la resistencia a la insulina, lo que lleva de nuevo a niveles altos de insulina que, a su vez, provocan obesidad. (Para saber más sobre la insulina y la resistencia a la insulina véanse los capítulos 5 y 6).

El ayuno diario de 12 horas introduce un periodo de insulina muy baja durante el día. Esto evita el desarrollo de la resistencia a la insulina y supone un arma muy poderosa para prevenir la obesidad. De hecho, la combinación de alimentos de granos enteros, dietas bajas en carbohidratos, menos azúcares añadidos y un ayuno de 12 horas fue suficiente para evitar que la mayoría de los estadounidenses desarrollara obesidad durante las décadas de los años 1950 y 1960; eso a pesar de que comían una gran cantidad de pan blanco y mermelada y de que el pan integral era poco habitual y ni siquiera habían oído hablar de la pasta integral.

No obstante, pese a que un ayuno diario de 12 horas puede ser una estrategia preventiva muy eficaz, no es lo suficientemente poderosa como para *revertir* el aumento de peso. Para ello suelen ser necesarios periodos de ayuno ligeramente más largos.

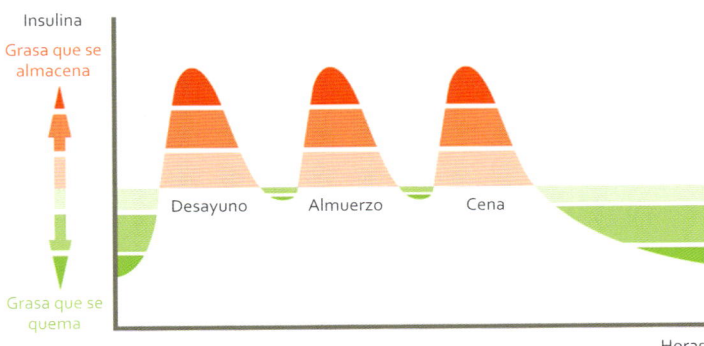

Figura 12.1. Niveles de insulina durante un programa de ayuno de 12 horas, con tres comidas al día.

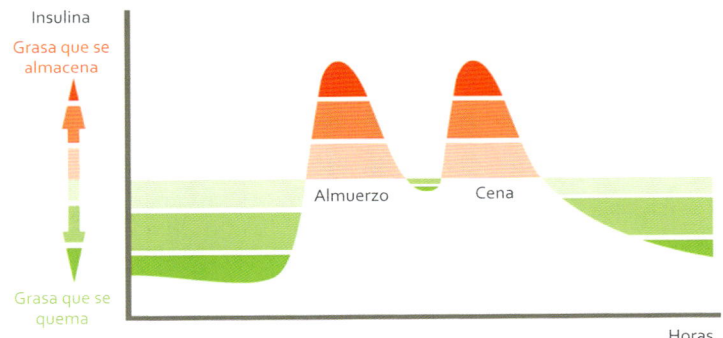

Figura 12.2. Niveles de insulina durante un programa de ayuno de 16 horas con una ventana de comida de 8 horas. Podría hacer fácilmente tres comidas en esa ventana en lugar de dos, tal y como muestra el gráfico.

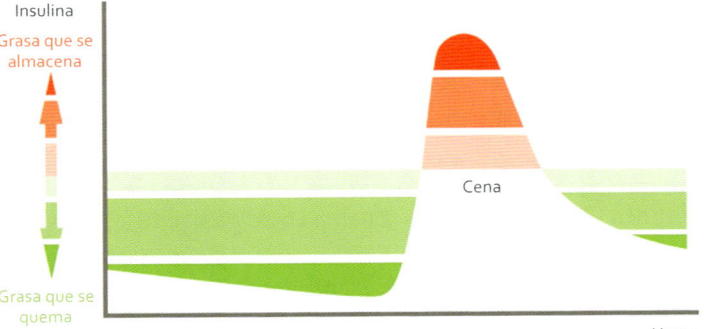

Figura 12.3. Niveles de insulina durante un programa de ayuno de 20 horas, con todas las comidas haciéndose en una ventana de 4 horas durante la tarde.

ESTRELLAS DEL AYUNO ABEL JAMES

> A la mayoría de la gente le recomiendo un ayuno intermitente 16:8 (una ventana para comer pequeña) en lugar de un ayuno más prolongado.
>
> El hecho de dormir durante la mayor parte del ayuno lo hace relativamente llevadero.

Ayuno de 16 horas

Este régimen incorpora un periodo de ayuno de 16 horas a tu horario habitual de comidas. Por ejemplo, puedes ayunar todos los días desde las 7 de la tarde hasta las 11 de la mañana. También se podría decir que tienes una ventana de ocho horas para comer todos los días. Por ese motivo, algunas veces se le llama dieta de tiempo reducido. Con este programa, la mayoría de la gente se salta la comida de por la mañana, pero la cantidad de comidas que hagas dentro de esa ventana de ocho horas depende de ti. Algunos optan por hacer dos comidas en esa ventana y otros prefieren hacer tres.

Un culturista sueco llamado Martin Berkhan puso de moda este régimen, al que a veces se le llama el método LeanGains. Algunos años más tarde, un libro llamado *The 8-hour Diet* (La dieta de las 8 horas) propuso la misma ventana de ocho horas para comer.

Una de las principales ventajas del ayuno de dieciséis horas es que resulta bastante fácil compaginarlo con la rutina diaria. Para la mayoría de la gente, solo supone saltarse el desayuno y hacer el almuerzo y la cena con un margen máximo de ocho horas entre sí. Mucha gente, pese a saltarse el desayuno, no tiene hambre por la mañana y les resulta increíblemente fácil aplicar este método.

Ciertamente, el ayuno de dieciséis horas es más potente que el ayuno de doce horas, pero debería acompañarse de una dieta baja en carbohidratos para obtener los mejores resultados. La pérdida de peso con este régimen tiende a ser lenta y constante.

Ayuno de 20 horas: «La dieta del guerrero»

En su libro *The Warrior Diet* (la dieta del guerrero), del año 2000, Ori Hofmekler señala que el momento de las comidas es casi tan importante como su composición; tal y como comentamos antes, «cuándo comemos» y «qué comemos» son cuestiones importantes, pero al «cuándo» no solemos darle importancia.

Hofmekler, inspirándose en los guerreros de la antigüedad, como los espartanos y los romanos, elaboró una dieta en la que todas las comidas se hacen por la tarde en una ventana de cuatro horas. Esto tiene como resultado un ayuno de veinticuatro horas cada día. La dieta de Hofmekler también subraya la importancia de los alimentos no procesados y los periodos de actividad física intensa, los cuales yo también considero muy saludables.

Los ritmos circadianos

Los ritmos circadianos son cambios cíclicos, predecibles y repetitivos en las hormonas y en el comportamiento a lo largo de veinticuatro horas. Estos patrones se dan en la mayoría de los animales. Casi todas nuestras hormonas, entre ellas la hormona del crecimiento, el cortisol y la hormona paratiroidea, se segregan conforme a un ritmo circadiano. Los ritmos circadianos también ayudan a controlar la insulina, lo que afecta al aumento de peso, y la grelina, que controla el hambre; lo que implica una serie de consecuencias prácticas en los patrones nutricionales y la pérdida de peso.

La insulina y comer por la noche

Los ritmos circadianos han evolucionado para responder a las diferencias en la luz ambiental, ya sea derivada de la estación del año o de la hora del día. Se cree que en la era paleolítica la comida escaseaba y que, principalmente, solo se podía acceder a ella durante las horas de luz. Los humanos cazaban y comían durante el día, y una vez se ocultaba el sol, bueno, simplemente no podías ver la comida que tenías delante de las narices. Es muy posible que los animales nocturnos tengan ritmos circadianos que les faciliten comer por la noche, pero los humanos no.

Dicho esto, ¿hay alguna diferencia entre comer durante el día o hacerlo por la noche? Bueno, hay pocos estudios al respecto, pero puede que sean muy reveladores. En un estudio realizado en 2013 dos grupos de mujeres con sobrepeso fueron seleccionadas aleatoriamente para hacer, bien un desayuno abundante, o bien una cena abundante. Ambos grupos comían 1.400 calorías al día, lo único que cambiaba era la hora a la que hacían esa comida.

El grupo del desayuno perdió mucho más peso que el grupo de la cena. ¿Por qué? A pesar de seguir dietas similares y comer prácticamente la misma cantidad, el grupo de la cena presentaba una subida general de la insulina mucho mayor. Un estudio anterior llevado a cabo en 1992 mostraba resultados similares. En res-

AMY BERGER · ESTRELLAS DEL AYUNO

Si tu entorno es demasiado estresante el ayuno intermitente puede resultar algo demasiado difícil con lo que lidiar. Los atletas que entrenan a alto nivel deben tener mucho cuidado si comienzan un protocolo de ayuno intermitente. Se cree que el ayuno intermitente puede mejorar la adaptación a las grasas (especialmente cuando se combina con una dieta cetogénica), pero también he visto a compañeros «perderse» y no ser capaces de volver a comer de forma suficiente. El ayuno es una herramienta poderosa, pero, como toda herramienta, hay que pararse a pensar con qué finalidad la estamos utilizando y cuál es el contexto concreto.

puesta a la misma comida tomada a primera hora o a última hora, la respuesta insulínica era entre el 25 y el 50 mayor por la noche.

La insulina conduce al aumento de peso, y la mayor respuesta a la insulina por las noches se traducía en un mayor aumento de peso en el grupo de la cena. Esto ilustra el hecho fundamental de que la obesidad es un desequilibrio hormonal, no calórico, y puede ayudar a explicar la conocida relación entre el turno de noche y la obesidad. (No obstante, esto también podría tener que ver con el aumento de la respuesta al cortisol debida al trastorno del sueño).

Hacer la comida más abundante por la noche parece provocar una respuesta a la insulina mucho mayor que hacerlo antes. Naturalmente, la sabiduría popular también desaconseja las comidas copiosas por la noche. La razón que se suele dar es algo como «si comes justo antes de acostarte no tienes ocasión de quemarlo y se convierte en grasa». Tal vez no sea técnicamente cierto, pero es posible que algo de eso haya. Comer tarde por la noche favorece el aumento de peso. Esta respuesta puede que haya evolucionado para *ayudarnos* a ganar grasa, lo que en el pasado tal vez supusiera algún tipo de ventaja para sobrevivir.

La grelina y los patrones del hambre

El hambre también sigue un ritmo circadiano natural. Si el hambre se debiera únicamente a la falta de comida, siempre tendríamos hambre por la mañana después del largo ayuno de la noche. Sin embargo, tanto mi experiencia personal como diversos estudios señalan que el hambre es *menor* por la mañana y el desayuno suele ser la comida *más pequeña* del día, no la más abundante. El hambre sigue un ciclo circadiano natural independiente del ciclo comida/ayuno.

La grelina, la hormona del hambre, aumenta y cae según un ritmo circadiano, con su punto más bajo a las 8 de la mañana y el más alto a las 8 de la tarde. En la misma medida, el hambre suele caer a su nivel más bajo a las 7:30 de la mañana y alcanzar su pico más alto a las 7:50 de la tarde. Estos son ritmos naturales inherentes a nuestro perfil genético. El hambre no es algo tan simple como «cuando más tiempo pases sin comer más hambre tendrás». La regulación hormonal del hambre juega un papel decisivo.

Es muy interesante el hecho de que durante el ayuno intermitente la grelina se dispare durante los dos primeros días y luego caiga de forma constante. Esto concuerda perfectamente con lo que vemos desde un punto de vista clínico: el hambre es el principal problema durante los dos primeros días, pero muchas personas que están haciendo un ayuno prolongado nos cuentan que el hambre suele desaparecer al cabo de dos días.

Sincronizar la comida más abundante del día

¿Cuáles son las implicaciones prácticas de estos ritmos hormonales a la hora de comer?

A las 8 de la mañana el hambre se suprime activamente. Resulta contraproducente forzarnos a comer. ¿Qué sentido tiene? Comer no hace que perdamos peso. Forzarnos a comer en un momento en el que no tenemos hambre no es una estrategia ganadora.

Figura 12.4. Debido a los ritmos circadianos el hambre tiene su punto más bajo a las 8 de la mañana y su pico más alto a las 8 de la tarde.

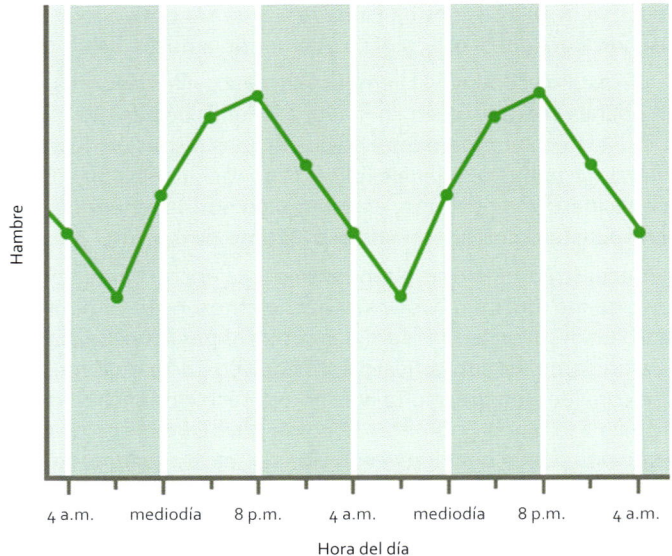

Fuente: Scheer, Morris y Shea, «The Internal Circadian Clock Increases Hunger and Appetite in the Evening Independent of Food Intake and Other Behaviours».

Figura 12.5. La grelina, la hormona que regula el hambre alcanza su pico más alto el segundo día de un ayuno prolongado.

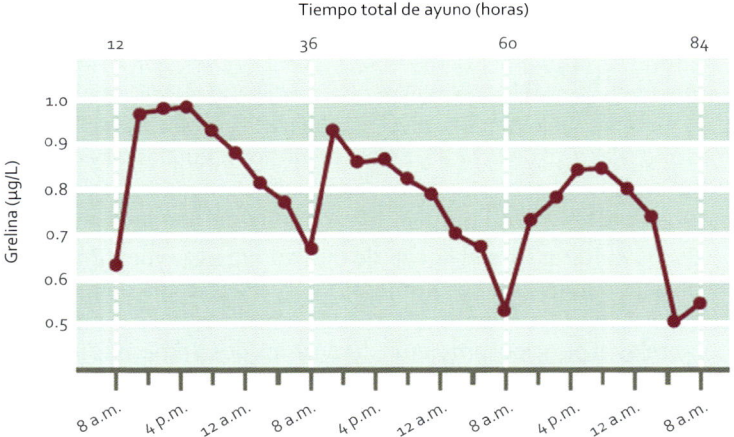

Fuente: Espelund et al., «Fasting Unmasks a Strong Inverse Association Between Grhelin and Cortisol in Serum: Studies in Obese and Normal-Weight Subjects».

Comer tarde por la noche tampoco es una buena estrategia. El hambre alcanza su máximo nivel alrededor de las 7:50 de la tarde. A esta hora la insulina alcanza su punto más alto estimulada por la comida, lo que significa que la misma cantidad de comida provoca un mayor nivel de insulina. El mayor nivel de insulina, naturalmente, conduce a un aumento de peso.

Desgraciadamente, este momento coincide con la comida más abundante del día en los Estados Unidos. Hacer de la cena la comida más abundante del día no se debe a una cuestión de salud, sino a los horarios del trabajo y de la escuela. Los trabajadores que trabajan por turnos están en especial desventaja, ya que tienden a comer más a última hora de la tarde, lo que provoca un mayor nivel de insulina.

La mejor estrategia, pues, parece ser la de hacer la comida más abundante a mediodía, en algún momento entre las 12 y las 15 y solo comer en pequeñas cantidades a última hora de la tarde. Este es el patrón de comidas mediterráneo. Ellos hacen un almuerzo abundante, seguido de una siesta por la tarde, y luego hacen una pequeña cena. A pesar de que solemos considerar la dieta mediterránea sana por su tipo de comida, el horario de las comidas también juega un papel importante.

Bibliografía

Daniela Jakubowicz, Maayan Barnea, Julio Wainstein y Oren Froy, «High Caloric Intake at Breakfast vs. Dinner Differentially Influences Weight Loss of Overweight and Obese Women», *Obesity* 21 (2013): 2504–21.

E. Van Cauter, E. T. Shapiro, H. Tillil y K. S. Polonsky, «Circadian Modulation of Glucose and Insulin Responses to Meals: Relationship to Cortisol Rhythm», *American Journal of Physiology: Endocrinology and Metabolism* 262, n. 4 (1992): E467–E475.

F. A. Scheer, C. J. Morris y S. A. Shea, «The Internal Circadian Clock Increases Hunger and Appetite in the Evening Independent of Food Intake and Other Behaviors», *Obesity* 21, n. 3 (2013): 421–3.

L. Cordain, S. B. Eaton, J. Brand Miller, N. Mann y K. Hill, «The Paradoxical Nature of Hunter-Gatherer Diets: Meat-Based, yet Non-Atherogenic», *European Journal of Clinical Nutrition* 56, supl. 1 (2002): S42–S52.

Satchidananda Panda, John B. Hogenesch y Steve A. Kay, «Circadian Rhythms from Flies to Human», *Nature* 417, n. 6886 (2002): 329–35, doi: 10.1038/417329a.

U. Espelund, T. K. Hansen, K. Hollund, H. Beck-Nielsen, J. T. Clausen, B. S. Hansen, H. Orskoy, J. O. Jorgensen y J. Frystyk, «Fasting Unmasks a Strong Inverse Association Between Ghrelin and Cortisol in Serum: Studies in Obese and Normal-Weight Subjects», *Journal of Clinical Endocrinology and Metabolism* 90, n. 2 (2005): 741–6.

Capítulo 13
PERÍODOS DE AYUNO MÁS LARGOS

En la primera parte hemos hablado de cómo la insulina y la resistencia a la insulina juegan un papel crucial en la obesidad y la diabetes tipo 2. Dado que todos los alimentos estimulan la producción de insulina en cierto grado, el método más eficaz de descender los niveles de la insulina es no comer nada en absoluto. Incluso los ayunos de menos de veinticuatro horas pueden evitar que desarrollemos resistencia a la insulina y revertir niveles de resistencia relativamente pequeños, así como ayudarnos a perder peso.

Sin embargo, para acabar con la resistencia a la insulina no basta con niveles bajos de insulina, sino que estos niveles bajos sean *constantes*, y para ello necesitamos periodos de ayuno más largos.

El riesgo y los beneficios de los ayunos prolongados

Durante los ayunos de mayor duración los beneficios para la salud (pérdida de peso y niveles bajos de insulina, entre otros) aparecen rápidamente, pero también hay un mayor riesgo de complicaciones para los diabéticos y aquellas personas que estén tomando algún tipo de medicación. Los ayunos prolongados son especialmente buenos para tratar la diabetes tipo 2 y los casos más recalcitrantes de obesidad ya que son más potentes que los ayunos cortos. No obstante, siempre controlo la presión arterial de mis pacientes, sus signos vitales y les realizo análisis de sangre. No me canso de recordar que *si en cualquier momento no te encuentras bien, debes dejar el ayuno*. Puedes tener hambre, pero no deberías sentirte enfermo.

Si estás tomando medicación, tu médico debería hacerte un seguimiento; naturalmente, habla con él antes de empezar un régimen de ayuno o de realizar cambios en tu dieta. Esto es especialmente importante en el caso de que estés tomando medicamentos para la diabetes. Durante los ayunos prolongados la menor ingesta de comida, a menudo, provoca que baje el nivel de glucosa en sangre. Si sigues tomando la misma dosis de medicación que tomarías normalmente, existe un elevado riesgo de hipoglucemia, lo cual es muy peligroso.

Entre los síntomas de la hipoglucemia se encuentran la desorientación, los sudores y los temblores. También puedes experimentar sensación de hambre o debilidad. Si no te tratas puedes llegar a la pérdida de conciencia, convulsiones y, en casos extremos, la muerte.

Leeds, Reino Unido

DOCTOR MICHAEL RUSCIO — ESTRELLAS DEL AYUNO

La mayoría de mis pacientes se encuentran mejor tras empezar un ayuno prolongado de 2-4 días para controlar sus síntomas gastrointestinales. Luego pueden ayunar periódicamente durante medio día o un día entero, tal vez una o varias veces a la semana, a modo de mantenimiento. Cuanto más graves sean los síntomas, más probabilidades hay de que les recomiende un ayuno prolongado. No obstante, el ayuno prolongado implica cierta nutrición en forma de líquidos, como el caldo de huesos o fórmulas semielementales. Los principales problemas a vigilar son la fatiga, la pérdida de peso y la disminución de nutrientes, pero estos pueden salvaguardarse usando una buena fórmula líquida semielemental.

Nosotros recomendamos comprobar el nivel de azúcar en sangre entre dos y cuatro veces al día, ya que existe riesgo tanto de hipoglucemia como de hiperglucemia. Generalmente, los días de ayuno se reduce la medicación para evitar la hipoglucemia (repito, si estás tomando algún tipo de medicación habla con tu médico antes de empezar un régimen de ayuno). No obstante, dado que los cambios en la medicación afectan a cada persona de forma distinta, existe la posibilidad de reducir la medicación en exceso, lo que provoca hiperglucemia. Comprobar regularmente el nivel de azúcar te permite ajustar correctamente la medicación para obtener justo lo que necesitas, ni más ni menos.

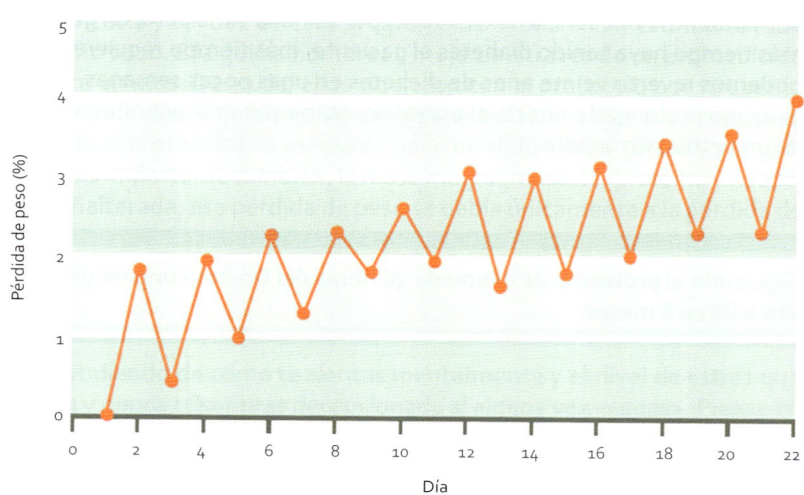

Figura 13.1. El ayuno en días alternos consigue una pérdida de peso estable. Los picos representan días de comida, cuando el peso vuelve a subir ligeramente.

Fuente: Heilbronn et al., «Alternate-Day Fasting in Nonobese Subjects: Effects on Body Weight, Body Composition, and Energy Metabolism».

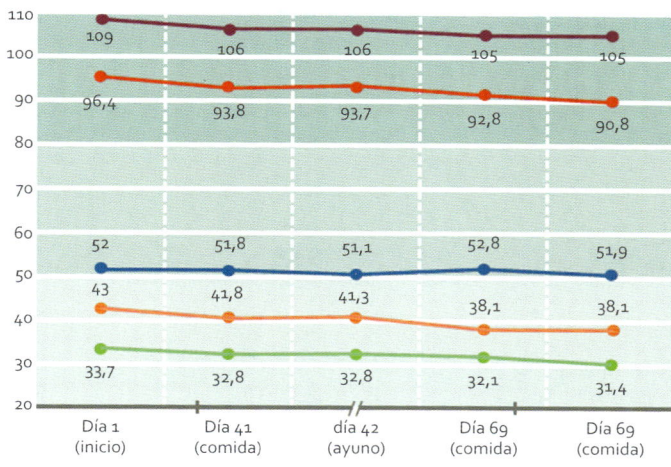

Figura 13.2. A lo largo de dos meses de ayuno en días alternos el peso corporal, el IMC, la grasa corporal y la circunferencia de la cintura se redujeron, pero no hubo pérdida de masa magra (músculo y huesos).

Fuente: Bhutani et al., «Improvements in Coronary Heart Disease Risk Indicators by Alternate-Day Fasting Involve Adipose Tissue Modulation».

Ayuno de 42 horas

Muchos pacientes del programa IDM se saltan de forma habitual la comida de la mañana y hacen su primera comida del día a mediodía. Esto facilita seguir un régimen de ayuno de dieciséis horas los días normales (véase pág. 197). No hay nada de especial en comer algo según nos levantamos, una buena taza de café es suficiente.

Combinar esta rutina diaria con un ayuno ocasional (dos o tres veces por semana) de treinta y seis horas tiene como resultado un periodo de ayuno de cuarenta y dos horas. Por ejemplo, cenarías a las 18:00 el primer día. Te saltas todas las comidas del segundo día y haces tu «desayuno» habitual a mediodía del tercer día. Esto te da un total de cuarenta y dos horas de ayuno.

Bibliografía

Alison Fildes, Judith Charlton, Caroline Rudisill, Peter Littlejohns, A. Toby Prevost y Martin C. Gulliford, «Probability of an Obese Person Attaining Normal Body Weight: Cohort Study Using Electronic Health Records», *American Journal of Public Health* 105, n. 9 (2015): e54–e59.

Leonie K. Heilbronn, Steven R. Smith, Corby K. Martin, Stephen D. Anton y Eric Ravussin, «Alternate-Day Fasting in Nonobese Subjects: Effects on Body Weight, Body Composition, and Energy Metabolism», *American Journal of Clinical Nutrition* 81, n. 1 (2005): 69–73.

Surabhi Bhutani, Monica C. Klempel, Reed A. Berger y Krista A. Varady, «Improvements in Coronary Heart Disease Risk Indicators by Alternate-Day Fasting Involve Adipose Tissue Modulations», *Obesity* 18, n. 11 (2010): 2152–9.

Sunny y Cherrie

HISTORIA DE ÉXITO CON EL AYUNO

La primera vez que coincidí con Sunny fue en septiembre de 2015 en el programa de control dietético intensivo. A Sunny, de cincuenta y un años, le habían diagnosticado diabetes tipo 2 a mediados de los 90 cuando tan solo tenía treinta y tantos, y acababa de empezar a tomar metformina. Con el paso de los años habían sido necesarios cada vez más medicamentos para controlar sus niveles de azúcar en sangre. En 2011 le prescribieron insulina. Cuando yo lo vi, estaba tomando enormes dosis de metformina, además de inyectarse 70 unidades de insulina cada día.

A pesar de estas grandes dosis de medicación, su nivel de azúcar seguía sin estar totalmente controlado; su HbA1C, que refleja en nivel medio de azúcar a lo largo de tres meses, era del 7,2 por ciento. Un control óptimo de azúcar en sangre se considera por debajo del 7,0 por ciento, aunque muchos médicos recomiendan tenerlo por debajo del 6,5 por ciento.

Sunny empezó a participar en nuestro programa IDM el 2 de octubre de 2015. Pasó a seguir una dieta baja en carbohidratos refinados y rica en grasas naturales. Además, le pedimos que ayunara entre treinta y seis y cuarenta y dos horas, tres veces por semana. Si terminaba con una cena el día 1, no comía de nuevo hasta el almuerzo el día 3.

Su nivel de azúcar mejoró inmediatamente. En tan solo dos semanas pudimos suspender toda la insulina. Un mes después de eso, dejamos todos los medicamentos para la diabetes por completo. Desde entonces ha mantenido un nivel de azúcar normal sin necesidad de tomar ningún medicamento; tan solo siguiendo medidas nutricionales.

Durante el periodo de vacaciones de Navidades, al igual que muchos pacientes de nuestro programa, ganó peso de nuevo y su nivel de azúcar subió ligeramente. No obstante, tras retomar su dieta y el ayuno intermitente, su peso y su nivel de azúcar volvieron a bajar sin necesidad de medicamentos.

A lo largo de todo este trayecto, Sunny se ha encontrado estupendamente. No ha tenido dificultades para continuar con su dieta baja en carbohidratos o los protocolos de ayuno intermitente. Para marzo de 2016 su peso se había estabilizado y su índice de masa corporal era tan solo de 19.

Más importante aún, la circunferencia de su cintura se había reducido drásticamente. El tamaño de la cintura es un buen reflejo de la cantidad de grasa visceral que hay alrededor de los órganos del abdomen y, por tanto, refleja de forma más precisa el estado metabólico del cuerpo. La proporción cintura/cadera y la proporción cintura/peso son consideradas mejores indicadores de salud que el simple peso corporal.

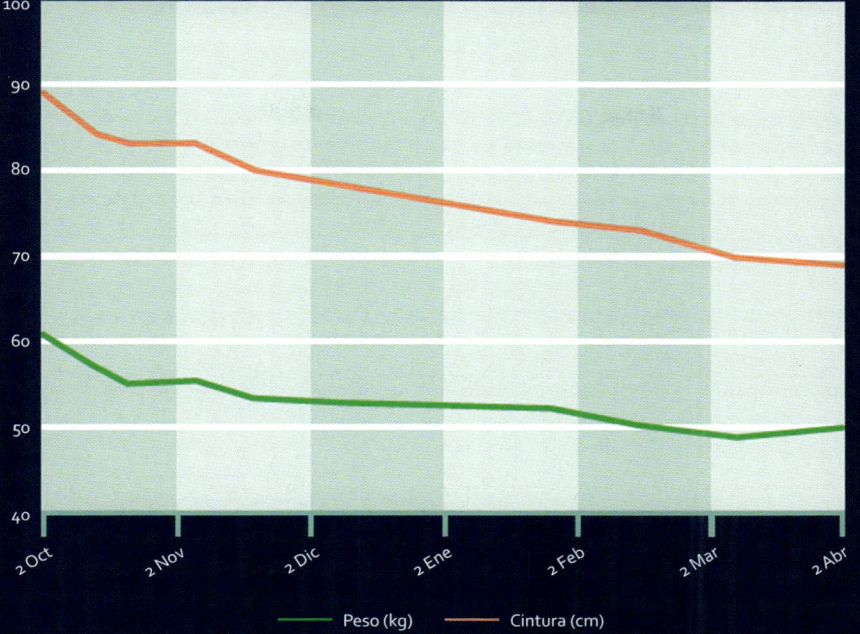

Peso (kg) — Cintura (cm)

Y lo que es más llamativo aún, la función renal de Sunny mejoró enseguida con el programa. Cuando comenzó con el régimen de ayuno, Sunny estaba evacuando con la orina una cantidad de proteínas muy por encima del límite. Esta proteína en la orina es el primer signo de un daño diabético en el riñón y suele considerarse irreversible, al igual que la propia diabetes tipo 2 es considerada irreversible. Sin embargo, para noviembre, justo un mes después de empezar con el ayuno, su excreción de proteína había caído de nuevo hasta niveles normales, donde ha permanecido desde entonces.

En marzo de 2016 Sunny ya no necesitaba perder más peso, así que su régimen de ayuno se redujo a veinticuatro horas de ayuno, tres veces por semana por mantenimiento. Naturalmente, si mostrara algún tipo de alteración nutricional o si su peso o nivel de azúcar volvieran a subir, podría fácilmente aumentar los días de ayuno según fuera necesario.

Después de dos años inyectándose insulina dos veces al día y veinte teniendo que tomar medicamentos para su diabetes, Sunny se había librado de la diabetes tipo 2 tras unos pocos meses de dieta apropiada y ayuno intermitente. Sus niveles de azúcar le sitúan como prediabético, no como diabético de pleno derecho.

Pero este no es final de la historia.

En enero de 2016, la hermana mayor de Sunny, Cherrie, estaba impresionada de lo bien que le iba a su hermano menor. Su peso era bajo. Su cintura se había reducido. Había dejado todos sus medicamentos para la diabetes. Ni siquiera le resultaba muy difícil cambiar su estilo de vida. Los veinte años de diabetes habían desaparecido de la noche a la mañana. Cherrie también quería participar.

Cherrie tenía cincuenta y cinco años y le habían diagnosticado diabetes tipo 2 nueve años antes, a la edad de cuarenta y seis años. Su historia era similar a la de su hermano: había empezado con una pequeña dosis de un medicamento para la diabetes, pero con los años, la pila de medicamentos no había hecho sino aumentar. Ahora tomaba tres medicamentos para la diabetes, además de medicación para el colesterol, la presión arterial y la acidez.

Hablamos sobre su situación y juntos decidimos un plan nutricional para ella. Pasaría a seguir una dieta baja en carbohidratos refinados y rica en grasas naturales. Se mostraba un poco menos segura sobre lo que sentiría durante el ayuno, así que nos decantamos por un periodo de ayuno de veinticuatro horas, tres veces a la semana. Su diabetes no era tan grave como la de su hermano, y siempre se podía incrementar si era necesario.

Comenzó con el programa en febrero de 2016. Sus niveles de azúcar en sangre respondieron inmediatamente. En tan solo dos semanas había dejado de tomar los tres medicamentos para la diabetes ya que no le hacían falta. Su azúcar en sangre se encontraba en valores normales de forma estable y empezó a bajar de peso y de talla de cintura progresivamente.

La acidez desapareció, así que dejó la medicación para la acidez. La presión arterial se normalizó, así que dejó la medicación para la presión arterial. Los números del colesterol mejoraron, así que dejó los medicamentos para el colesterol. En tan solo un mes, dejó los seis medicamentos que estaba tomando y, aun así, sus análisis de sangre eran mejores que nunca. Su HbA1C del 6,2 por ciento era mejor que cuando tomaba los tres medicamentos para la diabetes. Ya no se la consideraba diabética, solo prediabética. Esto significaba que su enfermedad estaba revertiendo.

Es más, se encontró extraordinariamente bien a lo largo de todo este proceso. No tuvo ningún problema con el protocolo de ayuno. A pesar de que su periodo de ayuno era más breve que el de Sunny, estaba obteniendo excelentes resultados, así que no hubo necesidad de modificarlo. Cuando comenzó estaba tomando seis medicamentos. Ahora no tomaba ninguno y se encontraba cien veces mejor.

Esto sirve para ilustrar algo importante: la diabetes tipo 2 es una enfermedad nutricional. Como tal, el único tratamiento lógico es cambiar de dieta y de estilo de vida. Si el problema se debe a un consumo excesivo de carbohidratos, entonces, la solución consiste en reducir los carbohidratos. Si el problema se debe al exceso de peso, entonces, la solución está en perder peso de forma eficaz con el ayuno.

Sin embargo, nos han lavado el cerebro para que creamos que la diabetes tipo 2 y todas sus complicaciones son inevitables. Nos han engañado para que creamos que podemos tratar con éxito una enfermedad nutricional con dosis de fármacos cada vez mayores. Y cuando estos no son capaces de detener la diabetes nos dicen que la enfermedad es crónica y progresiva

Sunny tuvo diabetes tipo 2 durante más de veinte años, y aun así consiguió revertir la enfermedad con éxito en cuestión de meses. Cherrie llevaba siete años tomando medicamentos para la diabetes y también consiguió revertirla con éxito en pocos meses. No se trata de casos aislados. Casi todos los días conozco a gente de todas las edades que han conseguido revertir o están en proceso de revertir su diabetes tipo 2 gracias a un régimen de ayuno.

Capítulo 14
AYUNO PROLONGADO

Los ayunos prolongados (aquellos que duran más de veinticuatro horas) llevan haciéndose desde hace siglos en culturas de todo el mundo. También han sido ampliamente estudiados en la literatura médica ya desde 1915, cuando los doctores Otto Folin y W. Denis describieron el ayuno como «un método seguro y eficaz de perder peso para aquellos que sufren obesidad». Su mensaje fue repetido ese mismo año por Francis Gano Benedict en su libro sobre el ayuno prolongado, pero tras esto el interés por el ayuno prolongado como herramienta terapéutica pareció desaparecer.

El interés volvió a surgir en los años 50 y 60 cuando cada vez más médicos empezaron a relatar sus experiencias con el ayuno. Los primeros estudios se centraban principalmente en los periodos cortos de ayuno, pero una vez se fueron familiarizando con el ayuno, muchos médicos aumentaron la duración de los ayunos.

En 1968 el endocrinólogo Ian Gilliland estudió los efectos del ayuno prolongado en cuarenta y seis pacientes. Después de ingresarles en el hospital para someterles a observación y asegurarse, así, de que cumplían con el ayuno empezaron un ayuno de catorce días durante el cual solo podían beber agua, té y café. Después de esto, les dieron de alta y les pidieron que siguieran una dieta en casa de 600-1.000 calorías. Curiosamente, dos de los pacientes pidieron volver a ser reingresados para un segundo periodo de ayuno de catorce días. Habiendo obtenido buenos resultados con relativa facilidad, querían conseguir todavía mejores resultados aumentando la duración del ayuno.

Tras catorce días de ayuno la media de peso perdido era de 7,8 kilos. Tal y como se esperaba, los niveles de azúcar en sangre caían hasta niveles que beneficiaban principalmente a aquellos pacientes con diabetes (los tres pacientes que había con diabetes dejaron por completo la insulina antes de que terminaran las dos semanas).

La insulina estimula la retención de sal y agua en los riñones, así que el ayuno, al reducir el nivel de insulina, ayuda al cuerpo a expulsar el exceso de sal y agua. Durante los primeros días de ayuno se produce un aumento del flujo urinario. La eliminación del exceso de sal y agua ayudó a un paciente del estudio de Gilliland que padecía una grave insuficiencia cardiaca congestiva. Al acabar las dos semanas era capaz de caminar sin disnea. Estas experiencias fueron confirmadas por otros investigadores de la época.

Figura 14.1. Pérdida de peso a lo largo de 14 días de un individuo del estudio de Gilliland en 1968.

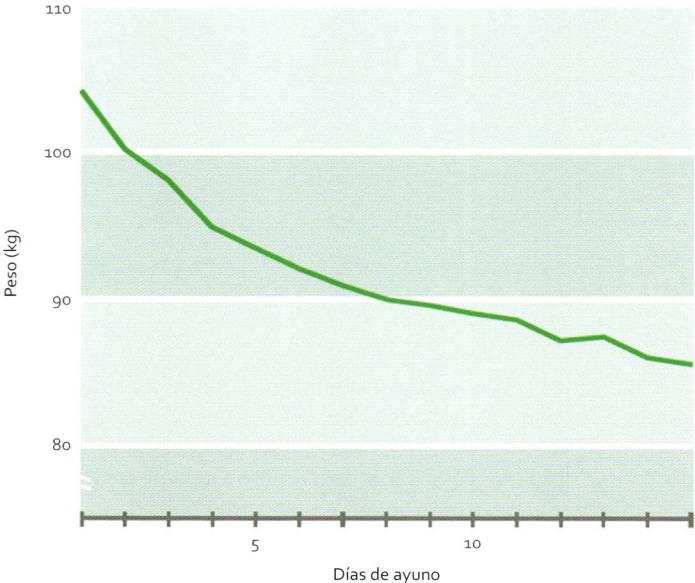

Fuente: Gilliland, «Total Fasting in the Treatment of Obesity».

Sin embargo, a los participantes en el estudio no les fue tan bien siguiendo la dieta de 600-1000 calorías que Gilliland les prescribió una vez les envió a casa. A lo largo de los dos años siguientes el 50 por ciento de los participantes dejó la dieta. Dado lo que ahora sabemos respecto a las dietas que reducen las calorías (véase capítulo 5) no es de sorprender.

El ayuno no tiene límite. En los años 70 un escocés de veintisiete años comenzó a ayunar con un peso de 206 kilos. Durante los siguientes 382 días subsistió solo a base de líquidos no calóricos, un multivitamínico diario y distintos suplementos, y estableció el récord mundial del ayuno más largo. Un médico le supervisó durante el periodo de ayuno y determinó que no se habían producido efectos nocivos importantes para la salud.

Su peso bajo de 206 kilos a 81,6 kilos. Incluso cinco años después de su ayuno, se mantenía en 89 kilos. Su nivel de azúcar descendió, pero se mantuvo en niveles normales, y no tuvo episodios de hipoglucemia.

> Ayuno 3 días y medio consecutivos a la semana y sigo una dieta baja en carbohidratos y rica en grasas los otros 3 días y medio. ¡Me funciona estupendamente! Es mi propia versión de un ayuno en días alternos, pero en bloques. Me encanta que el doctor Fung nos anime a experimentar para descubrir cuál es el patrón que le funciona mejor a cada uno.
>
> – Evelyn C.,
> Regina, Canadá

Qué esperar durante un ayuno prolongado

En el estudio de Gilliland cuarenta y seis pacientes completaron un periodo de ayuno de dos semanas. Uno desarrolló náuseas y otro, simplemente, no estaba conforme y lo dejó. ¡Esto supone una tasa de finalización del 96 por ciento! Ni siquiera un ayuno de dos semanas es tan difícil como muchos creen. Nuestra experiencia clínica así lo confirma: la gente suele pensar que no es capaz de ayunar, pero una vez les explicamos el proceso, le damos consejos útiles para que lo lleven a cabo con éxito y le damos el apoyo necesario, los pacientes del programa IDM enseguida se dan cuenta de que el ayuno, en realidad, es bastante fácil.

Eso no significa que no haya un periodo de adaptación. De hecho, los primeros días de ayuno suelen ser muy difíciles. El día 2 parece ser el más complicado en términos de hambre. Sin embargo, una vez se supera el segundo día las cosas empiezan a ser cada vez más fáciles. El hambre desaparece lentamente y suele aparecer una sensación de bienestar. Es como hacer ejercicio. Cuando empiezas a levantar pesas por primera vez, por ejemplo, después te duelen mucho los músculos. Esto es algo normal y no debería disuadirte de seguir ejercitándote. Con el tiempo, según te vas fortaleciendo, eres capaz de levantar el mismo peso sin dificultad ni dolor. De forma parecida, con el ayuno el periodo inicial también puede resultar difícil, pero con la práctica resulta cada vez más llevadero.

En el estudio de Gilliland la media diaria de peso perdido era de 345 gramos, una vez reajustado con el peso en agua recuperado tras completar el ayuno. Otros estudios sobre el ayuno a lo largo de doscientos días muestran índices similares de pérdida de peso, con un rango de entre 185 y 303 gramos al día. En el programa IDM les decimos a los pacientes que lo esperable es una media de pérdida de grasa de 226 gramos por cada día de ayuno. Si se pierde más peso, es probable que se trate de peso en agua debido a la reducción de insulina.

Si asumimos que en un día normal se queman 2.000 calorías, y sabemos que 450 gramos de grasa contienen, aproximadamente, 3.500 calorías, entonces, durante un ayuno absoluto (cuando no se consumen calorías en absoluto) podríamos esperar que cada día se perdieran 257 gramos (2.000 calorías consumidas / 3.500 calorías por cada 450 gramos = 257 gramos perdidos). Es una cifra bastante cercana a la que muestran los estudios. Esto significa que el metabolismo se mantiene relativamente estable a lo largo del periodo de ayuno (no hay disminución del metabolismo, de modo que las 2.000 calorías que se quemaban un día normal se siguen quemando durante el ayuno). Así que, para un paciente con 45 kilos de grasa, se puede esperar que le lleve aproximadamente 200 días de ayuno perderlos todos.

Durante el ayuno prolongado el cerebro reduce su dependencia a la glucosa como fuente de energía. En su lugar, la mayor parte del combustible para el cerebro es suministrado por los cuerpos cetónicos, que se crean al quemar grasa. Se cree que el cerebro es capaz de utilizar de forma más eficiente estas cetonas, lo que posiblemente lleve a una mejora de la capacidad mental. Algunas veces se ha hablado de las cetonas como el «supercombustible» para el cerebro. Las cetonas, generalmente, necesitan entre treinta y seis y cuarenta y ocho horas de ayuno para incrementar su número. Antes de esto, la mayor parte de las necesidades energéticas del cuerpo se cubren mediante la descomposición de glucógeno (véase página 44 para más detalles).

> Incorporar el ayuno intermitente (16:8 y 20:4) y el ejercicio con pesas / entrenamiento por intervalos (para conservar la masa muscular y vaciar las reservas de glucosa) me ayudó a alcanzar antes la cetosis y perder grasa de forma más eficaz que solo siguiendo una dieta cetogénica. Solo con dieta se necesitan más de 3 semanas para dejar atrás el hambre, pero si se combina la dieta cetogénica con ayuno y ejercicio el tiempo se reduce a la mitad.
>
> – Leslie E.,
> Venice, Florida

El ayuno prolongado rara vez provoca alteraciones electrolíticas. Los niveles de calcio, fósforo, sodio, cloruro de potasio, urea, creatinina y bicarbonato en sangre permanecen dentro de los límites normales y, prácticamente, se mantienen inalterables hasta el final del ayuno. De vez en cuando bajan los niveles de magnesio en sangre. Esto parece darse, sobre todo, en personas diabéticas. La mayor parte del magnesio que hay en el cuerpo está dentro de las células y no se mide en los niveles de sangre. A la vez que controlaban el ayuno a lo largo de los 382 días los médicos midieron el contenido de magnesio de las células, el cual se mantuvo siempre dentro de rangos normales. No obstante, solemos darle a los pacientes suplementos de magnesio para estar seguros.

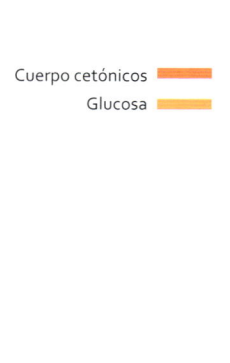
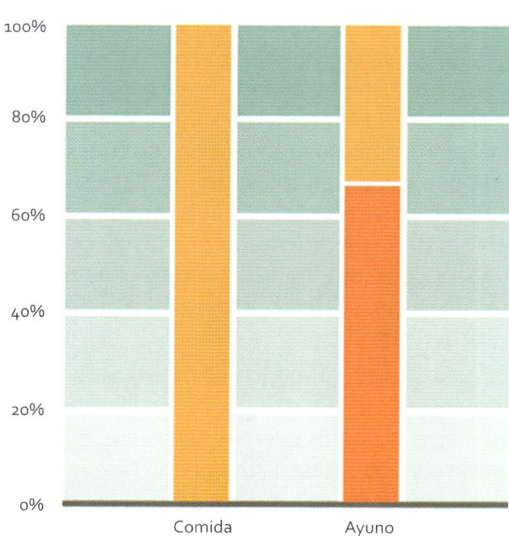

Figura 14.2. Después de varias semanas de ayuno el cerebro se abastece principalmente de cetonas.

Cuerpo cetónicos
Glucosa

Fuente: Cahill, «Fuel Metabolism in Starvation».

Es normal que los movimientos intestinales se ralenticen durante el ayuno prolongado (nada va a parar al aparato digestivo, así que parece lógico que salga poca cantidad). Durante el récord de ayuno los movimientos intestinales se producían cada treinta y siete y cuarenta y ocho días. Es importante señalar que esto es algo completamente normal. *No es necesario* hacer de vientre todos los días para sentirse bien. El malestar por estreñimiento se produce cuando el intestino está lleno de heces, pero durante un ayuno prolongado apenas hay nada en el colon y, por tanto, no hay sensación de malestar. Esto también refleja el hecho de que el cuerpo está reciclando todas las grasas esenciales y los aminoácidos mediante la descomposición de las células viejas y disfuncionales.

Finalmente, una precaución más para aquellos que tengan diabetes y/o estén tomando medicación para tratarla: *debe* hablar con su médico antes de empezar un ayuno prolongado. Además, si en cualquier momento a lo largo del ayuno no se encuentra bien, debe parar inmediatamente. Puede tener hambre, pero no debería tener sensación de mareo, malestar o náuseas. Eso no es normal y no debería tratar de forzar.

Ayuno de dos a tres días

Cuando nos encontramos en un punto en el que no conseguimos seguir bajando de peso, o con el nivel de azúcar en sangre constantemente elevado, una opción es, simplemente, prolongar el periodo de ayuno más allá de cuarenta y dos horas. Cuánto tiempo continuamos con el ayuno es cuestión de cada uno. No obstante, podemos ofrecer algunas indicaciones generales.

En el programa IDM casi nunca aconsejamos a los pacientes que hagan ayunos de más de dos o tres días. A la mayoría de la gente el día 2 de un ayuno prolongado les resulta el más difícil en términos de hambre. Después del día 2 mucha gente describe un descenso progresivo y, posteriormente, la desaparición total del hambre. (Algunos han sugerido que este efecto se debe al mayor número de cuerpos cetónicos que empiezan a circular al cabo de los días). Desde un punto de vista práctico, parece bastante riguroso finalizar el ayuno según hemos pasado su día más complicado. En lugar de eso, nosotros aconsejamos a nuestros pacientes que continúen su ayuno entre siete y catorce días. Un ayuno de catorce días es siete veces más beneficioso que un ayuno de dos días, pero solo es ligeramente más difícil.

Ayuno de siete a catorce días

Con los pacientes que padecen una diabetes tipo 2 grave solemos comenzar con un ayuno de entre siete y catorce días. Hay varias razones para ello. En primer lugar, permite que el cuerpo se adapte rápidamente al estado de ayuno, algo que a muchas personas les resulta más fácil que mediante una transición gradual. Es como la diferencia entre lanzarse de golpe a la parte más profunda de la piscina o ir sumergiéndonos poco a poco, pasito a pasito. Para algunos, lanzarse es lo mejor.

En segundo lugar, el periodo de ayuno permite una mejora más rápida de la glucosa en sangre y la diabetes tipo 2. En pacientes con una dosis alta de medicación o que están sufriendo las complicaciones de algún órgano dañado hay una urgencia mayor de revertir esta diabetes y perder peso (gran parte del daño ocasionado al órgano por la diabetes es irreversible una vez se produce). Con frecuencia, no se aprecia una mejoría significativa en el azúcar en sangre hasta el día 5 o 6, y hasta entonces no podemos reducir la medicación para la diabetes. Esto nos llevaría mucho más tiempo con un ayuno más corto.

Generalmente, limitamos la duración del ayuno a catorce días para minimizar el riesgo de sufrir síndrome de realimentación (véase más adelante). Sin embargo, muchas personas prolongan su ayuno bastante más allá de los catorce días sin problema. Aunque, por lo general, recomendamos a los pacientes que antes de repetir un ayuno prolongado sigan un régimen de ayuno en días alternos durante dos semanas.

Síndrome de realimentación

La *realimentación* hace referencia al primer y segundo día inmediatamente posterior a un ayuno prolongado. Las complicaciones médicas durante la realimentación fueron descritas por primera vez tras la Segunda Guerra Mundial por los prisioneros de guerra estadounidenses aquejados de desnutrición en los campos japoneses. Desde entonces, el síndrome de realimentación ha sido descrito también en el tratamiento de la anorexia nerviosa y en los pacientes alcohólicos. Tiende a darse sobre todo en estos grupos de pacientes porque suelen padecer desnutrición y no tienen apenas reservas de grasa. Durante los periodos sin comida, tu cuerpo puede empezar a descomponer proteínas funcionales para suplir la necesidad de energía. Este síndrome es extremadamente infrecuente en pacientes con las suficientes reservas de energía y que están bien alimentados. Pero, incluso entonces, puede que en raras ocasiones se dé cuando se está haciendo un ayuno prolongado: normalmente en ayunos superiores a cinco días seguidos.

El síndrome de realimentación se produce cuando los electrolitos, sobre todo el fósforo, se agotan debido a la desnutrición. Los adultos almacenamos entre 500 y 800 gramos de fósforo en el organismo. Aproximadamente, un 80 por ciento de él se encuentra en el esqueleto y el resto en el tejido blando. La mayor parte del fósforo se haya dentro de las células tisulares, en lugar de en la sangre, y el nivel de fósforo en sangre está muy controlado. Durante un periodo prolongado de desnutrición, los niveles de fósforo en sangre permanecen normales, mientras se consumen las reservas de los huesos.

Una vez comienza la realimentación, la comida eleva los niveles de insulina, lo que estimula la síntesis de glucógeno, grasa, y proteína. Para ello son necesarios minerales, como el fósforo y el magnesio. Esto supone una enorme demanda para las ya exiguas reservas de fósforo. Apenas queda fósforo en la sangre y esto hace que el organismo se «apague». Se ha descrito debilidad muscular y destrucción muscular completa. Puede incluso afectar al músculo cardiaco y al diafragma, el músculo responsable de la respiración.

El magnesio también puede agotarse, lo que provoca calambres, confusión, temblores y, en ocasiones, convulsiones. La falta de potasio y magnesio puede también provocar alteraciones en el ritmo cardiaco o, incluso, un fallo cardiaco. Además, los niveles elevados de insulina durante la realimentación, a veces, pueden provocar que los riñones retengan sal y agua. Esto puede observarse en la hinchazón de los pies y los tobillos y se denomina edema de realimentación.

Las personas con una desnutrición y/o bajo peso crónicos son las que tienen mayor riesgo de sufrir síndrome de realimentación. Esto incluye a aquellas personas con anorexia, alcoholismo crónico, cáncer, diabetes incontrolada o enfermedad intestinal. Si alguno de esto te resulta aplicable, puede que el ayuno no sea para ti; comenta a las opciones con tu médico. De forma más general, las personas con un índice de masa corporal inferior a 18,5, que hayan tenido una pérdida de peso involuntaria de más del 10 por ciento de su peso corporal en los últimos seis meses, o con un historial de alcoholismo o consumo de drogas deberían tener especial cuidado con el ayuno prolongado. Estos grupos de pacientes suelen presentar desnutrición y peso bajo, en lugar de sobrepeso, así que no hay motivo para utilizar el ayuno como herramienta terapéutica. No obstante, si es absolutamente necesario (por ejemplo, por motivos religiosos o espirituales), pueden considerar la posibilidad de realizar ayunos con una duración inferior a veinticuatro horas.

Afortunadamente, el síndrome de realimentación es muy raro. Incluso entre los pacientes muy enfermos y hospitalizados, los estudios solo muestran una incidencia del 0,43 por ciento. El principal factor de riesgo del síndrome de realimentación es la desnutrición prolongada. Cuando se usa el ayuno como herramienta terapéutica en nuestra clínica del IDM, la mayoría de la gente nunca se ha saltado una sola comida en veinticinco años. Está claro que la desnutrición no es una preocupación.

El síndrome de realimentación se produce principalmente cuando la gente ha pasado hambre, es decir, han pasado por un periodo descontrolado e involuntario de restricción de comida y, en particular, cuando hay un estado de consunción (grave desnutrición debido a la inanición). El síndrome de realimentación debido al ayuno (la restricción de comida voluntaria y de forma controlada) es muy poco frecuente.

Para ayudar a evitar problemas en el periodo posterior al ayuno recomendamos seguir dos pasos:

1. No hagas un ayuno prolongado solo a base de agua. Beber caldo casero de huesos aporta fósforo y otras proteínas y electrolitos, lo que reduce las posibilidades de desarrollar el síndrome de realimentación. Para evitar un déficit de vitaminas, toma cada día un complejo multivitamínico.

2. Durante el ayuno, realiza todas tus actividades habituales, en especial tu rutina de ejercicio físico. Esto ayuda a conservar tus músculos y huesos.

En 2003, el ilusionista Davis Blaine ayunó durante cuarenta y cuatro días solo a base de agua. Perdió 54 libras (24,5 kilos), un 25 por ciento de su masa corporal. Su índice de masa corporal cayó de 29 a 21,6. A pesar de que su azúcar y su colesterol permanecieron en niveles normales, sufrió síndrome de realimentación y edema.

David Blaine permaneció suspendido en una caja de plexiglás durante su ayuno. Durante cuarenta y cuatro días no pudo realizar ninguna de sus actividades habituales, ni siquiera ponerse de pie. Esto va mucho más allá del ayuno. Sus músculos y huesos desarrollaron una importante atrofia durante ese periodo. Estaba perdiendo mucho más que grasa: perdió una gran cantidad de masa magra, músculo y hueso. Esto no fue debido al ayuno, sino al hecho de estar encerrado en una caja durante cuarenta y cuatro días.

En 2003 David Blaine pasó 44 días de ayuno solo a base de agua suspendido en una caja de plexiglás sobre Londres.

Bibliografía

Ernst J. Drenick, Marion E. Swendseid, William H. Blahd y Stewart G. Tuttle, «Prolonged Starvation as Treatment for Severe Obesity», *JAMA* 187, n. 2 (1964): 100–5.

Francis Gano Benedict, *A Study of Prolonged Fasting* (Washington, DC: Instituto Carnegie de Washington, 1915): 27, 42, 182.

George F. Cahill Jr., «Fuel Metabolism in Starvation», *Annual Review of Nutrition* 26 (2006): 1–22.

I. C. Gilliland, «Total Fasting in the Treatment of Obesity», *Postgraduate Medical Journal* 44, n. 507 (1968): 58–61.

M. A. Camp y M. Allon, «Severe Hypophosphatemia in Hospitalized Patients», *Mineral and Electrolyte Metabolism* 16, n. 6 (1990): 365-8.

M. A. Crook, V. Hally y J. V. Panteli, «The Importance of the Refeeding Syndrome», *Nutrition* 17, n. 7–8 (2001): 632–7.

Otto Folin and W. Denis, «On Starvation and Obesity, with Special Reference to Acidosis», *Journal of Biological Chemistry* 21 (1915): 183–92.

W. K. Steward y Laura W. Fleming, «Features of a Successful Therapeutic Fast of 382 Days' Duration», *Postgraduate Medical Journal* 49, n. 569 (1973): 203–9.

Capítulo 15
CONSEJOS PARA AYUNAR Y FAQS

El ayuno solía formar parte de una vida normal. De hecho, todavía lo es en muchas religiones; por ejemplo, la griega ortodoxa y la musulmana. En estos contextos, se trata de una práctica comunal. No se ayuna solo, sino con la familia y amigos. Es fácil conseguir el apoyo de los demás y los consejos se pasan de generación en generación. Sin embargo, con el declive de la práctica del ayuno estos consejos, a veces, son difíciles de encontrar.

En este capítulo vamos a presentar algunos consejos prácticos y a responder algunas preguntas frecuentes basándonos en nuestra experiencia con cientos de pacientes.

Pero antes, dos sugerencias generales para tener éxito con el ayuno: primero, ten siempre en mente tus objetivos. Por ejemplo, si estás intentando perder varios kilos porque vas a reunirte próximamente con tus antiguos compañeros de clase tu estrategia será diferente a si pesas 180 kilos y eres diabético.

Segundo, reajusta tu estrategia en función de los resultados. Si estás siguiendo un régimen de ayuno en días alternos y obtienes buenos resultados, ¡genial! Pero si el progreso se estanca, entonces puede que sea buena idea cambiar de rumbo. Si te resulta más sencillo el ayuno prolongado que el corto, entonces, ajusta tu régimen para añadir ayunos prolongados a tu programa de ayuno. O puede que te resulte más fácil realizar ayunos cortos y más frecuentes en verano, y ayunos más largos y espaciados en invierno. Adáptalo, no hay nada grabado sobre piedra.

9 consejos sobre el ayuno

1. Beber agua: empieza cada mañana con un vaso de 250 ml de agua. Esto te ayudará a empezar el día hidratado y a sentar las pautas para beber mucho líquido a lo largo del día.

2. Mantenerte ocupado: te ayudará a no pensar en la comida. Intenta ayunar un día que tengas mucho trabajo. Puede que estés demasiado ocupado como para acordarte de que tienes hambre.

3. Beber café: el café es un ligero supresor del apetito. Existen también algunos datos que apuntan a que el té verde puede suprimir el apetito. El té negro y el caldo de huesos casero también ayudan a controlar el apetito.

4. Montar las olas: el hambre viene por oleadas, no es algo constante. Cuando golpee, bébete un vaso de agua lentamente o una taza caliente de café. A menudo, para cuando se ha terminado, el hambre ya ha pasado.

5. No le digas a la gente que estás ayunando: la mayoría intentará disuadirte de que lo hagas solo porque no entienden los beneficios del ayuno. Un grupo cercano de apoyo formado por personas que también estén ayunando suele ser de ayuda, pero decirle a todo el mundo que estás ayunando no es una buena idea.

6. Darse un mes: el cuerpo necesita cierto tiempo para acostumbrarse al ayuno. Las primeras veces que ayunes te resultará difícil, así que estate preparado. No te desanimes. Cada vez resulta más fácil.

7. Seguir una dieta saludable los días de no ayuno: el ayuno intermitente no es una excusa para comer lo que quieras. Durante los días de no ayuno sigue una dieta saludable baja en azúcares y en carbohidratos refinados. Seguir una dieta baja en carbohidratos y rica en grasas sanas también ayuda a tu cuerpo a mantenerse en el modo quema de grasas y hacer el ayuno más llevadero.

8. Nada de atracones: después del ayuno, actúa como si nada hubiera pasado. Come normalmente (y de forma saludable), como si nunca hubieras ayunado.

9. Incorpora el ayuno a tu vida: este es el consejo más importante que puedo ofrecerte, y es el que más influye a la hora de mantener el régimen de ayuno. No cambies tu vida para que encaje con tu programa de ayuno; cambia el programa de ayuno para que encaje con tu vida. No te limites socialmente por el hecho de estar haciendo ayuno. Habrá ocasiones en las que te sea imposible ayunar, como vacaciones, fiestas, bodas... No trates de forzar el ayuno en estas situaciones. Estos son momentos para relajarse y disfrutar. Lo único que tienes que hacer después es incrementar el ayuno para compensar, o simplemente reanuda tu programa de ayuno habitual. Ajusta el ayuno de forma que tenga sentido en tu día a día. Hablaremos más sobre esto en la página 220.

Ayunar no es distinto a cualquier otra habilidad: la práctica y el apoyo son fundamentales para hacerlo bien.

Interrumpir el ayuno

Interrumpe el ayuno de forma suave. Cuanto mayor sea el periodo de ayuno, más cauto y cuidadoso deberás ser. Existe una tendencia natural a comer en exceso nada más terminar el ayuno; aunque es curioso que la mayoría de la gente no lo achaque a un hambre desmedida, sino a una necesidad fisiológica de comer. Comer en exceso justo después de un ayuno, a menudo, provoca malestar de estómago. Aunque no es algo grave, sí puede resultar bastante incómodo. Este problema se suele corregir por sí solo.

Intenta poner fin a tu ayuno con un pequeño aperitivo, después espera durante treinta minutos o una hora hasta hacer la primera comida. Esto suele dar tiempo a que pase la primera ola de hambre y te permita adaptarte a comer de nuevo. Los ayunos de corta duración (veinticuatro horas o menos), en general, no requieren de precauciones especiales, pero en el caso de los ayunos más largos, es recomendable planificarlo con antelación. Prepara un pequeño plato y déjalo en el frigorífico para que cuando sea el momento de poner fin al ayuno ya esté listo y sea menos probable que caigas en la tentación de lanzarte de cabeza a por los innumerables alimentos a tu alcance. Aquí tienes algunas sugerencias para ese primer bocado:

Entre ¼ y ⅓ de taza de nueces de Macadamia, almendras, nueces o piñones

1 cucharada de mantequilla de cacahuete o de mantequilla de almendras

1 pequeña ensalada (en lugar de aliño para ensalada, pruebe a echarle requesón o crème fraîche)

Un pequeño cuenco de verduras crudas con un poco de aceite de oliva y vinagre por encima

Un cuenco de sopa de verduras

Una pequeña cantidad de carne (por ejemplo, tres lonchas de jamón serrano o una loncha de panceta)

Para aquellas personas que experimenten malestar gastrointestinal cuando interrumpan el ayuno: los huevos parecen ser el principal responsable. Si tienes un estómago sensible o te preocupa interrumpir el ayuno, evita los huevos en tu primera comida.

Consejos para interrumpir el ayuno con un aperitivo

- Asegúrate de que el tamaño de la ración es pequeño. Enseguida estarás haciendo una comida completa, así que no hay necesidad de hincharse a comer.
- Tómate tiempo para masticar bien. Esto ayudará mucho a tu aparato digestivo, que lleva un temporada sin trabajar. Hay que ir haciendo que poco a poco vaya cogiendo ritmo.
- Tómate tu tiempo; en general. El ayuno ha terminado. Si sientes ansiedad por comer de nuevo, quédate tranquilo sabiendo que en una hora volverás a hacer una comida completa.
- ¡No te olvides de beber agua! Bébete un buen vaso de agua antes de poner fin al ayuno y después de la primera comida. La gente suele olvidarse de ingerir líquidos una vez dejan de ayunar, pero solemos confundir la sed con el hambre. Asegúrate de mantenerte hidratado para no comer en exceso.

Preocupaciones frecuentes

Hambre

Esta es, probablemente, la mayor preocupación de la gente respecto al ayuno. Asumen que van a pasar un hambre desmedida y no van a ser capaces de controlarse durante el ayuno. Te hemos dedicado el capítulo 9 al hambre, desmontando mitos y explicando cómo funciona en realidad, pero aquí ofrecemos un rápido vistazo general de lo que se puede esperar en términos de hambre y lo que puede ayudar a minimizarla.

La verdad es que el hambre no es algo continuado, sino que viene en oleadas. Si estás experimentando hambre, se te pasará. Mantenerse ocupado durante el ayuno suele ayudar.

Conforme el cuerpo se va acostumbrando al ayuno empieza a quemar sus propias reservas de grasa, lo que ayuda a eliminar el hambre. Mucha gente nota que con el paso de las semanas, según continúan con el régimen de ayuno, el apetito no solo no va a más, sino que, de hecho, empieza a *disminuir*. Durante los ayunos prolongados, mucha gente nota que su hambre desaparece por completo al segundo o tercer día.

Hay algunas especias y bebidas que se permiten en el ayuno y que pueden ayudar a suprimir el hambre. Estos son, en mi opinión, los cinco mejores supresores naturales del hambre:

Agua: empieza el día con un vaso entero de agua fresca. Mantenerse hidratado ayuda a prevenir el hambre. (Beber un vaso de agua antes de las comidas también ayuda a reducir el hambre y evita que comamos en exceso). El agua mineral con gas puede ayudar con los estómagos ruidosos y los calambres.

Té verde: rico en antioxidantes y polifenoles, el té verde es un gran aliado de la gente que está a dieta. Los poderosos antioxidantes ayudan a estimular el metabolismo y a perder peso.

Canela: se ha demostrado que la canela ralentiza el vaciado gástrico y ayuda a suprimir el hambre. También ayuda a bajar el azúcar en sangre y, por tanto, es buena para perder peso. Puede añadirse canela al té o al café para introducir un delicioso cambio de ritmo.

Café: pese a que muchos dan por sentado que es la cafeína del café la que suprime el hambre, los estudios muestran que es más probable que su efecto se deba a los antioxidantes; aunque la cafeína estimula el metabolismo además de la quema de grasas. Sin embargo, un estudio muestra que tanto el café descafeinado como el normal suprimen mejor el hambre que si se le añade cafeína al agua. Dados sus beneficios para la salud, no hay razón para limitar el consumo de café.

Semillas de chía: las semillas de chía son ricas en fibras solubles y ácidos grasos omega-3. Estas semillas absorben el agua y forman un gel cuando se ponen a remojo durante treinta minutos, lo que ayuda a suprimir el apetito. Pueden comerse secas o hacerse un pudin con ellas. Se pueden tomar durante el ayuno para ayudar a reducir el hambre. Una vez más, a pesar de que técnicamente se esté interrumpiendo el ayuno, el efecto es tan leve que apenas limita los beneficios del ayuno. La ayuda que aporta a la hora de cumplir con el ayuno lo compensa de sobra

Para leer más sobre el hambre, véase el capítulo 9.

Mareos

Si experimentas mareos durante el ayuno, lo más probable es que sea porque te estás deshidratando. Para evitar esto es necesario sal y agua. Asegúrate de beber gran cantidad de líquidos y, en caso de estar bajo de sal, añade sal marina al caldo de huesos o al agua mineral.

Otra posibilidad es que tengas la presión arterial demasiado baja; sobre todo si estás tomando medicamentos para la hipertensión. Habla con tu médico para ajustar la dosis de medicación.

Dolores de cabeza

Los dolores de cabeza son frecuentes las primeras veces que se ayuna. Se cree que son causados por la transición de una dieta relativamente rica en sal a una ingesta muy baja de sal los días de ayuno. Los dolores de cabeza suelen ser temporales y conforme uno se acostumbra al ayuno este problema suele resolverse por sí solo. Hasta entonces, toma algo de sal extra en forma de caldo o de agua mineral.

Antes, yo era incapaz de hacer ayuno de agua en el pasado debido a las fuertes náuseas y a la debilidad que me producía. Ahora, he completado con éxito 7 días de ayuno de agua añadiendo cada día 1 cucharadita de sal a un vaso de agua. Me siento genial, sin náuseas ni debilidad.

— Cinda H., Colorado

Estreñimiento

Es algo frecuente que cabe esperar. Los movimientos intestinales suelen disminuir durante el ayuno simplemente por el hecho de que la ingesta de comida es menor. Si no te produce malestar, entonces no hay necesidad de preocuparse porque haya una disminución de los movimientos intestinales.

No obstante, aumentar la ingesta de fibra, fruta y verdura durante los días de no ayuno puede ayudar al estreñimiento. El metamucil también puede tomarse durante o después del ayuno para aumentar la fibra y el volumen de deposiciones.

Acidez

Para evitar la acidez después de ayunar no hagas comidas muy abundantes; trata tan solo de comer con normalidad. Evitar tumbarse inmediatamente después de comer también puede ayudar. Intenta mantener una posición erguida durante, al menos, media hora tras las comidas. De igual modo, elevar la parte superior de la cama con almohadones o cojines puede ayudar con los síntomas nocturnos. Además, beber agua mineral con gas y limón suele ayudar. Si ninguna de estas opciones te funciona, consulta con tu médico.

Calambres musculares

El magnesio bajo, algo muy común en las personas diabéticas, puede provocar calambres musculares. Puedes tomar un suplemento de magnesio sin necesidad de receta. También puedes recurrir a las sales de Epson, que son sales de magnesio. Añade una taza a un baño con agua caliente y sumérjete en ella durante media hora; el magnesio se absorberá a través de tu piel. También puedes buscar aceite de magnesio, que igualmente se absorbe a través de la piel.

FAQs

¿Me volverá irritable el ayuno?

Es curioso, que a pesar de los muchos años de experiencia y los cientos de pacientes tratados, esto no haya supuesto un problema en nuestro programa de control dietético intensivo. De igual modo, no consta que los miembros de las religiones que abrazan la rutina del ayuno sean irritables. Por ejemplo, nadie le pondría el estereotipo de irritable a un monje budista, el cual realiza ayuna casi a diario. Yo creo que cuando la gente se vuelve irritable cuando no come es porque *esperan* volverse irritables, de modo que interpretan su papel como en una profecía autocumplida. Cuando normalizan la idea del ayuno en su cabeza, se olvidan de ponerse irritables.

¿Me cansará el ayuno?

No. Nuestra experiencia en el programa de control dietético intensivo es, precisamente, la contraria. Muchas personas se encuentran con que tienen más energía durante el ayuno; probablemente, debido al aumento de adrenalina. Descubrirás que tienes una gran cantidad de energía para realizar todas las actividades cotidianas. La fatiga constante no es normal en el ayuno. Si experimentas un exceso de fatiga deberías dejar de ayunar inmediatamente y acudir a tu médico.

¿El ayuno provoca que comamos en exceso?

La respuesta sencilla es sí, comerás más de lo normal inmediatamente después de ayunar. No obstante, la cantidad de comida que se ingiere los días de no ayuno no basta para contrarrestar el ayuno previo. Un estudio sobre ayunos de treinta y seis horas muestra que la comida que se hace después del ayuno es casi un 20 por ciento más abundante de lo habitual, pero a lo largo de todo el periodo de dos días sigue habiendo un déficit neto de 1.958 calorías. El «exceso» de comida no compensa ni de lejos el ayuno. El estudio concluye que «un ayuno de 36 horas... no induce a un estímulo incondicionado lo suficientemente potente al día siguiente como para compensarlo».

¿Afectará el ayuno a mi memoria o a mi capacidad de concentración?

No. No debería experimentar ninguna pérdida de memoria o de concentración durante el ayuno. Al contrario, el ayuno mejora la agudeza y lucidez mental. A largo plazo, de hecho, puede ayudar a mejorar la memoria. Existe la teoría de que el ayuno activa cierta forma de depuración celular llamada autofagia que puede ayudar a prevenir la pérdida de memoria asociada al envejecimiento (véase página 141 para saber más).

Mi estómago no para de gruñir. ¿Qué puedo hacer?

Prueba a beber agua mineral. El mecanismo no está del todo claro, pero se cree que parte de los minerales ayudan a asentar el estómago.

Si debo tomar mi medicación con comida ¿qué puedo hacer durante el ayuno?

Ciertos medicamentos pueden causar efectos secundarios si se toman con el estómago vacío. La aspirina puede provocar malestar estomacal o, incluso, úlceras. Los suplementos de hierro pueden provocar náuseas y vómitos. La metformina, que se suele recetar para la diabetes, puede provocar náuseas o diarrea. Habla con tu médico sobre si debes seguir tomando estos medicamentos durante el ayuno. También puedes probar a tomar estos medicamentos con una pequeña cantidad de hoja verde, que son bajas en calorías y no afectan al ayuno.

Algunas veces, la presión arterial puede bajar durante el ayuno. Si estás tomando algún medicamento para bajar la presión arterial puede que esta llegue a bajar demasiado, lo que provoca una ligera sensación de mareo. Consulta a tu médico para ajustar la dosis de medicación.

Si estás tomando medicación para la diabetes, es muy importante que hables con tu médico antes de empezar un régimen de ayuno. Lee la siguiente pregunta.

¿Qué pasa si tengo diabetes?

Si padeces diabetes tipo 1 o 2, o estás tomando medicación para la diabetes, debes tener especial cuidado. (Ciertos medicamentos para la diabetes, como la metformina, se usan para otras dolencias, como el síndrome de ovario poliquístico). Controla de cerca tu nivel de azúcar en sangre y ajusta la dosis de medicación debidamente. Es imperativo que tu médico te realice un estrecho seguimiento. Si esto no es posible, no ayunes.

El ayuno reduce el azúcar en sangre. Si continúas con la misma dosis de medicación para la diabetes durante el ayuno, sobre todo de insulina, es posible que tu nivel de azúcar baje demasiado y provoque una hipoglucemia. Esto puede llegar a ser mortal. Debes tomar algo de azúcar o zumo para volver a subir el nivel de azúcar a niveles normales, aun cuando esto suponga interrumpir el ayuno. *Debes controlar tu nivel de azúcar durante el ayuno*. Si una y otra vez presentas niveles bajos de azúcar significa que, o bien la dosis de medicación es demasiado alta, o bien el proceso de ayuno no está funcionando. En el programa de control dietético intensivo antes de comenzar con el ayuno reducimos la medicación para prevenir una posible hipoglucemia. Sin embargo, dado que la respuesta del azúcar en sangre es impredecible, resulta fundamental que un médico la supervise.

¿Puedo hacer ejercicio físico durante el ayuno?

Mucha gente da por sentado que será difícil hacer ejercicio durante el ayuno y, a veces, a aquellas personas cuyo trabajo requiere de un gran esfuerzo físico les preocupa ayunar mientras trabajan.

Es cierto, la actividad física requiere de energía extra del cuerpo. No obstante, el proceso mediante el cual se obtiene energía a partir de la comida almacenada sigue siendo el mismo durante el ayuno. El cuerpo empieza quemando glucógeno, el azúcar almacenado en el hígado. Dada la mayor demanda de energía cuando hacemos ejercicio, el glucógeno se agota antes. No obstante, el cuerpo generalmente contiene suficiente glucógeno para veinticuatro horas, de modo que puede aguantar cierta cantidad de ejercicio antes de que este se agote.

Sin embargo, los atletas de resistencia, como los triatletas de *Ironman*, los maratonianos y los ultramaratonianos, en ocasiones «llegan al límite». Las reservas de glucógeno se agotan y sus músculos se quedan, básicamente, sin energía. Puede que no haya una imagen mejor de lo que es llegar al límite que la del triatlón *Ironman* de 1982, cuando la estadounidense Julie Moss entró arrastrándose en la meta, incapaz siquiera de ponerse de pie.

Pero incluso cuando nuestro glucógeno se agota nuestro cuerpo sigue contando con una gran cantidad de energía en forma de grasa y, durante el ayuno, nuestro cuerpo pasa de quemar glucógeno a quemar grasas. Seguir una dieta muy baja en carbohidratos, o una dieta cetogénica entrena a los órganos del cuerpo para quemar grasa.

De forma parecida, hacer ejercicio en estado de ayuno entrena a los músculos para quemar grasa. En lugar de depender de las limitadas reservas de glucógeno, puede usar la energía casi ilimitada de las reservas de grasa. Los músculos son capaces de adaptarse para emplear cualquier fuente de energía disponible. (Este es el problema con el que se encuentran los atletas de resistencia cuando llegan al límite: no se han adaptado para utilizar grasa en lugar del glucógeno para obtener energía). Cuando agotamos nuestras reservas de glucógeno mediante el ayuno nuestros músculos aprenden a ser mucho más eficientes al quemar grasa. El número de proteínas especializadas en la quema de grasas aumenta, y se intensifica la descomposición de grasa para obtener energía. Después de entrenar en estado de ayuno las fibras musculares muestran un aumento de la grasa disponible. Todo esto son señales de que los músculos se están adaptando a quemar grasa, no azúcar.

¿Se ve afectado nuestro rendimiento? Realmente, no. En un estudio se observó que tres días y medio de ayuno no afectan en ninguna medida al rendimiento atlético, ni a la fuerza, ni a la capacidad aeróbica, ni a la resistencia aeróbica.

No obstante, durante el periodo en el que nos estamos adaptando a quemar grasa en lugar de azúcar, podemos notar una bajada en nuestro rendimiento atlético. Esto dura, aproximadamente, dos semanas. Cuando el cuerpo se vacía de azúcar los músculos necesitan cierto tiempo para adaptarse a quemar grasa. Su energía, su fuerza muscular y toda su capacidad física en general se reducirán, pero luego la recuperará. A este proceso, algunas veces, se le denomina keto-adaptación. Las dietas muy bajas en carbohidratos, las dietas cetogénicas, y el entrenamiento en estado de ayuno ayudan a que los músculos aprendan a quemar grasa, pero, aun así, los músculos necesitan cierto tiempo para adaptarse.

Se puede almacenar mucha más energía en forma de grasa que en forma de glucógeno y, para los atletas de resistencia, este aumento de la energía disponible cuando empiezan a quemar grasa supone una importante ventaja. Si corres ultramaratones, ser capaz de utilizar las casi ilimitadas reservas de grasa almacenada en lugar de las limitadas reservas de glucógeno supone no llegar «al límite», lo que te da la oportunidad de ganar esa carrera.

Dado que tu cuerpo depende de las reservas de grasa, durante el ayuno no se produce un déficit de energía, y tú puedes y deberías realizar todas tus actividades habituales. No hay ninguna razón para dejar de hacer ejercicio físico durante el ayuno. De hecho, muchos atletas de élite y atletas de resistencia entrenan en estado de ayuno. La combinación de los niveles bajos de insulina y los niveles elevados de adrenalina que provoca el ayuno estimula la descomposición de grasas y la quema de estas para obtener energía.

El actor Hugh Jackman, de 1,88 metros de altura y nominado al premio Óscar de la Academia de Hollywood, necesita con frecuencia ganar o perder peso para sus diferentes papeles. Cuando tuvo que perder 9 kilos para la película *Los miserables* siguió una dieta baja en carbohidratos. Cuando tuvo que ganar masa muscular para su papel de Lobezno siguió un ayuno intermitente.

¿Se puede hacer ejercicio mientras se ayuna? Por supuesto que sí. Algunos de sus beneficios son:

1. Te puedes entrenar con más intensidad gracias al aumento de la adrenalina.
2. Te recuperarás del entrenamiento y fortalecerás tus músculos más rápidamente gracias al aumento de la hormona del crecimiento.
3. Quemarás más grasa debido al aumento de la oxidación de los ácidos grasos.

Entrena con mayor intensidad, fortalece tus músculos, quema grasa. ¡Perfecto!

Normalmente, suelo hacer ayuno durante 3-5 días a base de agua, café (utilizo crema espesa) y caldo de huesos con sal marina. Desde que empecé a ayunar mi cuerpo ha cambiado por completo. Todos los años corro un maratón y este año ha sido asombroso. Pude mantener mi nivel de energía durante toda la carrera y mejoré mi marca el año pasado en más de 30 minutos. Ha sido también mi mejor marca personal, a pesar de que soy 8 años mayor que cuando corrí mi primer maratón. ¡No hay duda de que el ayuno hace que esté más sano y fuerte!

– Kaori O.,
Houston, Tejas

Problemas a vigilar

Es esencial que cualquier persona con un problema de salud lleve un estrecho seguimiento durante el ayuno, pero en especial los diabéticos. El nivel de azúcar en sangre se debería controlar, al menos, cuatro veces al día si se está tomando insulina. Si sientes cualquier síntoma de hipoglucemia, como temblores o sudoración, deberías comprobar inmediatamente tu nivel de azúcar.

También deberías controlarte con regularidad la presión arterial. Esto puede hacerse en casa con cualquiera de los muchos aparatos disponibles. Hazte análisis de sangre, comprueba el nivel de electrolitos, y coméntalo son tu médico. Además de los electrolitos habituales, nosotros solemos comprobar los niveles de calcio, fósforo y magnesio.

En caso de sentir malestar por cualquier razón, interrumpe el ayuno de inmediato y acude a tu médico. En especial si tienes náuseas, vómitos, mareos, fatiga, hipo o hiperglucemia y apatía; esto no es normal durante un ayuno intermitente o continuo y debería hacer saltar todas las alarmas.

Sin embargo, el hambre y el estreñimiento sí son síntomas normales y pueden manejarse.

Excesos y ayuno: entender los ritmos de la vida

Las celebraciones con la familia forman parte de una vida dichosa. De vez en cuando debemos recordarnos a nosotros mismos que la vida es algo hermoso y tenemos suerte de estar vivos. A lo largo de la historia el hombre ha hecho esto mediante celebraciones. El mismo hecho de comer es una celebración de la vida, y cuando celebramos eventos importantes lo hacemos con un banquete. Cualquier dieta que no tome esto en consideración está destinada al fracaso. Comemos tarta en nuestro cumpleaños. Nos damos festines en fechas señaladas como las Navidades. Organizamos banquetes de boda. En nuestro aniversario vamos a cenar a un buen restaurante...

No celebramos nuestro cumpleaños con una ensalada. No tomamos barritas sustitutivas en las bodas, ni nos atiborramos de batidos ecológicos en Nochebuena.

Al igual que todo en la vida, ganar peso no es algo constante, sino intermitente. Hay ciertos periodos que están asociados con un aumento de peso. Entre ellos se incluyen la adolescencia, cuando el hecho de ganar peso forma parte normal del desarrollo, y el embarazo, cuando ganar peso es algo normal y necesario.

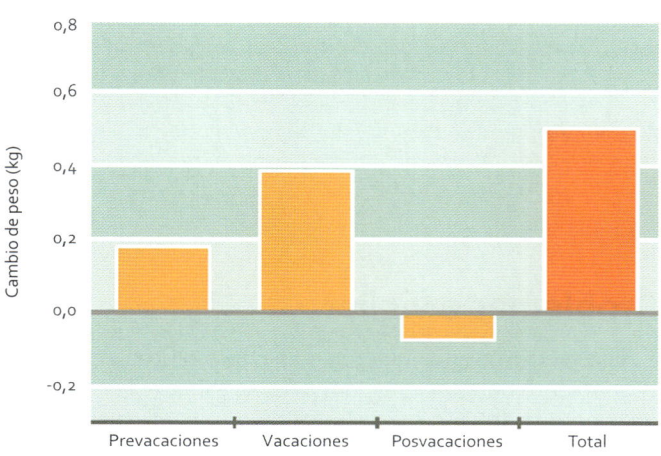

Figura 15.1. La mayoría del peso que se gana al año se produce en el periodo de vacaciones de fin de año; tal y como siempre se ha hecho, los humanos celebramos las vacaciones con comilonas.

Fuente: Yanovski et al., «A Prospective Study of Holiday Weight Gain».

Cada año, la mayor parte del peso que ganamos se produce en el breve periodo de tiempo de vacaciones. El periodo que comprende desde mediados de noviembre a Año Nuevo tan solo comprende seis semanas, pero supone dos tercios del aumento de peso anual (635 gramos de media)

Si el aumento de peso no es uniforme a lo largo del año, entonces, los esfuerzos para perder peso también deben variar. Hace falta una estrategia que aumente la pérdida de peso en ciertas épocas y que mantenga el peso en otras. Una dieta baja en calorías de forma constante no encaja dentro del ciclo de comilonas y ayuno, y está condenada al fracaso.

Hay ocasiones en las que deberías comer mucho. Hay otras en las que, prácticamente, no deberías comer nada. Ese es el ciclo natural de la vida. La mayoría de las religiones reconocen este hecho y prescriben la abundancia en ciertas épocas (las Navidades, por ejemplo) y el ayuno en otras (la Cuaresma). Las civilizaciones de la antigüedad también conocían este sencillo ritmo de la vida. Cuando llegaba la cosecha, se daban un banquete pero después, a menudo, tenían que ayunar durante el invierno.

En Luisiana la comida supone una parte importante de nuestro patrimonio y de nuestro tejido social. Incorporar el ayuno a mi rutina diaria me hizo darme cuenta de la importancia del «festín» desde una perspectiva completamente diferente. Sin el ayuno, no alcanzas a comprender de verdad el propósito de la celebración. El ayuno me ha dado una mayor comprensión de los festines y celebraciones de los que tanto disfrutamos aquí, en nuestra cultural local. Si intercaláramos las celebraciones con periodos de ayuno, como hacían nuestros antepasados, habría mucha menos obesidad en nuestra región.

— James B.,
Shreveport, LA

Lo que ha sucedido a lo largo de los últimos cincuenta años es que hemos mantenido todos los excesos, pero hemos eliminado el ayuno. El equilibrio normal se ha alterado y la obesidad es el resultado predecible. Si se permiten excesos se debe ayunar. Eso es todo.

La obesidad es el resultado de dejar el ayuno. ¿Qué pasa si nos perdemos todas las comilonas? Bueno, la vida se vuelve un poco menos especial. Si tú eres esa persona que en las bodas no bebe, ni come tarta, ni aperitivos... Hay un nombre para eso: aguafiestas. Y nadie quiere ser un aguafiestas.

Tal vez puedas seguir con ello unos seis meses, o incluso todo un año, pero ¿para siempre? Eso es muy complicado. La vida está llena de alegrías y tristezas, y necesitamos celebrar las alegrías, porque las tristezas están a la vuelta de la esquina. Debemos equilibrar los periodos en los que comemos mucho con periodos en los que comamos muy poco. Todo es cuestión de equilibrio.

EL FENÓMENO DEL ALBA

El nivel alto de azúcar en sangre tras un periodo de ayuno es algo que, a menudo, desconcierta a los que no están familiarizados con el llamado Fenómeno del Alba. ¿Por qué es elevado el nivel de azúcar en sangre si no se ha comido nada durante cierto tiempo? Este efecto se da, incluso, con el ayuno prolongado.

El Fenómeno del Alba, a veces llamado Efecto del Alba, fue descrito por primera vez hace aproximadamente treinta años. Se calcula que se da hasta en un 75 por ciento de los diabéticos, aunque su intensidad varía enormemente; y es provocado por los ritmos circadianos.

Antes de despertarnos (alrededor de las 4 de la mañana), el organismo segrega mayores niveles de la hormona del crecimiento, cortisol, glucagón y adrenalina. Estas hormonas en conjunto son denominadas las hormonas contrarreguladoras; se encargan de contrarrestar los efectos hipoglucemiantes de la insulina, es decir, aumentan el nivel de azúcar en sangre.

Este pico hormonal prepara nuestro cuerpo para el día venidero. Al fin y al cabo, nunca estamos tan relajados como cuando estamos profundamente dormidos. Así que estas hormonas nos preparan suavemente para el momento de despertar. El glucagón le dice al hígado que empiece a segregar glucosa.

La adrenalina le da algo de energía a nuestro cuerpo. La hormona del crecimiento está implicada en la reparación celular y en la síntesis de nueva proteína. El cortisol, la hormona del estrés, aumenta como activador general. Todas estas hormonas aumentan durante las primeras horas de la mañana y luego caen hasta niveles bajos a lo largo del día.

Dado que todas estas hormonas tienden a elevar el nivel de azúcar en sangre para prepararnos para el nuevo día, podríamos esperar que nuestro nivel de azúcar se disparara por las nubes a primera hora de la mañana. Pero esto no suele suceder. ¿Por qué? La insulina también aumenta a primera hora de la mañana para asegurarse de que el nivel de azúcar no sube *demasiado*.

Así que, incluso en las personas no diabéticas, el nivel de azúcar en sangre no se mantiene estable a lo largo de las veinticuatro horas del ciclo circadiano. Lo que pasa es que el aumento del azúcar en sangre a primera hora de la mañana en las personas no diabéticas es muy pequeño, así que suele pasarse por alto.

Sin embargo, en las personas con resistencia a la insulina esta tiene dificultades para echar el freno (el cuerpo no escucha sus señales) y, dado que las hormonas contrarreguladoras siguen funcionando, el nivel de azúcar aumenta sin oposición, lo que provoca un nivel de azúcar en sangre más alto de lo normal a primera hora de la mañana.

El mismo fenómeno se da durante el ayuno a cualquier hora del día. Los cambios hormonales durante el ayuno comprenden un aumento de la hormona del crecimiento, la adrenalina, el glucagón y el cortisol; el mismo cóctel hormonal que se libera antes de despertarnos. Cuando se ayuna, la insulina desciende, pero estas hormonas siguen haciendo que el azúcar almacenado se libere en el torrente sanguíneo, lo que provoca que aumente el nivel de azúcar en sangre.

La insulina extrae azúcar de la sangre, donde puede verse, hasta los tejidos (hígado), donde no puede verse. Es como meter la basura de la cocina debajo de la cama. Huele igual, pero no puedes verla. Cuando el nivel de insulina baja, esa basura empieza a regresar de nuevo a la cocina, y vemos subir el nivel de azúcar en sangre.

¿Este aumento de la glucosa que se da a primera hora de la mañana o durante un ayuno prolongado es algo que deba preocuparnos? En realidad, no. Piensa en ello de este modo: si has ayunado durante dos días y ves que tienes el azúcar en sangre alto, ¿de dónde sale todo ese azúcar? Solo puede provenir de tu propio cuerpo, concretamente, del hígado. Esa molécula de glucosa siempre estuvo en nuestro cuerpo, pero ahora te preocupa porque puedes verla.

El Fenómeno del Alba, por el que vemos que nuestro nivel de azúcar en sangre sube durante el ayuno, no significa que estemos haciendo algo mal. Es un fenómeno normal. Tan solo significa que todavía te queda trabajo por delante hasta acabar con el azúcar almacenado. Con el tiempo, el ayuno lo logrará.

Comer fuera

La socialización a través de la comida juega un papel muy importante en nuestras vidas. Muchas veces nos juntamos con amigos para comer o tomar un café. Es algo normal, natural y forma parte de la cultura humana en todo el mundo. Es evidente que tratar de luchar contra esto no es una estrategia ganadora. Evitar todas las situaciones sociales durante el ayuno no es sano y, probablemente, hará que termines por dejarlo.

Incorpora el ayuno a tu rutina, no al contrario. Si sabes que vas a cenar abundantemente, entonces, sáltate el desayuno y el almuerzo. Una de las formas más sencillas para incorporar el ayuno a nuestra rutina es saltarse el desayuno, ya que este no es una comida en la que socialicemos tanto como en el almuerzo o la cena. Los días laborables resulta sencillo saltarse el desayuno sin que nadie se dé cuenta. Esto te permitirá ayunar durante dieciséis horas con bastante facilidad.

Saltarte el almuerzo los días laborables es también relativamente sencillo. Simplemente, quédate trabajando durante la hora del almuerzo. Esto te permitirá pasar a un ayuno de veinticuatro horas sin especial esfuerzo. Además, hay otros beneficios añadidos. Puedes adelantar trabajo, de modo que tal vez puedas salir antes. Al estar ocupado, es posible que te olvides de que tienes hambre. También puedes ahorrar algo de dinero y, a menos que vayas a comer siempre con el mismo grupo de personas, puede que nadie se dé cuenta de que estás ayunando. ¿Ahorrar tiempo y dinero mientras se adelgaza? No es un mal negocio.

Con 4 hijos de menos de 10 años la cena en mi casa siempre resultaba un caos. Para cuando le había ayudado a cada uno con lo que necesitaba (comida, cubiertos, más agua, el tenedor que se cae, etc.) me veía comiendo tan rápido como podía para terminar a la vez que ellos. Cuando ayuno tengo ganas de que llegue la hora de la cena. Hablamos sobre cómo ha ido el día, las cosas son relajadas y ¡termino a la vez que ellos!

— Amberly C.,
Anderson, Carolina del Sur

Bibliografía

A. M. Johnstone, P. Faber, E. R. Gibney, M. Elia, G. Horgan, B. E. Golden y R. J. Stubbs, «Effect of an Acute Fast on Energy Compensation and Feeding Behaviour in Lean Men and Women», *International Journal of Obesity* 26, n. 12 (2002): 1623–8.

Christian Zauner, Bruno Schneeweiss, Alexander Kranz, Christian Madl, Klaus Ratheiser, Ludwig Kramer, Erich Roth, Barbara Schneider y Kurt Lenz, «Resting Energy Expenditure in Short-Term tarvation Is Increased as a Result of an Increase in Serum Norepinephrine», *American Journal of Clinical Nutrition* 71, n. 6 (2000): 1511–15.

Delia E. Smith, Cora E. Lewis, Jennifer L. Caveny, Laura L. Perkins, Gregory L. Burke y Diane E. Bild, «Longitudinal Changes in Adiposity Associated with Pregnancy: The CARDIA Study», *JAMA* 271, n. 22 (1994): 1747-51.

D. F. Williamson, J. Madans, E. Pamuk, K. M. Flegal, J. S. Kendrick y M. K. Serdula, «A Prospective Study of Childbearing and 10-Year Weight Gain in US White Women 25 to 45 Years of Age», *International Journal of Obesity and Related Metabolic Disorders* 18, n. 8 (1994): 561–9.

Geremia B. Bolli, Pierpaolo De Feo, Salvatore De Cosmo, Gabriele Perriello, Mariarosa M. Ventura, Filippo Calcinaro, Claudio Lolli, et al., «Demonstration of a Dawn Phenomenon in Normal Human Volunteers», *Diabetes* 33, n. 12 (1984): 1150–3.

Jack A. Yanovski, Susan Z. Yanovski, Kara N. Sovik, Tuc T. Nguyen, Patrick M. O'Neil y Nancy G. Sebring, «A Prospective Study of Holiday Weight Gain», *New England Journal of Medicine* 342 (2000): 861–7.

Joseph J. Knapik, Bruce H. Jones, Carol Meredith y William J. Evans, «Influence of a 3.5 Day Fast on Physical Performance», *European Journal of Applied Physiology and Occupational Physiology* 56, n. 4 (1987): 428–32.

Karen Van Proeyen, Karolina Szlufcik, Henri Nielens, Monique Ramaekers y Peter J. Hespel, «Beneficial Metabolic Adaptations Due to Endurance Exercise Training in the Fasted State», *Journal of Applied Physiology* 110, n. 1 (2011): 236–45.

K. De Bock, E. A. Richter, A. P. Russell, B. O. Eijnde, W. Derave, M. Ramaekers, E. Koninckx, et al., «Exercise in the Fasted State Facilitates Fibre Type-Specific Intramyocellular Lipid Breakdown and Stimulates Glycogen Resynthesis in Humans», *Journal of Physiology* 564 (Pt. 2) (2005): 649–60.

K. De Bock, W. Derave, B. O. Eijnde, M. K. Hesselink, E. Koninckx, A. J. Rose, P. Schrauwen, et al., «Effect of Training in the Fasted State on Metabolic Responses During Exercise with Carbohydrate Intake», *Journal of Applied Physiology* 104, n. 4 (2008): 1045–55, doi:10.1152/japplphysiol.01195.2007.

Peter J. Campbell, Geremia B. Bolli, Philip E. Cryer y John E. Gerich, «Pathogenesis of the Dawn Phenomenon in Patients with Insulin-Dependent Diabetes Mellitus—Accelerated Glucose Production and Impaired Glucose Utilization Due to Nocturnal Surges in Growth Hormone Secretion», *New England Journal of Medicine* 312, n. 23 (1985): 1473–9.

R. R. Wing, K. A. Matthews, L. H. Kuller, E. N. Meilahn y P. L. Plantinga, «Weight Gain at the Time of Menopause», *Archives of Internal Medicine* 151, n. 1 (1991) 97–102.

Tercera Parte

RECURSOS

BEBIDAS PARA EL AYUNO

Durante los periodos de ayuno solo pueden consumirse determinadas bebidas: agua, té, café (caliente o helado) y caldo de huesos.

AGUA

Es importante beber agua con frecuencia a lo largo de los días de ayuno. Se puede tomar sin gas o con gas.

Qué se le puede añadir al agua	Qué no se le puede añadir al agua
• Lima • Limón • Rodajas de otras frutas (no se coma la fruta ni consuma el zumo) • Vinagres (sobre todo vinagre crudo de manzana) • Sal del Himalaya • Chía y linaza molida (1 cucharadita en una taza de agua)	• Edulcorante en polvo o en gotas (incluso si son sin azúcar)

CAFÉ

Se pueden tomar hasta seis tazas de café al día los días de ayuno. El café puede ser descafeinado o normal. Es preferible el café solo, pero si lo deseas le puedes añadir una cucharada de ciertas grasas a la taza de café (véase la lista de grasas permitidas más adelante). También se puede tomar café helado sin endulzar: haz el café como de costumbre y luego métalo en el frigorífico o añádele hielo. Para el café a prueba de balas véase la página 238.

Qué se le puede añadir al café	Qué no se le puede añadir al café
• Aceite de coco • Aceite de triglicéridos de cadena media (aceite MCT) • Mantequilla • Ghee • Crema batida (35% grasa) • Leche semidesnatada • Leche entera • Canela molida, para darle sabor	• Intenta evitar la leche desnatada; la leche entera es mejor • Productos lácteos en polvo • Edulcorantes naturales o artificiales de cualquier tipo

TÉ DE HIERBAS

Se puede consumir todo el té de hierbas que se desee durante el periodo de ayuno. Hay una gran variedad de tés que pueden ayudar a suprimir el apetito, bajar el nivel de azúcar en sangre o resultar beneficiosos en otro sentido.

Té verde	Buen supresor del apetito
Té chai de canela	Ayuda a bajar el nivel de azúcar en sangre Es genial para acabar con los antojos de dulces
Té de menta	Buen supresor del apetito Bueno para aliviar el malestar gastrointestinal, como los gases y la hinchazón abdominal
Té de melón amargo	Ayuda a bajar el nivel de azúcar en sangre
Té negro	Ayuda a bajar el nivel de azúcar en sangre
Té de Oolong	Ayuda a bajar el nivel de azúcar en sangre

Lo mejor es consumir el té solo durante el periodo de ayuno, pero puedes añadirle como máximo una cucharada de ciertas grasas a cada taza si lo deseas (véase la lista de grasas permitidas más abajo). También puedes preparar cualquier té de hierbas y enfriarlo o tomarlo con hielo. Asimismo, te puedes hacer té a prueba de balas sustituyendo el café por té en la receta de la página 238.

Qué se le puede añadir al té	Qué no se le puede añadir al té
• Aceite de coco • Aceite de triglicéridos de cadena media (aceite MCT) • Mantequilla • Ghee • Crema espesa (35% de grasa) • Leche semidesnatada • Leche entera • Canela molida, para darle sabor • Limón	• Intenta evitar la leche desnatada; la leche entera es mejor • Productos lácteos en polvo • Edulcorantes naturales o artificiales de cualquier tipo

CALDO CASERO DE HUESOS

No es raro experimentar cierta sensación de mareo durante los primeros periodos de ayuno. Esto suele venir provocado por la deshidratación y los bajos niveles de electrolitos, y puede remediarse fácilmente tomando un buen caldo casero de huesos. Tanto el caldo vegetal como el de carne con huesos de animal o raspas de pescado sirven, pero el caldo de huesos tiene una ventaja: a diferencia del vegetal, contiene gelatina, que es muy beneficiosa para aquellas personas con artritis u otros problemas de articulaciones. Puedes consumir tanto caldo como desees para ayudarte a superar el día de ayuno. Conforme pase el tiempo, te darás cuenta de que cada vez necesitas tomar menos caldo durante los periodos de ayuno. Véase la página 240 para la receta del caldo casero de huesos.

Qué se le puede añadir al caldo	Qué no se le puede añadir al caldo
• Cualquier verdura redonda (que crece por encima de la tierra) • Hoja verde • Zanahoria • Cebolla o chalota • Melón amargo • Carne de animal • Huesos de animales • Carne de pescado • Raspas de pescado • Sal de Himalaya • Hierbas (frescas o secas) y especias • Linaza molida (1 cucharada por taza de caldo)	• Puré de verduras de cualquier tipo • Patata, boniato, remolacha y nabo • Evita los caldos preparados, también los orgánicos

PROTOCOLO DE AYUNO DE 24 HORAS

En este protocolo de ayuno de veinticuatro horas ayunarás durante todo un día desde el almuerzo hasta el almuerzo del día siguiente, o desde la cena de un día hasta la cena del día siguiente, tres veces a la semana. Esto también incluye dieciséis horas de ayuno diarias (que, en realidad, solo supone saltarse el desayuno y solo comer dentro de una ventana de ocho horas los días de no ayuno; véase página 185 para más información). En el programa de control dietético intensivo hemos visto que este protocolo funciona muy bien en aquellos casos en los que no hay especial prisa por perder peso. No obstante, si prefieres un régimen menos intensivo, puedes hacer solo dos ayunos de veinticuatro horas a la semana.

Los días de comida, te recomiendo que sigas una dieta baja en carbohidratos refinados y rica en grasas naturales. Esfuérzate por comer solo alimentos sin procesar y evita los platos preparados todo lo posible.

En este protocolo se hace una comida al día, así que es ideal si estás tomando algún tipo de medicación que requiera tomarse con comida. Además, puede que te resulte más fácil encajarlo dentro de tu rutina. Por ejemplo, a mucha gente le parece que la cena es importante no como un momento para comer, sino como un momento para reconectar con la pareja y los hijos. Con este protocolo seguirás teniendo ese momento para la familia. Este tipo de ayuno también es fácil de encajar en el típico horario laboral.

Según el ejemplo de abajo ayunarías desde la cena del domingo hasta la cena del lunes. Si terminas de cenar el domingo a las 19:30, entonces no cenarías hasta las 19:30 del lunes. Las comidas que se presentan son sugerencias para llevar una dieta baja en carbohidratos y rica en grasas saludables.

	Domingo	Lunes	Martes	Miércoles	Jueves	Viernes	Sábado
Desayuno	AYUNO	AYUNO	AYUNO	AYUNO	AYUNO	AYUNO	AYUNO
Almuerzo	Ensalada de berza con fresas (pág. 266)	AYUNO	Ensalada de aragula y jamón (pág. 262)	AYUNO	Ensalada de tomate, pepino y aguacate (pág. 268)	AYUNO	*Parfait* de frutos rojos (pág. 236)
Cena	Fingers de pollo caseros (pág. 258); Patatas fritas de aguacate (pág. 270)	Pimientos morrones rellenos de pollo (pág. 254)	Alitas de pollo (pág. 256) con queso en lonchas vegetal y vinagre balsámico	Pollo «empanado» en corteza de cerdo (pág. 250)	Muslos de pollo envueltos en beicon con pimientos morrones asados (pág. 252)	Fajitas de ternera (pág. 260)	Pizza de coliflor sin harina (pág. 248)

Ejemplo de un régimen de ayuno de 24 horas, tres veces a la semana. Aquí se ayuna de cena a cena, pero también se podría ayunar de almuerzo a almuerzo.

PROTOCOLO DE AYUNO DE 36 HORAS

En este régimen de ayuno de 36 horas se ayuna durante todo el día, al menos, tres veces a la semana. A diferencia del protocolo de ayuno de 24 horas, los días de ayuno no se hace ninguna comida, solo se toman líquidos (véase pág. 228). En general, este protocolo es más efectivo para perder peso que el de 24 horas (véase pág. 231), y cuanto más largo sea el ayuno, mejor es también para reducir el azúcar en sangre y, por tanto, puede ser más beneficioso para los pacientes prediabéticos. Además, algunas personas prefieren la sencillez de ayunar durante todo el día que hacer una comida los días de ayuno, como en el protocolo de ayuno de 24 horas.

Los días de comida te recomendamos que sigas una dieta baja en carbohidratos refinados y rica en grasas naturales. Procura comer solo alimentos sin procesar y evita los platos precocinados todo lo que puedas.

Según el ejemplo de abajo, ayunarías desde la cena del domingo hasta el desayuno del martes por la mañana. Si terminas de cenar el domingo a las 19:30, entonces, no comerías de nuevo hasta el desayuno del martes a las 07:30. Los días de no ayuno puedes hacer las tres comidas: desayuno, almuerzo y cena.

	Domingo	Lunes	Martes	Miércoles	Jueves	Viernes	Sábado
Desayuno	Tortitas sin harina (pág. 242) con beicon	AYUNO	Beicon casero (pág. 246); huevos revueltos	AYUNO	Mini *frittatas* (pág. 244)	AYUNO	*Parfait* de frutos rojos (pág. 236); Café a prueba de balas (Pág. 238)
Almuerzo	Ensalada de aragula con pera (pág. 264)	AYUNO	Ensalada de tomate, pepino y aguacate (pág. 268)	AYUNO	Ensalada de berza con fresas (pág. 266)	AYUNO	*Fingers* de pollo caseros (pág. 258); Patatas fritas de aguacate (pág. 270)
Cena	Pizza de coliflor sin harina (pág. 248) con ensalada de espinacas	AYUNO	Pollo «empanado» en corteza de cerdo (pág. 250)	AYUNO	Fajitas de ternera (pág. 260)	AYUNO	Pimientos morrones rellenos de pollo (pág. 254)

Ejemplo de un régimen de ayuno de 36 horas, tres veces a la semana. No se hacen ni comidas ni se toma ninguna clase de aperitivo los días de ayuno, pero se puede tomar cualquier líquido que esté permitido para el ayuno (véase la página 228).

PROTOCOLO DE AYUNO DE 42 HORAS

En este régimen de ayuno de 42 horas se ayuna durante todo el día, al menos, tres días a la semana y se salta el desayuno todos los días, independientemente de si se está o no ayunando. Los días de ayuno solo están permitidos los líquidos para el ayuno (véase la página 228).

En el programa de control dietético intensivo solemos emplear este protocolo de ayuno de 42 horas para los diabéticos de tipo 2. El periodo prolongado de ayuno le da más tiempo a la glucosa en sangre y la insulina para que bajen. No obstante, si estás tomando medicación deberás consultar con tu médico antes de comenzar este protocolo para evitar una posible hipoglucemia. Aunque queremos y esperamos que el azúcar en sangre, si tomas una dosis de medicación demasiado alta, puede que baje demasiado hasta tal punto que no te quede otra alternativa que comer algo de azúcar para elevarlo; lo que acaba con la idea del ayuno.

Los días de comida, te recomendamos que sigas una dieta pobre en carbohidratos refinados y rica en grasas naturales. Procura comer solo alimentos sin procesar y evita los platos precocinados todo lo que puedas.

Según el ejemplo de abajo, ayunarías desde la cena del domingo hasta el almuerzo del martes. Si terminas de cenar el domingo a las 19:30, entonces no volverías a comer hasta el almuerzo del martes a las 13:30. Los días que no ayunes, puedes tomar el almuerzo y la cena, pero no el desayuno.

	Domingo	Lunes	Martes	Miércoles	Jueves	Viernes	Sábado
Desayuno	AYUNO	AYUNO	AYUNO	AYUNO	AYUNO	AYUNO	AYUNO
Almuerzo	Ensalada de aragula con pera (pág. 264)	AYUNO	Muslos de pollo envueltos en beicon (pág. 252); palitos de zanahoria y apio	AYUNO	Ensalada de berza con fresas (pág. 266)	AYUNO	Tortitas sin harina (pág. 242)
Cena	Pollo «empanado» en corteza de cerdo (pág. 250)	AYUNO	Ensalada de aragula con pera (pág. 264)	AYUNO	Fajitas de ternera (pág. 260)	AYUNO	Pimientos morrones rellenos de pollo (pág. 254)

Ejemplo de un régimen de ayuno de 42 horas, tres veces a la semana. Los días de ayuno no se hacen comidas ni se consumen aperitivos de ningún tipo, pero se puede tomar cualquier líquido para el ayuno (véase página 228). El desayuno no se hace ni los días de comida ni los de ayuno.

PROTOCOLO DE AYUNO DE 7 A 14 DÍAS

Este protocolo de ayuno es para ayunar entre siete y catorce días de forma consecutiva. Esto significa entre siete y catorce días seguidos sin ningún tipo de comida o aperitivos. Durante el periodo de ayuno solo están permitidos los líquidos para el ayuno (véase la página 228).

En el programa de control dietético intensivo solemos emplear este protocolo para los casos graves de diabetes u obesidad mórbida. En aquellos casos en los que es más urgente un control de la diabetes y/o del peso solemos sugerir empezar la terapia con este protocolo y, luego, pasar a una protocolo de ayuno de cuarenta y dos horas (véase página 233). Este protocolo también resulta de ayuda cuando la pérdida de peso se estanca y después de los periodos en los que se recupera peso, como las vacaciones (saber que se va a seguir este protocolo después de un periodo de celebración hace que lo disfrutemos sin sentirnos culpables).

Se trata de un régimen muy intenso y solo debería llevarse a cabo bajo la supervisión de un médico. Si estás tomando medicamentos, deberás ajustar la dosis de alguno de ellos antes de comenzar con el ayuno (véase página 217 para más información). En este protocolo, también recomendamos que se tome un multivitamínico general para prevenir un posible déficit de micronutrientes. Puede que tu médico también desee realizar análisis de sangre de forma regular a lo largo del periodo de ayuno.

Recuerda que el hambre no va a más. El día 2 suele ser el más duro en este régimen. Los estudios sobre la grelina, la hormona del hambre, muestran que alcanza su pico más alto el día 2 de un ayuno prolongado y, posteriormente, desciende. Lo normal es que sea cada vez más fácil según van pasando los días. ¡La mayoría de la gente señala que podría haber seguido con el ayuno indefinidamente!

Debido al riesgo de sufrir síndrome de realimentación (véase página 208), no solemos prolongar el periodo de ayuno más allá de catorce días. En lugar de eso, recomendamos emplear un ayuno en días alternos, como el protocolo de treinta y seis horas (véase página 232), o el de cuarenta y dos horas (véase página 233) antes de repetir el ayuno de siete a catorce días. No recomendamos ayunar durante siete días más de una vez al mes, ni ayunar durante catorce días más de una vez cada seis semanas.

Recuerda que si en cualquier momento del ayuno no te encuentras bien, por cualquier razón, deberías dejar de hacerlo.

En este protocolo no se puede comer nada durante, al menos, siete días enteros. Por ejemplo, desde el domingo por la mañana hasta el sábado por la noche.

¿Cómo?
¿RECETAS EN UN LIBRO SOBRE EL AYUNO?

SÍ.

El ayuno intermitente y el ayuno prolongado tan solo forman parte de una forma saludable de comer. Comer de forma saludable implica dos partes: la parte en la que se come (alimentarse) y la parte en la que no (ayuno). Hemos comentado ampliamente la parte que comprende el ayuno, pero un plan completo requiere de ambas partes. Obviamente, no se puede ayunar indefinidamente, así que resulta fundamental seguir una dieta saludable (véase página 51 para más información sobre una dieta saludable).

Megan Ramos es la directora del programa de control dietético intensivo en Toronto. Ella asesora a cientos de pacientes tanto para ayunar como para seguir aquella dieta que les ayude a alcanzar una buena salud. Bajo su experto asesoramiento, los pacientes han conseguido revertir la obesidad, la diabetes tipo 2 y el síndrome metabólico. En muchos casos los pacientes han reducido o, incluso, eliminado la necesidad de tomar medicamentos y han aprendido a llevar una dieta saludable durante el resto de su vida.

En esta sección Megan comparte algunas de sus recetas favoritas, que pueden incorporarse al protocolo de ayuno al igual que las incluidas en las páginas 235 – 275.

PARFAIT DE FRUTOS ROJOS

TIEMPO DE PREPARACIÓN: 15 minutos, más 30 minutos para enfriar (opcional).

TIEMPO DE COCCIÓN: –

CANTIDAD: 2 raciones

INGREDIENTES

- ½ taza de crema espesa (al menos 35% de grasa)
- 1 cucharada de cacao en polvo 100% puro (opcional)
- 1 cucharadita de extracto de vainilla (opcional)
- 6 almendras, trituradas
- 6 nueces, trituradas
- 3 fresas, en dados
- ⅓ taza de frambuesas
- ⅓ taza de moras
- 10 arándanos
- ½ cucharada de linaza molida (opcional)
- ½ cucharada de semillas de chía (opcional)
- 1 cucharadita de canela, para servir (opcional)

INSTRUCCIONES

1. Vierte la crema espesa en un cuenco y bate el polvo de cacao y el extracto de vainilla (si los has usado).
2. Con batidora a media potencia, bate la crema hasta conseguir que espese; entre 2 y 3 minutos.
3. *Opcional*: para refrescarte los días de calor, introduce el cuenco con la crema espesa en el congelador durante 30 minutos.
4. Incorpora los frutos secos y rojos a la crema.
5. Añade la linaza molida y las semillas de chía (si las ha usado) y espolvorea la canela por encima, si lo desea.

CAFÉ A PRUEBA DE BALAS

El café a prueba de balas se ha vuelto muy popular últimamente. Puede tomarse una vez al día los días de ayuno para ayudarte a sentirte saciado. Lo mejor es tomarlo entre la hora en que te levantas y tu hora habitual de almorzar (si no estás almorzando).

TIEMPO DE PREPARACIÓN: 2 minutos

TIEMPO DE COCCIÓN: –

CANTIDAD 2 taza

INGREDIENTES

- 1 taza de café
- 1-2 cucharadas de aceite de coco o aceite de MCT
- 1-2 cucharadas de mantequilla
- 1-2 cucharadas de crema espesa (al menos 35% de grasa)

INSTRUCCIONES

1. Añade el aceite de coco, la mantequilla y la crema al café a partes iguales.
2. Remover hasta que quede cremoso.

CALDO DE HUESOS BÁSICO

TIEMPO DE PREPARACIÓN: 10 minutos

TIEMPO DE COCCIÓN: De 4 a 48 horas, dependiendo del tipo de huesos

CANTIDAD 5,5 litros

INGREDIENTES

- 5,5 litros de agua
- 2 cucharadas de vinagre crudo de manzana
- 2 huesos de animal (pollo, pavo, ternera, cerdo, pescado o cualquier otro)
- 1 cebolla mediana, cortada en trozos
- 3 zanahorias grandes, cortadas en trozos
- 10 tallos de apio, cortados en trozos
- 1 pimiento rojo morrón, cortado en trozos
- 1 pimiento verde morrón, cortado en trozos
- 1 cucharada de sal del Himalaya
- 1 cucharada de pimienta negra en grano
- Otras hierbas o especias (opcional)

INSTRUCCIONES

1. Llenar una olla con los 5,5 litros de agua fría.
2. Añadir el vinagre al agua fría.
3. Meter los huesos en la mezcla de agua y vinagre y dejarlo reposar durante 30 minutos. Preparar las verduras mientras los huesos están en remojo.
4. Añadir la cebolla, las zanahorias, el apio, los pimientos, la sal, pimienta y cualquier otra hierba o especia deshidratada si se desea.
5. Poner a fuego medio y calentar hasta que el agua esté a punto de hervir, entonces reducir a fuego bajo. Dejar que el caldo hierva a fuego lento entre 4-8 horas para los huesos de pescado; entre 18-24 horas para los huesos de ave; o entre 24-48 horas para los huesos de ternera o cerdo.
6. Cuando queden 30 minutos de cocción añadir cualquier hierba fresca si se desea.
7. Retirar del fuego y dejar enfriar durante 30 minutos. A continuación, colar las verduras, los huesos y la grasa.
8. Meter en el frigorífico durante un máximo de 5 días o congelar hasta un máximo de 3 o 4 meses.

CONSEJO

Para obtener más sabor, asé los huesos en una bandeja de horno a 150º C. durante 30 minutos antes de hacer el caldo.

TORTITAS SIN HARINA

TIEMPO DE PREPARACIÓN: 10 minutos

TIEMPO DE COCCIÓN: 30 minutos

CANTIDAD: 4 – 6 tortitas (unas 2 raciones)

INGREDIENTES

- 2 huevos
- ½ taza de crema espesa (al menos 35% de grasa), un poco más para el topping (opcional)
- 1 cucharadita de extracto de vainilla
- ½ cucharada de miel orgánica o eritritol
- ¼ de taza de harina de coco
- ½ cucharadita de bicarbonato
- ¼ cucharadita de sal del Himalaya
- 1 cucharada de mantequilla o aceite de coco, un poco más para el topping (opcional)
- Canela molida, para el topping (opcional)

INSTRUCCIONES

1. Precalentar una plancha o sartén a fuego medio.
2. En un cuenco pequeño, mezclar los huevos, la crema, la vainilla y la miel.
3. En otro cuenco de tamaño medio, mezclar el aceite de coco, el bicarbonato y la sal.
4. Mezclar suavemente los ingredientes secos con los húmedos.
5. Derretir la mantequilla en la sartén.
6. Tomar dos o tres cucharadas de la masa para formar tortitas de unos 8 cm. de diámetro. Cocinar durante 2-3 minutos por cada lado hasta que se dore. Repetir hasta agotar la masa.
7. Cubrir las tortitas con crema, mantequilla y/o canela si se desea.

MINI *FRITTATAS*

TIEMPO DE PREPARACIÓN: 15 minutos
TIEMPO DE COCCIÓN: 20 minutos
CANTIDAD: 6 frittatas (unas 2-3 raciones)

INGREDIENTES

- 6 huevos
- 1 taza de espinacas picadas
- 12 tomates cherry, en mitades
- ⅓ taza de pimiento rojo morrón en dados
- ⅓ taza de pimiento verde morrón en dados
- ½ taza de cebolla verde, en rodajas finas
- ½ taza queso cheddar para gratinar (unos 50 gramos), algo más para el topping (opcional)
- 1 cucharada de sal del Himalaya
- 1 cucharadita de pimienta negra recién molida
- 6 lonchas de beicon

INSTRUCCIONES

1. Precalentar el horno a 150º C. Engrasar un molde para 6 magdalenas con mantequilla o aceite de coco.
2. En un cuenco de tamaño medio, mezclar los huevos, las espinacas, los tomates, los pimientos morrones, la cebolla verde, el queso, la sal y la pimienta.
3. Colocar una loncha de queso en la parte interior de cada molde para magdalena. Si sobra, picarlo y añadirlo a la mezcla con los huevos.
4. Rellenar cada molde hasta unos tres cuartos con la mezcla de huevos. Cubrir con queso (si lo usa).
5. Meter en el horno y cocinar durante 20 minutos, o hasta que la parte superior esté dorada.
6. Sacar del horno y dejar enfriar durante 10 minutos antes de servir.

BEICON CASERO

TIEMPO DE PREPARACIÓN: 15 minutos, más 5-7 días para curar y 12 horas para enfriar

TIEMPO DE COCCIÓN: 90 – 120 minutos

CANTIDAD: 900 gramos de beicon

INGREDIENTES

- 900 gramos de panceta de cerdo
- ⅔ taza de sal del Himalaya
- 2 cucharadas de pimienta negra recién molida
- Cualquier hierba o especia deshidratada (opcional)

INSTRUCCIONES

1. Retirar la piel de la panceta con un cuchillo afilado. Cuando la quites, intenta mantener la piel intacta, de una pieza.
2. Lavar la panceta y secarla con un papel absorbente dándole golpecitos.
3. En un cuenco pequeño, mezclar la sal, la pimienta y cualquier otra hierba o especie deshidratada que desees. Frotar la mezcla sobre ambas partes de la panceta.
4. Colocar la panceta dentro de un recipiente herméticamente cerrado y guardarlo en el frigorífico durante 5-7 días. Cuanto más tiempo se deje curar, más fuerte será el sabor. Dar la vuelta cada día. (Asegurarte de lavarse bien las manos antes de tocar la panceta).
5. Pasados 5-7 días, sacar la panceta del frigorífico y aclarar la sal, la pimienta y el resto de hierbas o especias. Secar a golpecitos.
6. Precalentar el horno a 90° C.
7. Colocar una rejilla sobre una bandeja para asar. Colocar la panceta con el lado de la grasa hacia arriba.
8. Hornear hasta que la carne alcance una temperatura interna de 65°C. Esto suele tardar alrededor de 90-120 minutos.
9. Sacar la panceta del horno y dejar enfriar durante 30 minutos.
10. Envolver la carne en papel de horno y guardar en el frigorífico durante la noche o durante 12 horas.
11. Cortar la carne en rodajas del grosor deseado con un cuchillo afilado. Ahora puede cocinar el beicon casero o guardarlo en el frigorífico hasta 5 días, o en el congelador hasta 2 meses.

PIZZA DE COLIFLOR SIN HARINA

TIEMPO DE PREPARACIÓN: 10 minutos

TIEMPO DE COCCIÓN: 30 - 35 minutos

CANTIDAD 45 cm de pizza (unas 3 raciones)

INGREDIENTES

1 ½ taza de floretes de coliflor (unos 450 gramos)

2 huevos grandes, ligeramente batidos

1 cucharadita de sal del Himalaya

1 cucharadita de orégano deshidratado

1 cucharadita de ajo en polvo

Toppings para pizza al gusto

INSTRUCCIONES

1. Precalentar el horno a 105º C. Preparar una hoja para hornear con papel vegetal.
2. Triturar los floretes de coliflor con un robot de cocina hasta que queden finamente picados. Pasar a un cuenco grande.
3. Añadir los huevos, la sal, el orégano y el ajo en polvo y mezclar bien.
4. Colocar la mezcla de la coliflor en el centro del papel para hornear y use las manos para formar una base de pizza.
5. Hornear durante 20 minutos, o hasta que esté ligeramente dorada.
6. Añadir los *toppings* que desee y hornear de nuevo durante otros 10-15 minutos.

POLLO «EMPANADO» EN CORTEZA DE CERDO

TIEMPO DE PREPARACIÓN: 15 minutos **TIEMPO DE COCCIÓN:** 45 minutos **CANTIDAD** 2 raciones

INGREDIENTES

- 1 ½ taza de cortezas de cerdo
- 1 cucharadita de sal del Himalaya
- 2 cucharaditas de pimienta negra recién molida
- 2 cucharaditas de pimentón
- 4 muslos de pollo con piel
- 2 huevos grandes

INSTRUCCIONES

1. Precalentar el horno a 190º C. Preparar una hoja para hornear con papel de aluminio.
2. Colocar las cortezas de cerdo en una bolsa de plástico hermética y aplastarlas con las manos hasta que parezcan picatostes. Añadir la sal, la pimienta y el pimentón a las cortezas y agitar hasta que las especies estén bien repartidas.
3. Batir los huevos en un cuenco pequeño.
4. Meter uno de los muslos de pollo en el huevo batido y dejarlo unos 10 segundos.
5. Introducir el pollo mojado en huevo en la bolsa de plástico con las cortezas y el aderezo. Agitar hasta que el muslo esté cubierto, sacarlo y ponerlo sobre la hoja de hornear.
6. Repetir el proceso con el resto de muslos de pollo.
7. Meter la bandeja en el horno y cocinar durante 45 minutos, o hasta que el pollo esté dorado.

MUSLOS DE POLLO ENVUELTOS EN BEICON

TIEMPO DE PREPARACIÓN: 5 minutos

TIEMPO DE COCCIÓN: 45 minutos

CANTIDAD 2 raciones

INGREDIENTES

- 4 muslos de pollo
- 4 lonchas de beicon
- 1 ½ cucharadita de sal del Himalaya
- 1 cucharadita de pimienta negra recién molida

INSTRUCCIONES

1. Precalentar el horno a 200º C. Preparar una hoja para hornear con papel de aluminio.
2. Envolver cada muslo con una loncha de beicon, desde la parte inferior hacia la superior. Colocar sobre la hoja para hornear y sazonar con sal y pimienta.
3. Cocinar durante 45 minutos, o hasta que el beicon quede crujiente.

PIMIENTOS MORRONES RELLENOS DE POLLO

TIEMPO DE PREPARACIÓN: 10 minutos

TIEMPO DE COCCIÓN: 1 hora 30 minutos

CANTIDAD: 4 raciones

INGREDIENTES

- 1 cucharada de mantequilla
- 1 diente de ajo, picado
- 1 cebolla pequeña, picada fina
- 1 cucharadita de sal del Himalaya
- ½ cucharadita de pimienta negra recién molida
- 1 cucharadita de pimentón
- 1 cucharadita de chili en polvo
- 1 taza de tomates cherry, en mitades
- 450 gramos de pollo picado
- 3 huevos, batidos
- 1 pimientos morrones grandes, en mitades

INSTRUCCIONES

1. Precalentar el horno a 175º C. Preparar una hoja para hornear con papel vegetal.
2. Derretir la mantequilla en una sartén a fuego medio. Añadir el ajo, la cebolla, la sal, la pimienta, el pimentón y el chili en polvo. Saltear durante 5-7 minutos.
3. Añadir los tomates y saltear durante otros 5-7 minutos.
4. Añadir el pollo picado y cocinar hasta que esté dorado, alrededor de 15 minutos, removiendo de vez en cuando.
5. Pasar la mezcla con el pollo a un cuenco de tamaño medio y mezclar suavemente con los huevos.
6. Colocar cada mitad de pimiento morrón boca arriba sobre el papel de hornear. Verter la mezcla con el pollo y los huevos en cada pimiento.
7. Meter los pimientos rellenos en el horno y cocinar durante 60 minutos, hasta que los pimientos se ablanden ligeramente.

ALITAS DE POLLO

TIEMPO DE PREPARACIÓN: 5 minutos

TIEMPO DE COCCIÓN: 20 minutos

CANTIDAD: 900 gramos de alitas

INGREDIENTES

- 900 gramos de alitas de pollo
- 1 cucharadita de sal del Himalaya
- 1 cucharadita de pimienta negra recién molida
- 1 cucharada de bicarbonato
- 1 cucharadita de pimentón
- 1 cucharadita de sal de ajo (opcional)
- 2 cucharadas de aceite de coco
- 2 cucharadas de salsa picante (opcional)

INSTRUCCIONES

1. Lavar las alitas de pollo y secar suavemente a golpecitos.
2. En un cuenco pequeño, mezclar la sal, la pimienta, el bicarbonato, el pimentón y la sal de ajo (si se utiliza).
3. Colocar las alitas en una bolsa de plástico hermética y añadir la mezcla con las especias. Cerrar y agitar la bolsa para cubrir las alitas.
4. Precalentar una sartén a fuego medio. Derretir el aceite de coco en la sartén.
5. Colocar las alitas en la sartén y cubrir. Cocinar durante 10-12 minutos.
6. Darle la vuelta a las alitas y cocinar otros 10-12 minutos, hasta que estén doradas.
7. Sacar las alitas del fuego y dejar enfriar durante 5 minutos.
8. Cubrir las alitas con salsa picante, si se desea.

FINGERS DE POLLO CASEROS

TIEMPO DE PREPARACIÓN: 10 minutos

TIEMPO DE COCCIÓN: 20 - 30 minutos

CANTIDAD 2 raciones

INGREDIENTES

- 450 gramos de pechuga de pollo deshuesada, cortados en tiras de 3 cm de ancho y 8 cm de largo
- 2 huevos
- 1 taza de cortezas de cerdo picadas/chicharrones
- 1 cucharada de sal del Himalaya
- 1 cucharadita de pimienta negra recién molida
- 1 cucharadita de pimentón
- 1 cucharadita de sal de ajo (opcional)
- 2 cucharadas de aceite de coco
- Salsa picante, para servir (opcional)

INSTRUCCIONES

1. Precalentar el horno a 150º C. Preparar una hoja para hornear con papel de aluminio.
2. Lavar los *fingers* de pollo y secar suavemente a golpecitos.
3. Mezclar las cortezas de cerdo picadas, la sal, la pimienta, el pimentón y la sal de ajo (si se utiliza) en un cuenco pequeño. Volcar la mezclar en una bolsa de plástico hermética.
4. En un cuenco de tamaño medio, batir los huevos. Sumergir cada uno de los *fingers* de pollo para que quede bien cubierto.
5. Añadir los *fingers* de pollo a la bolsa con la mezcla de especias. Cerrar y agitar la bolsa para que queden bien cubiertos.
6. Colocar los *fingers* de pollo sobre el papel de hornear y meter en el horno. Cocinar durante 10-15 minutos.
7. Darle la vuelta al pollo y cocinar durante otros 10-15 minutos, hasta que esté dorado.
8. Sacar el pollo del horno y dejar enfriar durante 5 minutos antes de servir.
9. Servir con salsa picante si se desea.

FAJITAS DE TERNERA

TIEMPO DE PREPARACIÓN: 10 minutos
TIEMPO DE COCCIÓN: 20 minutos
CANTIDAD 2 – 4 raciones

INGREDIENTES

- 2 cucharadas de mantequilla, por separado
- 1 pimiento rojo morrón, cortado en tiras finas
- 1 pimiento verde morrón, cortado en tiras finas
- 1 pimiento amarillo morrón, cortado en tiras finas
- ½ cebolla, picada
- 1 cucharada de sal del Himalaya
- ½ cucharadita de pimienta negra recién molida
- 450 gramos de falda de ternera
- Hojas grandes de lechuga, para servir

PARA EL TOPPING (OPCIONAL)

- Crema agria
- Guacamole
- Pico de gallo
- Rodaja de lima
- Queso cheddar gratinado

INSTRUCCIONES

1. Calentar una sartén grande a fuego medio. Derretir una cucharada de mantequilla en la sartén.
2. Añadir los pimientos morrones y la cebolla y sazonar con sal y pimienta. Cocinar durante 15-20 minutos, removiendo de vez en cuando, hasta que los pimientos estén blandos.
3. Cuando a la verdura le queden unos 10 minutos, calentar una segunda sartén grande a fuego medio. Derretir la otra cucharada de mantequilla en la sartén.
4. Cuando a la verdura le queden unos 5 minutos, salpimentar la ternera y colocarla en la sartén con la mantequilla. Cocinar durante 3-5 minutos por cada lado, hasta que este marcada.
5. Retirar ambas sartenes del fuego.
6. Dejar reposar la carne unos 5-10 minutos antes de cortarla. Cortar en trozos del grosor deseado.
7. Dividir la carne y la verdura en 2-4 raciones iguales y envolver cada ración en una hoja de lechuga. Añadir los *toppings* que cada uno desee y disfrutar.

ENSALADA DE ARAGULA Y JAMÓN

TIEMPO DE PREPARACIÓN: 10 minutos

TIEMPO DE COCCIÓN: –

CANTIDAD: 1 ración

INGREDIENTES

- 2 – 3 tazas de aragula, lavada
- 6 – 9 rodajas finas de jamón
- ½ taza de tomate picado
- ½ taza de aceitunas en rodajas

PARA EL ALIÑO

- 1 cucharada de aceite de oliva virgen-extra
- 1 cucharadita de vinagre balsámico

INSTRUCCIONES

1. En un cuenco de tamaño medio, mezclar la aragula, el jamón, el tomate y las aceitunas.
2. Para hacer el aliño: mezclar el aceite de oliva y el vinagre.
3. Mezclar la ensalada con el aliño, o servir el aliño a un lado.

ENSALADA DE ARAGULA CON PERA Y PIÑONES

TIEMPO DE PREPARACIÓN: 10 minutos

TIEMPO DE COCCIÓN: –

CANTIDAD 2 raciones

INGREDIENTES

- 4 tazas de aragula
- 1 pera, cortada en rodajas finas
- ½ taza de piñones
- ½ limón
- 4 cucharadas de aceite de oliva virgen-extra
- Sal del Himalaya y pimienta negra molida

INSTRUCCIONES

1. En un cuenco grande, mezclar la aragula, las rodajas de pera y los piñones.
2. Exprimir el jugo del medio limón sobre la ensalada.
3. Verter el aceite de oliva sobre la ensalada.
4. Salpimentar al gusto.

ENSALADA DE BERZA CON FRESAS

TIEMPO DE PREPARACIÓN: 10 minutos

TIEMPO DE COCCIÓN: –

CANTIDAD 2 raciones

INGREDIENTES

- 4 tazas de berza
- 12 fresas, en dados
- 1 taza de nueces
- 1 cucharada de vinagre balsámico
- 4 cucharadas de aceite de oliva virgen-extra
- Sal del Himalaya y pimienta negra molida

INSTRUCCIONES

1. En un cuenco grande, mezclar la berza, las fresas y las nueces.
2. Verter el vinagre y el aceite sobre la ensalada.
3. Salpimentar al gusto.

ENSALADA DE TOMATE, PEPINO Y AGUACATE

TIEMPO DE PREPARACIÓN: 15 minutos

TIEMPO DE COCCIÓN: –

CANTIDAD: 2 raciones

INGREDIENTES

- 2 tazas de pepino cortado en dados (un pepino mediano)
- 1 taza de tomates cherry, cortados en mitades
- 1 ½ taza de aguacate, cortado en dados (un aguacate grande)
- 1 taza de aceitunas verdes, sin hueso y en mitades
- ½ taza de queso feta
- 1 cucharada de vinagre balsámico
- 4 cucharadas de aceite de oliva virgen-extra
- ½ cucharadita de pimienta negra recién molida
- 1 cucharadita de sal del Himalaya

INSTRUCCIONES

1. En un cuenco de tamaño medio, mezclar los pepinos, los tomates, el aguacate y las aceitunas. Espolvorear el queso feta por encima.
2. Verter el aceite y el vinagre por encima y mezclar.
3. Salpimentar al gusto.

PATATAS FRITAS DE AGUACATE

TIEMPO DE PREPARACIÓN: 15 minutos
TIEMPO DE COCCIÓN: 15 minutos
CANTIDAD 4 raciones

INGREDIENTES

2 aguacates grandes, cortados en rodajas de 1 cm de grosor

El jugo de ½ lima

1 taza de cortezas de cerdo

1 cucharada de sal del Himalaya

Especias o hierbas deshidratadas

1 huevo

2 cucharadas de aceite de coco o mantequilla

INSTRUCCIONES

1. Precalentar el horno a 200º C.
2. Meter las cortezas de cerdo en una bolsa de plástico hermética y triturar con las manos hasta que parezcan picatostes. Añadir la sal y cualquier otra especia o hierba que se desee.
3. Verter el jugo de lima en un cuenco pequeño. En otro cuenco, batir el huevo.
4. Sumergir cada rodaja de aguacate primero en el jugo de lima, y después en el huevo. Dejar en el huevo unos 10 segundos, a continuación darle la vuelta para cubrir el otro lado.
5. Meter las rodajas de aguacate en la bolsa con las cortezas de cerdo trituradas y agitar hasta que las rodajas queden bien cubiertas con la mezcla.
6. Verter el aceite de coco en un recipiente para horno y meter dentro las rodajas de aguacate.
7. Cocinar durante 15 minutos, o hasta que estén doradas.

JUDÍAS VERDES A LA MOSTAZA

TIEMPO DE PREPARACIÓN: 10 minutos

TIEMPO DE COCCIÓN: 10 minutos

CANTIDAD 4 raciones

INGREDIENTES

- 450 gramos de judías verdes, cortadas
- 1 cucharada de aceite de oliva virgen-extra
- 1 cucharada de mostaza (de cualquier tipo)
- Sal del Himalaya y pimienta negra molida

INSTRUCCIONES

1. Llenar una cazuela de tamaño medio con suficiente agua para cubrir las judías y llevar a ebullición a fuego medio. Añadir las judías y hervir hasta que queden crujientes y tiernas, alrededor de 3-4 minutos. También se pueden cocer las judías de la siguiente manera: llenar una cazuela hasta unos tres cuartos con agua y colocar un cestillo para cocinar al vapor en la parte superior. Llevar el agua a ebullición a fuego medio. Añadir las judías al cestillo y hervir hasta que queden tiernas y crujientes, unos 5 minutos. Retirar del fuego.
2. Calentar el aceite de oliva en una sartén antiadherente a fuego medio durante 5 minutos, entonces se añade la mostaza.
3. Añadir las judías cocinadas a la sartén con la mezcla de aceite y mostaza y cocinar durante 2 minutos, hasta que esté todo bien mezclado.
4. Retirar las judías de la sartén, salpimentar al gusto y servir.

ARROZ DE COLIFLOR ASADA

TIEMPO DE PREPARACIÓN: 10 minutos

TIEMPO DE COCCIÓN: 15 minutos

CANTIDAD 2 raciones

INGREDIENTES

- 1 cabeza de coliflor
- ½ cucharada de sal del Himalaya
- Hierbas o especias de su elección (opcional)

INSTRUCCIONES

1. Precalentar el horno a 90º C. Preparar una hoja para hornear con papel vegetal.
2. Cortar la coliflor en floretes y retirar los tallos.
3. Triturar la coliflor con las manos o con un robot de cocina hasta que adquiera la apariencia de arroz.
4. Extender el arroz de coliflor sobre la hoja para hornear y espolvorear con sal.
5. Meter en el horno y cocinar durante 12-15 minutos, moviendo cada 5 minutos. Sacar antes de que la coliflor empiece a dorarse.
6. Añadir cualquier especia o hierba que se desee.

ÍNDICE

A

acidez, como preocupación frecuente 215-216
ácido úrico y eliminación 166
adrenalina 44, 48, 51, 79, 216, 222, 223
agua
    ayuno de 175-176, 209
    como supresor natural del apetito 214
    mejores prácticas 178
aguacate, patatas fritas de, receta 270
alimentarse 43, 45
alimentos de granos enteros sin procesar 52-53
alitas de pollo, receta 256
Allen, Frederick Madison 120-121
anorexia 165
    nerviosa 208, 209
antiguos griegos 63-64
aperitivos, interrumpir el ayuno con 213
arroz de coliflor asada, receta 274
aspirina 167
atención 64, 139
atletas 186, 187
    beneficios para los 51
    de élite 33, 219
    de resistencia 218, 219
ayuno. *Véase también* ayuno prolongado;
    ayunos **más largos**; *temas específicos*
    acerca del 39-41
    combinado con cetosis nutricional 21-23
    cortisol y 114
    de 24 horas 192
    de 3 semanas 23-26
    «de agua» 175-176, 209
    «de grasas» 176
    «de zumos» 175-176
    desaparición del ayuno diario 41-42
    dietas y 83-84
    efectos del 55
    en **días alternos 194**
    en mujeres 169-171
    envejecimiento y 140-43
    espiritual 61-63
    experiencia **física del 18**
    experimentos con el 13-28
    historia del 61-66
    mejores consejos para 211-212
    mitos sobre el 67-76
    moderno 65-66
    para estimular la capacidad del cerebro 137-140
    para la diabetes tipo 2 119-129
    para la salud cardiovascular 145-151
    para perder peso 89-115
    quién debería evitar el 163-171
    resistencia a la insulina y 106-108
    resultados del 43-44
    «seco» **176**
    seguimiento durante el 219-220
    tipos de 54-55, 175-177
    ventajas del 77-84
    versus dietas bajas en carbohidratos 105-106
ayuno intermitente (IF)
    acerca del 13-28, 181-182
    de 12 horas 182-183
    de 16 horas 185
    de 20 horas 185
    ritmos circadianos 186-189
ayuno prolongado
    acerca del 55, 203-204
    de 2 a 3 días 207
    de 7 a 14 días 207-208, 234
    qué esperar 205-207
    síndrome de realimentación 208-210
    de 12 horas 182-183
    de 16 horas 185
    de 2 a 3 días 207
    de 20 horas 185
    de 24 horas 192
    de 36 horas 195-196, 232
    de 7 a 14 días 207-208
ayunos de larga duración
    acerca de 191-192
    de 24 horas 192
    de 36 horas 195
    de 42 horas 197
    en **días alternos 194**
riesgos y beneficios de los 191-192
azúcar en sangre 18, 73-74, 192, 204
azúcares 53

B

bajar el colesterol con el ayuno 149-151

IMC (índice de masa corporal) 93, 139, 164, 209
inanición 39
índice de masa corporal, véase IMC
insulina
    acerca de la 10-12, 42, 45-46, 208
    comer por la noche e 186-187
    resistencia a la 102-103, 106-107
interrumpir el ayuno 212-213
Invencible (Hillenbrand) 137
irritabilidad 168, 216

J

James, Abel 29, 59, 63, 71, 109, 138, 142, 157, 185
Joslin, Elliott 120
judías verdes a la mostaza, receta 272

K

Keto Clarity (Moore) 13, 17, 21
Keys, Ancel 62, 147

L

lactancia, ayuno y 166
LDL 25, 54, 145-146, 148
lipolisis 101
lipoperfil NMR 25
líquidos, recursos 228-230

M

Macleod, John 122
macronutrientes 51-52, 74-75
magnesio 47, 167, 206, 209, 216
mareos, como preocupación frecuente 215
medicamentos
    acerca de los 166-167
    ayuno prolongado y 207
    durante el ayuno 217
mejores prácticas 177-179
metabolismo 48, 103-104
metformina 127, 167, 192, 217
micronutrientes 48, 74-75
migrañas 167
Mini *frittatas*, receta 244
Moore, Jimmy 13, 20, 21
Mosley, Michael, *The Fast Diet*, 193
movimientos intestinales 75, 206, 207, 215
mTOR (diana de rapamicina en células de mamífero) 141-142
mujeres, ayuno en 169-171
músculos
    calambres en los 216
    quema de 70-71
muslos de pollo envueltos en beicon, receta de 252

N

NHANES (Encuesta Nacional de Examen de la Salud y Nutrición) 41-42
noradrenalina 167
nutrientes, privación de 75-76
obesidad 12, 20, 77-78
olvido 216

P

Paracelso 64
Parfait de frutos rojos, receta de 236
Pavlov, Ivan 154
pérdida de peso
    ayunar para 89-115
    como ventaja del ayuno 77
peso bajo
    ayuno y 163-164
    síndrome de realimentación y 209
    efectos del ayuno sobre el 18
Pilon, Brad, *Eat, Stop, Eat* 192
pimientos morrones rellenos de pollo, receta de 254
pizza de coliflor, receta de 248
poder del ayuno 81-82
pollo «empanado» en corteza de cerdo, receta de 250
potasio 47, 48, 206
prediabetes 101, 232
prednisona 114
presión arterial 220
proteína 51-52
    fase de conservación de 45, 46
    oxidación de 71
proteínas beta amiloides 142

R

reacciones de los demás 20
recetas 235-275
Recomendaciones Nutricionales para los Estadounidenses
  ayuno y 90
  fracaso de 77-78
recursos
  líquidos 228-230
  protocolo de ayuno de 24 horas 231
  protocolo de ayuno de 36 horas 232
  protocolo de ayuno de 42 horas 233
  sínprotocolo de ayuno de 7 a 14 días 234
reducción calórica, enfoque basado en la 92-93, 106-108
reflujo 163, 168
  exofájico 161, 163, 168
ritmos circadianos 186-189
ritmos de la vida 220-221
Ruscio, Michael 30, 79, 170, 196

S

salud cardiovascular
  ayunar para 145-151

semillas de chía, como supresor natural del apetito 214
Seyfried, Thomas L. 14, 16, 20, 21, 32, 143, 177,
Cancer as a Metabolic Disease: On the Origin, Management, and Prevention of Cancer 20-21
simplicidad del ayuno 79
síndrome de realimentación 208-210
síndrome metabólico 101
Sisson, Mark 32, 40, 74, 112, 194,
sodio 47, 49, 206
supervisión durante el ayuno 219-220
suplementos nutricionales, efectos del ayuno sobre los 19

T

té 178
té chai de canela 229
té de hierbas, recursos 229
té de melón amargo 229
té de menta 229
té negro 229
Té Oolong 229
té verde

  como supresor natural del apetito 211
  propiedades 214
The 8-Hour Diet (Berkhan) 185
The Biggest Challenge (programa TV) 93-97
The Fast Diet (Mosley) 193
The Warrior Diet (Hofmekler) 185
TMB (tasa de metabolismo basal) 67-68
triglicéridos 176, 228-229

V

Varady, Krista 194

W

Willett, Walter 149
Wolf, Robb 16, 24, 33, 141, 143, 195
Women´s Health Initiative 92-94

La información incluida en este libro tiene únicamente una finalidad educativa. No implica ni pretende en ningún caso sustituir el consejo médico. El lector deberá consultar siempre a su profesional de la medicina para determinar la pertinencia de la información en función de su propia situación, o si tiene cualquier pregunta relacionada con un problema o tratamiento médico. El hecho de leer esta información no implica el establecimiento de una relación médico-paciente.

Otros títulos de la colección

La dieta del intestino
Alcanza tu peso ideal con la flora intestinal adecuada
Dra. Michaela Axt-Gadermann

Gimnasia para la visión
Ejercicios y consejos para recuperar y mantener la salud de tus ojos
Wolfgang Hätscher-Rosenbauer

La paradoja vegetal
Los peligros ocultos en los alimentos "saludables" que provocan enfermedades y ganancia de peso
Dr. Steven R. Gundry